Mit Kühlbox, Klo und Kamera

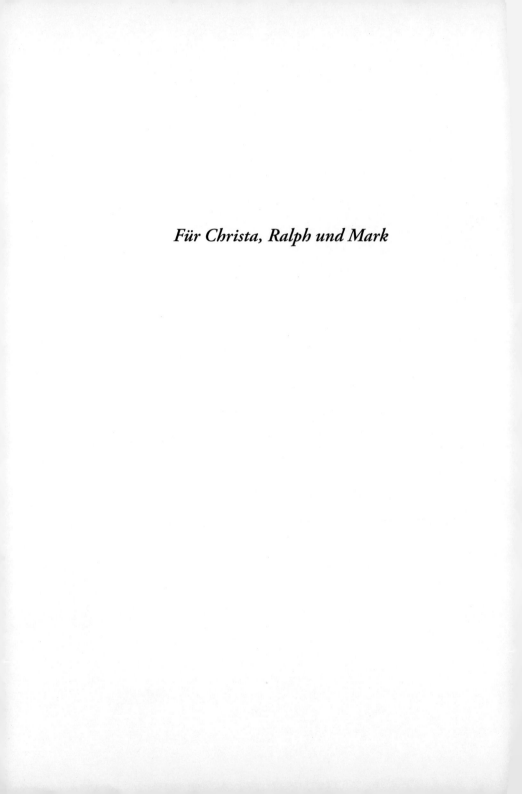

Für Christa, Ralph und Mark

Frank Böttger

Mit Kühlbox, Klo und Kamera

Vergnügliches und Nützliches aus über 40 Jahren im Reisemobil

Bibliografische Information der Deutschen Nationalbibliothek
Die Deutsche Nationalbibliothek verzeichnet diese Publikation
in der Deutschen Nationalbibliografie; detaillierte bibliografische
Daten sind im Internet über http://dnb.d-nb.de abrufbar.

© 2009 Frank Böttger
Umschlagdesign, Satz, Herstellung und Verlag: Books on Demand GmbH, Norderstedt
ISBN 978-3-8370-3354-0

Inhalt

Vorwort

Seit unserer Hochzeitsreise im Jahre 1966 sind wir dem Reisemobil-Virus verfallen. Im Gegensatz zu vielen anderen Caravanern haben wir dabei aber nicht die klassische Camperkarriere durchlaufen, die mit dem Zelt begann und über den Wohnwagen zum Reisemobil führte. Durch einen glimpflich verlaufenen Unfall sind wir direkt zum Reisemobil gekommen. Wobei das Fahrzeug, mit dem wir dereinst begonnen haben, nach heutigen Maßstäben wohl kaum als Reisemobil durchgehen würde.

Oft frage ich mich, was mich am Reisemobil als rollendem Zuhause am meisten fasziniert. Ist es für mich als leidenschaftlichen Techniker das komplexe Zusammenspiel aus Basisfahrzeug und Wohneinrichtung mit Elektro-, Gas- und Wasseranlage? Oder ist es die Möglichkeit des freizügigen Reisens, das trotz aller Einschränkungen und Verbote sogar im bevölkerungsreichen Europa noch möglich ist? Wenn es sein muss, sogar ganz ohne Planung, aufs Geratewohl einfach der Sonne hinterher. Ist es vielleicht ganz tief in meinem Innern angelegt – aus den Erfahrungen in frühester Kindheit mit den Bombennächten gegen Ende des II. Weltkriegs?

Am ehesten ist es wohl eine Kombination aus Neugierde, einer gehörigen Portion Abenteuerlust und Forscherdrang auf der einen sowie der Sicherheit und dem gewohnten Komfort, den mir die rollende Behausung mit all ihren Funktionsbereichen bietet, auf der anderen Seite. Wobei wir dies alles nicht nur auf Urlaubsfahrten, Wochenend- und Städtetouren oder Besuchen von Freunden oder Verwandten genießen. Auch auf Geschäftsreisen, Tagungen oder Messebesuchen finden wir es immer wieder fantastisch, unser eigenes kleines Reich dabeizuhaben. Nach dem Motto: Selten daheim – überall zuhause.

In diesem Buch möchte ich einerseits unsere persönlichen Erlebnisse aus den mehr als vierzig Jahren in und mit Reisemobilen schildern. Ich möchte andererseits aber auch – als Mischung von Unterhaltung und Information – die Lehren weitergeben, die wir für uns aus dem Erlebten gezogen haben. Dadurch, so hoffe ich, kann dieses Buch sowohl Einsteigern und Mietern als auch alten Hasen eine Hilfe sein und ihnen manch guten Rat und nützlichen Praxistipp geben. Wobei ich überzeugt bin, dass sich alte Hasen beim Lesen des Öfteren an ähnliche eigene, unvergessliche Erlebnisse im Reisemobil erinnern werden.

Ludwigsburg, Januar 2009

Schicksalsstunden

Im Bruchteil einer Sekunde erkannte ich, dass der Opel Rekord, den ich gerade im dichten Schneetreiben überholte, in meinen Fahrstreifen schlingerte. Da krachte es auch schon. Mein knallroter Steyr-Puch 500 drehte sich nach links, knallte auf die Mittelleitplanke, rutschte quietschend rückwärts quer über die Autobahn, pflügte durch den Tiefschnee auf der angrenzenden Wiese und kam schließlich mit berstendem Heck an einem Apfelbaum zum Stehen.

Knie und Kopf taten mir weh – mit dem Knie hatte ich den Zündschlüssel abgebrochen, mit dem Kopf den Innenspiegel getroffen und dessen Leselicht eingeschaltet. Obwohl es zu jener Zeit noch keine Sicherheitsgurte gab, klemmte ich ansonsten unverletzt in meinem Schalensitz hinter dem zur Brezel verbogenen Lenkrad. Aber die rechte Tür stand offen – die Türen der meisten Pkws jener Zeit öffneten nach vorn –, und zu meinem Schreck war der Anhalter neben mir weg. Der Student aus Detmold, den ich vor einer halben Stunde an der Autobahn-Tankstelle bei Stuttgart aufgenommen hatte, war genauso vom Beifahrersitz verschwunden wie der riesige Lampenschirm, den er auf seinem Schoß balanciert hatte.

Im funzeligen Lichtkegel der heranfliegenden Autos sah ich schemenhaft einen dunklen Schatten auf der Autobahn liegen, über den nacheinander zwei Autos rumpelten. Auf mein entsetztes Geschrei antwortete eine Stimme durch das Schneetreiben. Mein Kurzzeit-Copilot hatte sich, nachdem er aus dem Auto geschleudert worden war, geistesgegenwärtig mit einem beherzten Sprung in den Tiefschnee hinter die Mittelleitplanke gerettet. Platt gemangelt hatten die Pkws zum Glück nur den handgearbeiteten Lampenschirm – das Weihnachtsgeschenk für seine Freundin in München.

Es war der 23. Dezember 1965, und ich war auf dem Weg nach Süden, vom Studienort Darmstadt nach Oberbayern, um dort Weihnachten mit meiner Mutter, meinen Geschwistern und meinem Schwager zu verbringen.

Doch das Wiedersehen musste nun erst einmal warten. Zunächst waren die Unfallformalitäten mit der Polizei und dem Abschleppunternehmen zu erledigen. Während ich schließlich zu mitternächtlicher Stunde auf dem Hof des Abschlepp-Unternehmens auf meinen Schwager wartete, der mich mitsamt meinen Weihnachtsgeschenken abholen wollte, hatte ich ausreichend Zeit, schon mal vorab den ersten guten Vorsatz für das Jahr 1966 zu fassen. Das Hinausschleudern meines Mitfahrers hatte mich so sehr geschockt, obwohl ihm kaum etwas passiert war, dass ich mir vornahm, nie wieder einen Anhalter mitzunehmen. Ein Vorsatz, den ich bis heute nahezu konsequent durchgehalten habe. Zu dem eigentlich noch wichtigeren, notwendigen zweiten Entschluss, mir endlich den Geld und Zeit verschlingenden Motorsport aus dem Kopf zu schlagen, konnte und wollte ich mich in dieser kalten Nacht aber noch nicht durchringen.

Das erledigte allerdings die Zeit für mich. Denn mein Unfallgegner kümmerte sich mitsamt seinem nur leicht beschädigten Opel Rekord nach unserem Zusammentreffen ein volles Jahr lang um den Neubau in seiner Heimat Jugoslawien. Und weil sich seine Versicherung trotz eindeutiger Polizei- und Sachkundigen-Aussagen mit fadenscheinigen Ausreden standhaft weigerte, mir auch nur einen Pfennig zu zahlen, bevor sie seine Stellungnahme vorliegen hatte, musste ich über ein Jahr auf mein Geld warten. Ich wage die Behauptung, dass es zu dieser Zeit noch keine Rechtsschutz-Versicherungen gab, sicher bin ich mir da allerdings nicht. Ich hatte so etwas jedenfalls nicht. Und so blieb mir nichts anderes übrig, als bis zur Klärung dieser ganzen Aktion meinen Steyr-Puch 500 erst einmal unrepariert unter einer Plane beim Abschlepp-Unternehmen stehen zu lassen.

Für alle, die sich unter diesem Wägelchen nichts vorstellen können: Es handelte sich dabei um einen bei der Firma Steyr-Daimler-Puch in Österreich in Lizenz gebauten Fiat 500. Im Gegensatz zum Original wurde er jedoch von einem Zweizylinder-Boxermotor angetrieben, hatte eine andere Hinterachse und einen Dynastarter – ein tolles Ding, das Anlasser, Lichtmaschine und Gebläsemotor in einem war. Äußerlich unterschied er sich durch eine andere Heck-Motorklappe und ein Blechdach mit einem hinteren Spoileransatz. Mit jeder vom Munde abgesparten Mark hatte ich meinem 500er im Laufe der Zeit ein konventionelles Motortuning verpasst, das Fahrwerk mit Sonderteilen tiefer gelegt, Breitreifen auf die Hinterachse montiert, Holzlenkrad und Schalensitze eingebaut und ihm eine kaum noch schalldämmende Auspuffanlage unter Verwendung von BMW-Motorrad-Auspuffrohren verpasst.

Das Ergebnis konnte sich sehen lassen. Die zu jener Zeit gerade mal 130 km/h laufenden Opel Rekord hatten nicht mal auf der Autobahn eine Chance gegen das Mini-Wägelchen. Anzukämpfen hatte es dort allenfalls gegen die Mercedes 190 oder Borgward Isabella, denen es aber auf kurvenreichen Strecken haushoch überlegen war. Als 650er war der Steyr-Puch dreimal hintereinander Deutscher Bergmeister in seiner Klasse. Aber der Spaß, Bergrennen zu fahren, das wurde mir mit blutendem Herzen im Laufe dieses Jahres des Abwartens zunehmend klar, war nun erst einmal vorbei.

Wenn Sie sich jetzt fragen, was das alles mit Reisemobilen zu tun hat, dann lautet die ganz einfache Antwort: Über den Motorsport und letztlich diesen Unfall kamen Christa und ich zum Reisemobil. Getreu einer der Weisheiten unserer Großmütter und -väter, die da lautet: Selten ein Schaden ohne Nutzen.

Noch während ich meinen Steyr-Puch fuhr, wollte ich mir zusätzlich einen gebrauchten VW-Bus als Werkstatt- und Zugfahrzeug kaufen.

Neidvoll hatte ich in den letzten Jahren die besser situierten Motorsportler beäugt, die es sich leisten konnten – mit Kfz-Werkstätten und Autohäusern der Eltern im Rücken –, ihr Wettbewerbsfahrzeug hinter einem ausgebauten Kastenwagen mit einer Schleppstange zu den Rennstrecken zu bringen. Wir armen Schlucker mussten dagegen im Zelt übernachten und daneben auf der grünen Wiese den Straßenmotor gegen den Rennmotor tauschen. Das war zwar bei Fahrzeugen wie dem Steyr-Puch mit seinem Zweizylinder-Boxer-Heckmotor kein Hexenwerk – Quertraverse abgeschraubt, Gaszug ausgehängt, einige Schläuche abgeklemmt, vier Schrauben zur Kupplungsglocke gelöst, Straßenmotor raus, dann das Ganze umgekehrt mit dem Wettbewerbsmotor –, aber zeitaufwändig und umständlich war es allemal. Dazu kam, dass wir auf den Fahrten zu und von den Rennstrecken keinen Jubler und Motivator mitnehmen konnten. Denn auf dem Platz des Beifahrersitzes stand hochkant der Wettbewerbsmotor. Der für das Rennen vorgeschriebene Beifahrersitz lag hinten quer auf der Rücksitzbank.

Irgendwann, so mein Studententraum, wollte auch ich meinen Steyr-Puch wie die Arrivierten mit einem VW-Bus zu den Rennstrecken schleppen, ihn als mobile Werkstatt nutzen, die obligatorische Fertigpizza vom Lieferservice mampfen, den damals noch nicht Pakistani, Inder oder Chinesen, sondern ausschließlich Italiener betrieben, und in ihm schließlich auch schlafen können. Eine Werkbank mit Schraubstock und verriegelten Schubladen sollte die linke Seite schmücken. Über sie wollte ich nachts eine längs an der Seitenwand montierte Schlafpritsche klappen. Campingstühle und -tisch, die ich je nach Wetter drinnen oder draußen hätte aufstellen können, waren als Sitzgruppe gedacht. Der restliche Platz sollte dem durch Zurrgurte gesicherten Zweitmotor, dem Getriebe und Ersatzrädern zur Verfügung stehen. So weit die Wunschvorstellung. Nur, zwei Autos, daran war während des Studiums kaum zu denken.

Doch mit dem vorzeitigen Ableben meiner roten Granate hatte sich die Situation schlagartig geändert. Nun ging es, zumindest in der ersten Zeit, nur noch darum, überhaupt einen fahrbaren Untersatz zu haben. Also erstand ich früher als ursprünglich geplant einen gebrauchten VW-Bus. Er war ungefähr vier Jahre alt, in einem undefinierbaren Schlammgrau lackiert, entfaltete 30 PS und erleichterte mich um 2.600 Deutsche Mark. Ich bin mir nicht mehr sicher, ob er damals als Kombi oder als verglaster Kastenwagen gehandelt wurde. Jedenfalls hatte er eine geteilte Frontscheibe, ein kleines Fenster in der Heckklappe und drei Fenster auf jeder Seite. Davon die hintersten ausstellbar. Innen gab es nur im unteren Bereich eine simple Hartfaser-Verkleidung, den Rest zierte nacktes, unansehnliches Blech. Fahrerhaus und Laderaum trennte eine halbhohe Wand, an deren Vorderseite das Reserverad hinter der Lehne der durchgehenden Sitzbank im Fahrerhaus verschraubt war. Im Laderaum war eine zweite Sitzbank mit groben Flügelschrauben und Klammern am gerippten Blechboden befestigt.

Der Dauerknatsch mit der Versicherung, die ihre Zahlung immer wieder in weite Ferne verschob, nahm mir jegliche Lust und Power, meinen grauen Kastenwagen wie geplant zum Multifunktionsmobil auszubauen. In den ersten Monaten nutzte ich ihn ohne jegliche Änderung als Alltagsmobil und transportierte an den Wochenenden die Musik-Instrumente unserer Fünfmann-Band zu den Auftritten im Rhein-Main-Gebiet.

Das änderte sich schlagartig, als sich das mit Christa endlich zu meinen Gunsten zu entwickeln begann. Sie in München, ich in Darmstadt. Da mussten wir uns schon einiges einfallen lassen. Zum besseren Verständnis sei erwähnt, dass die Zeit der 68er und der von ihnen ausgelösten sexuellen Revolution noch vor uns lag. Noch herrschten hierzulande Sitten wie in besonders prüden und sittenstrengen US-Bundesstaaten noch heutzutage. Hotelportiers rückten die Zimmerschlüssel nur an verheiratete Paare heraus – nach strenger Kontrolle beider Personalausweise. Fast noch unerbittlicher gebärdeten sich Hausmeister-Gattinnen, die eifersüchtig hinter den Küchenvorhängen darüber wachten, dass sich kein Herren- oder Damenbesuch durch das Treppenhaus schlich oder – in Bayern damals noch sehr beliebt – durch die Fenster kraxelte. Gänzlich ausschließen konnte man auch jegliche Zugeständnisse von Eltern. Die hatten schlicht zu viel Angst davor, von Nachbarn der Kuppelei bezichtigt zu werden. Und das Schlimmste, volljährig waren wir damals erst mit 21 Jahren. Mit meiner rollenden Zweitwohnung, die unauffällig mit Werbebeklebung der Band und zugezogenen Vorhängen irgendwo am Englischen Garten in München parkte, war ich fein raus. Mit ihr konnte ich mich allen Kontrollen entziehen, hatte nicht nur mein Bett immer und überall dabei.

Bis es allerdings so weit war, musste ich mich ganz schön reinhängen. Ein Caterpillar hätte zum Baggern kaum ausgereicht. Denn anfangs konnte Christa, die ich im erweiterten Familienkreis kennen gelernt hatte, gar nichts mit mir anfangen. Im Vertrieb der Firma Uher, die mit ihren Tonbandgeräten unter anderem durch die James-Bond-Filme zu den absoluten In-Firmen jener Zeit gehörte, war sie durch den beruflichen Umgang mit Legenden wie Max Greger, Hugo Strasser oder Peter Kraus arg verwöhnt. Da konnte ich als armer Student, noch dazu als »zuag'roaster Preiß« mit leicht sächsischem Akzent, und als leidenschaftlicher Sportler selbst mit meiner Trompete nicht wirklich punkten. Erschwerend kam hinzu, dass ich zu viele Wochenenden damit verbrachte, meine Finanzen mit einer Fünfmann-Combo aufzubessern. Da musste ich schon alle mir zur Verfügung stehenden Register ziehen, bis Christa mich endlich wahrnahm und schließlich sogar für würdig befand, die Zukunft – bis dass der Tod uns scheiden möge – mit mir zu teilen.

Während dieser ebenso anstrengenden wie aufregenden Zeit hatte ich den VW-Bus nicht wie ursprünglich geplant zum multifunktionellen Werkstattwagen, sondern zum multifunktionellen Alltags- und Reisemobil mit herausnehmbarer Wohneinrichtung ausgebaut. Fest eingebaute Möbel hätten zu viel Transportraum belegt, den ich auch weiterhin benötigte, um die Musikinstrumente und die Verstärker-Anlage unserer Band zu den Auftrittsorten kutschieren zu können. Deswegen hatte ich die Möbel so konzipiert, dass ich sie mit wenigen Handgriffen ausbauen und im Keller oder einer Garage deponieren konnte.

Aus heutiger Sicht erscheint es mir fast zu hoch gegriffen, dieses Fahrzeug als Reisemobil zu bezeichnen – ganz abgesehen davon, dass es damals diesen Begriff überhaupt noch nicht gab. Ich erinnere mich auch nicht an irgendwelche speziellen Zulassungs-Regularien. Das Ding war ein Personenwagen oder Kombi. Fertig. Niemand hätte damals auch nur einen Gedanken daran verschwendet, dass uns der Staat und die Versicherungsgesellschaften eines Tages unter dem Begriff

Sonstiges Kfz-Wohnmobil in verschärfter Form in die Taschen greifen würden.

Äußerlich hatte ich – außer der Beklebung mit Namen und Telefonnummer unserer Swing-Combo – an unserem Kastenwagen nicht viel geändert. Er hatte keine Dachhaube und keine Markise. Den Rostbefall im unteren Bereich der Karosserie hatte ich geschliffen, mit Rostschutz behandelt, grundiert und lackiert. Nun zierte ihn ein Rand aus schlagfestem Unterbodenschutzlack. Als Kontrast dazu hatte ich die Stoßstangen ockerfarben gestrichen. Zwei Zusatzscheinwerfer auf der vorderen Stoßstange sorgten für bessere Ausleuchtung der Straße. Den hinteren Teil des Daches belegte ein Westfalia-Dachträger, den ich günstig erstanden und ausgebessert hatte.

Eher bescheiden war auch die Innenausstattung, obwohl mich beim Bau der Möbel der Schlagzeuger und Sänger unserer Band, ein gelernter Schreiner, tatkräftig unterstützt hatte. Die hintere

Sitzbank bauten wir so um, dass wir deren Rückenlehne an einem eigens konstruierten Trapezgestänge abklappen konnten, sodass sie im vorgeschobenen Zustand zusammen mit der Motorabdeckung eine einigermaßen ebene Fläche bildete. Zur Erzielung eines nennenswerten Schlafkomforts bedurfte es allerdings noch zweier aufgelegter Luftmatratzen. Das zweite wichtige Möbel, für schnellen Ausbau ebenfalls mit Flügelmuttern befestigt, lehnte quer an der halbhohen Trennwand zwischen Fahrerhaus und Laderaum. Es war letztlich nichts anderes als ein einfaches Schränkchen mit zwei Türen. Auf der linken Seite schloss sich eine Einzelsitz-Kiste an dieses Schränkchen an, die zusammen mit der Rückbank und dem an der linken Seitenwand angeschlagenen Klapp-Esstisch die Sitzgruppe abgab.

Ein weiterer Klapptisch hing rechts am Mehrzweck-Schränkchen. Aufgeklappt ragte er im Türausschnitt nach draußen, lag aber im Windschatten der vorderen Flügeltür. Damit war er prädestiniert als Unterlage für mehrere Funktionen. Zum Kochen platzierten wir hier den Zelt-Campingkocher. Die Gasflasche – sie steckte wie der Kocher während der Fahrt im Mehrzweckschrank – postierten wir direkt darunter. Zum Waschen packten wir eine Plastikschüssel auf den Klapptisch, das Wasser floss aus einem darüber aufgehängten 20-Liter-Kanister. Alternativ ließen sich all diese Funktionen bei schlechtem Wetter oder Kälte, vor allem die Hygiene, auch drinnen erledigen. Dann stellten wir die Waschschüssel oder den Kocher auf das Allzweck-Schränkchen.

Weil dieser Schrank und die Sitzkiste mit Küchengerät, Vorräten und Waschzeugbeuteln voll ausgelastet waren, boten sie keinerlei Platz mehr für Kleidung. Also mussten Sporttaschen und zwei Hängekleidersäcke aus dem Zeltzubehör, die hinten über dem Bett an einer Quertraverse hingen, als Kleider- und Wäscheschränke herhalten. Den restlichen

Haushalt bildeten diverse Kästen, Körbe, Kartons und Kanister, die ihren Platz unter der hinteren Sitzbank hatten.

Selbst genähte Vorhänge an Spiralschnüren verwehrten rundum Einblick durch die Original-VW-Fenster. Die ebenfalls serienmäßigen VW-Seitenwand-Verkleidungen bekamen einen beigefarbenen Anstrich. Hinter ihnen allerdings wartete das nackte Blech – Isolierung Fehlanzeige. Als Innenbeleuchtung fungierten zwei VW-Sofitten-Leuchten im Laderaum. Das Radio steckte im Armaturenbrett. Eine Heizung hatten wir ebenso wenig wie einen Warmwasserboiler oder eine Toilette.

Mit anderen Worten: Unsere Kreation war eher ein selbst fahrendes, blechernes und wasserdichtes Zelt als ein Reisemobil nach heutigem Verständnis. Zu meinem Trost boten die professionell eingerichteten Kastenwagen-Modelle jener Zeit aber auch nicht so sehr viel mehr. Abgesehen allenfalls von Modellen der Mindener Karosseriewerke – Mikafa –, die für uns aber unerschwinglich waren. Übrigens: Erwin Hymer hatte zwar schon 1961 einen Ausbau des Borgward-Kastenwagens namens Caravano vorgestellt. Mit der Serienfertigung seiner Hymermobile sollte er aber erst 1971 beginnen.

Unser Mobil bot uns dennoch – fast – alles, was auch heute noch das Leben im Reisemobil so faszinierend macht. Schlafen, so lange man will. Im eigenen Bett. Auf einer den persönlichen Bedürfnissen angepassten Matratze. Pausen einlegen, wann und wo man will. Vespern unter Umständen sogar im Dauerstau. Gekühlte Getränke griffbereit in der Kühlbox oder im Kühlschrank. Die Kleidung unzerknittert im Kleiderschrank. Den gewohnten Hausrat in den Stauschränken, die Sport- und Hobbygeräte im oder am Fahrzeug. Die komplette Energie- und Wasserversorgung an Bord. Eigentlich mussten wir damals nur auf die heute für uns unverzichtbare, jederzeit nutzbare Nasszelle samt Toilette verzichten.

Honeymoon im Backofen

Ein Reisemobil hatten wir nun, aber mit dem Reisen war das so eine Sache. Ich hatte noch nie in meinem Leben eine Urlaubsreise gemacht. Wie auch? Für eine Kriegshalbwaise mit zwei jüngeren Geschwistern galt es, tatkräftig mit anzupacken, um die Familie über Wasser zu halten. Ab vierzehn jobbte ich als Zeitungsausträger, ab fünfzehn in allen Schulferien auf dem Bau. Zur gleichen Zeit begann ich, mit Trompete und Flügelhorn in den unterschiedlichsten Orchestern und Musikgruppen ein bisschen Geld zu verdienen. Da waren Ferien- oder Urlaubsreisen das Letzte, woran ich dachte.

Reisen war mir dennoch nicht fremd. Wenn auch in anderer Form. Zum einen hatte ich als Kind diverse Zeltlager mitgemacht. Zum anderen waren wir nach der politisch bedingten Flucht aus der DDR im Jahr 1953 mehrfach umgezogen – von der Nordseeinsel Borkum in das damals noch unter französischem Protektorat stehende Saarland und anschließend an den Staffelsee in Oberbayern. Und weil ich seit unserer Zeit im Saarland recht erfolgreich Radrennen fuhr, hatte ich auch schon die meisten Bundesländer, Luxemburg, Frankreich, Österreich und die Schweiz bereist. Aber Urlaubsreisen kannte ich nicht. Und sie haben mir, ehrlich gesagt, bis dahin auch nicht gefehlt.

Ganz anders war das bei Christa. Sie schwärmte mir immer wieder von ihren Reisen nach Italien, Spanien und Griechenland vor. Schon früh hatte sie Gelegenheit gehabt, diese Länder mit den Familien von Schulfreundinnen oder Verwandten zu bereisen. Sie war nicht nur als Touristin am Strand gelegen, sondern hatte auch tiefe Einblicke in die Kultur und das tägliche Leben der Einheimischen gewonnen. Vor allen Dingen Griechenland und Kreta hatten es ihr angetan, weil sie dort mehrere Wochen inmitten einer griechischen Familie gelebt hatte.

Nächtelang schwärmte sie mir vor, wie sie gemeinsam mit den Frauen des Dorfes Kuchenbleche auf dem Kopf zum Backhaus balanciert und das einfache, karge, aber glückliche Leben in dieser Familiengemeinschaft genossen hatte.

Ich genoss an unserem neuen Fahrzeug zunächst etwas ganz anderes als Urlaub. Etwas, was ich bis heute liebe und nicht mehr missen möchte: die absolute Unabhängigkeit auch im täglichen Leben, die ein Reisemobil bietet. Ich hatte meine Ferienwohnung mit Sitzgruppe, Küche und Bett nicht nur an den Wochenend-Besuchen in München immer dabei. Ich konnte zudem sonntagnachts spät von München kommend direkt auf den Uni-Parkplatz fahren und dort im Fahrzeug schlafen. Oder ich konnte wochentags die Zeit zwischen zwei Vorlesungen sinnvoll und ungestört nutzen, indem ich – bei geöffneten Seitentüren – im Schatten mächtiger Bäume am Rand des Parkplatzes mit Blick ins Grüne arbeiten konnte. Da hatte ich es doch viel besser als meine Kommilitonen, die solche Pausen in der Mensa oder irgendeinem anderen überfüllten Raum überstehen mussten. Oft genug lag ich mittags auch ausgestreckt auf dem Bett, um mich von den langen Nächten als Hobby-Musiker zu erholen. Noch heute faszinieren mich die Ungebundenheit und die unbegrenzten Möglichkeiten immer wieder aufs Neue, die in dieser Art nur Reisemobile bieten.

Es kam, wie es kommen musste, die erste größere Reise meines Lebens, zugleich die Jungfernfahrt – für unser Auto –, wurde unsere Hochzeitsreise im Sommer 1966. Es gab nie einen Zweifel daran, dass wir unsere Flitterwochen in unserem selbst ausgebauten VW-Bus verbringen wollten.

Eigentlich hätten wir lieber allein und ganz im Stillen in einer kleinen Dorfkirche irgendwo in den bayerischen Bergen geheiratet und Familien und Freunde anschließend mit der Neuigkeit überrascht. Aber schließlich siegte doch die Konvention. Vor allem wollten wir unsere Mütter – beide seit Ewigkeiten verwitwet – nicht vor den Kopf stoßen. Also heirateten wir im erweiterten Familien- und Bekanntenkreis und ließen uns anschließend von meiner Schwester und ihrem Mann in deren Familien-Hotel verwöhnen.

Derweil wartete unser VW-Bus geduldig vor dem Hotel, um uns in die Flitterwochen zu schippern. Vorn drauf hatte mein Schwager den Brautstrauß sehr gekonnt unter die Scheibenwischer gebunden. An der hinteren Stoßstange hing, wie wir recht bald merken sollten, eine laut scheppernde Girlande aus Getränkedosen. Heute könnten wir von dem Dosenpfand wahrscheinlich unseren obligatorischen Nachmittagskaffee bezahlen, so viele Blechbüchsen hatten unsere Verwandten in den Strick geflochten.

Für mich war das Gefühl von Vorfreude auf den bevorstehenden Urlaub völlig neu. Aber auch bei Christa zeigte sich, dass es doch ein Unterschied ist, ob man wohl behütet in der Familie oder einer Reisegruppe unterwegs ist oder ob man ganz auf sich allein gestellt auf Reisen geht. Außerdem hatten wir in den letzten Wochen und Tagen mit der Hochzeitsplanung und den Vorbereitungen des Umzugs in das erste gemeinsame Heim Wichtigeres zu tun gehabt, als unser Mobil einem intensiven Check zu unterziehen und es für eine fünfwöchige Reise mit unbekanntem Ziel vorzubereiten.

Da kam es uns sehr gelegen, dass dies – wenigstens die Ausstattung betreffend – ein Profi in Gestalt meines Schwagers für uns übernahm. Als Küchenmeister und Hotelier genügte ihm ein kurzer Blick in unseren mobilen Haushalt, um zu erkennen, dass wir weder einen Flaschen- und Dosenöffner noch einen Korkenzieher eingepackt hatten – mir hatte dafür bisher ein Schweizer Messer gereicht. Zu unserer Freude stockte er zudem unsere Lebensmittelvorräte kräftig auf und versorgte uns mit allerlei Gewürzen und professionellen Halbfertig-Produkten. Zu guter Letzt empfahl er uns, die schon ziemlich leere Gasflasche noch in Deutschland zu tauschen und nicht erst im Ausland nach Füllmöglichkeiten zu suchen.

Irgendwann waren wir aber doch fertig, verabschiedeten uns und brachen erwartungsvoll und neugierig auf das Kommende in Richtung Süden auf. Und wir genossen vom ersten Moment an, dass wir ohne jegliche Planung unterwegs sein konnten und dass wir uns ohne Reservierungen oder feste Termine einfach treiben lassen konnten. Sehr viel später erfand jemand das Motto »Der Weg ist das Ziel« für diesen Zustand. Urlaub ab der Haustür. Auch den bietet in dieser Vollkommenheit nur das Reisemobil.

Ich glaube aber, dass wir dieses Gefühl früher noch viel stärker als heute ausleben konnten. Denn während die Reisemobil-Insassen heute die Fahrt von Dreipunktgurten auf ihren Sitzen festgenagelt verbringen müssen, konnten wir früher auf der durchgehenden, vorderen Sitzbank dicht aneinander geschmiegt kuscheln. Was für ein Gefühl! Herrlich! Wie schon Mark Twain sagte: »Um den vollen Wert des Glücks zu erfahren, brauchen wir jemand, es mit ihm zu teilen.«

Was aus heutiger Sicht und Kenntnis schier unvorstellbar ist, war damals gang und gäbe. Jeder wollte wie die Hollywoodstars reisen, die eng umschlungen in ihren riesigen Kabrioletts unter der Sonne Kaliforniens flanierten. Was kümmerte es uns da, dass sich ein gewisser James Dean wegen seiner Waghalsigkeit und Unbekümmertheit mit seinem Porsche zerlegt hatte!

Zu unserem Glück herrschte damals nur ein Bruchteil des heutigen Verkehrs. Zudem brachte es unser VW-Bus kaum auf Tempo 100 km/h. Dennoch, wenn ich mir heute überlege, welches Risiko wir allesamt in jener Zeit eingegangen sind. Heute kaum noch vorstellbar. Und die Unfallzahlen sprachen eine deutliche Sprache: 13.000 Unfalltote pro Jahr, vor allem auf den kleineren Straßen, auf denen wir viel lieber als auf den Autobahnen unterwegs waren, das waren schon alarmierende Zahlen.

Nicht unbedingt, weil uns das Kuscheln auf der Fahrt so guttat, verfielen wir bereits auf der Hochzeitsreise einer Unart, die wir bis heute nicht wirklich abgelegt haben. Wir fahren zu gern bis in die Puppen, können einfach kein Ende finden, und wenn wir dann endlich nach einem Übernachtungsplatz Ausschau halten, beginnt es meist schon zu dämmern. Und bis wir uns schließlich für einen Übernachtungsplatz entschließen können, ist es meist schon stockdunkel – Kuhnacht. Das ist nicht weiter dramatisch, wenn man einen beschriebenen und ausgewiesenen Platz anfährt – gleichgültig, ob es sich dabei um einen Campingplatz, einen ausgewiesenen Reisemobil-Stellplatz oder einen sonstigen bekannten Übernachtungsplatz handelt. Problematisch kann es aber werden, wenn man aufs Geratewohl durch die Gegend fährt und einen Übernachtungsplatz sucht.

Unbedarft wie wir damals waren, haben wir an solche Überlegungen aber keinen Gedanken verschwendet. Wir waren auch nicht ängstlich. Vielleicht auch, weil in jenen Pioniertagen weder die Tageszeitungen noch das Radio oder das noch junge Fernsehen von Überfällen auf Reisemobilisten berichtet hätten. Die Medien nahmen von uns paar Bekloppten, die wir in solchen Gefährten durch die Gegend reisten und unseren Urlaub verbrachten, noch überhaupt keine Notiz.

Schon unser erster Übernachtungsplatz war entsprechend. Wir waren den ganzen Tag über gefahren und bis in die Schweiz gekommen. In der hereinbrechenden Dunkelheit begannen wir nach einem geeigneten Platz für die Nacht Ausschau zu halten. Nur zur Erinnerung, unser

Mobil besaß keine Toilette, und der übrige Nassbereich befand sich auch vorzugsweise im Freien – auf dem Erdboden vor der geöffneten vorderen Schwingtür. Anders als heute mussten wir also stets darauf achten, dass wir uns – wenn keine öffentlich zugängliche Toilette in der Nähe war – in der Umgebung des Übernachtungsplatzes mit dem Spaten in die Büsche schlagen konnten.

Irgendwo im Gebiet von Eiger und Jungfrau fuhren wir an einem größeren See entlang. Links neben der Straße erstreckte sich das Ufer, rechts von uns verlief ein Bahndamm. Inzwischen war es stockdunkel, und wir hatten immer noch keinen Platz gefunden, auf dem wir hätten übernachten können. Irgendwann erspähte ich eine Lücke im Bahndamm, bog kurz entschlossen rechts ab, fuhr durch einen kurzen Tunnel unter der Bahnlinie hindurch, folgte einem Feldweg ein Stück bergauf und um eine leichte Rechtskurve, hinter der es fast waagerecht weiterging. Durch die tief hängenden Wolkenschleier konnten wir links vor uns schemenhaft einen Heustadel ausmachen. Ein idealer Platz für unsere erste Übernachtung.

Vorbeifahrende Eisenbahnzüge hatten uns nachts nicht gestört. Auch der Dauerregen konnte uns nicht ärgern. Wir lagen ja nicht im Zelt, sondern im Trockenen. Ein erster zaghafter Blick am frühen Morgen durch die hintere Gardine verschaffte uns rasch Klarheit. Das Wetter war noch genauso schlecht wie am Tag zuvor. Wolkensuppe ringsum. Zwischendrin die Schemen von weidenden Kühen. Alles nicht sehr einladend. Nun, es half nichts, wir mussten hinaus in die eklige Nässe, mussten uns fertig machen für das Frühstück und die Weiterfahrt. Wir also die Seitentüren auf, ab in die Büsche, im Freien gewaschen, rasiert und die Zähne geputzt, als sich zaghaft die Wolken lichteten. In diesem Augenblick entdeckten wir ihn. Keine zwanzig Meter von uns entfernt stand ein Bauer mitten in seinem Hof, der uns nicht weniger erstaunt beäugte als wir ihn. Wir hatten die erste Nacht unserer Hochzeitsreise Urlaub direkt auf einem Bauernhof verbracht.

Auch auf der weiteren Fahrt Richtung Südfrankreich und Spanien suchten und fanden wir Übernachtungsplätze, die man heutzutage gar nicht mehr anfahren könnte. Weil sie entweder durch Schranken oder Zäune verrammelt wären oder aber weil Schilder die Zufahrt verbieten würden. Zum Beispiel bogen wir eines Nachts in Südfrankreich in ein Waldstück ab und fuhren bis zu einer märchenhaften, vom Mondlicht in Silberschein getauchten Lichtung. Alles wäre bestens gewesen, hätte nicht mitten in der Nacht ein Schäfer seine Herde genau an uns vorbeigetrieben. Das Blöken um unser Mobil herum hat uns nicht so sehr irritiert. Aber als der Schäfer an der Tür zu rütteln begann, wurde nicht nur uns mulmig. Auf unser Rufen hin entschuldigte sich der Unruhestifter und erklärte uns, er habe vermutet, es sei ein Verbrechen geschehen.

Das mit dem Verbrechen nahmen wir kaum zur Kenntnis. Und allzu lange hielt der Schrecken auch nicht an. Denn einige Tage später waren wir schon wieder in der Dunkelheit auf der Suche nach einem Platz für die Nacht. Irgendwann fanden wir ein Vertrauen erweckendes Seitensträßchen. Einige verrostete Schilder konnten uns nicht schrecken weiterzufahren. Und wir wurden belohnt. Vor uns tat sich ein ausreichend großer, ebener, sogar asphaltierter Platz auf.

Geweckt wurden wir am nächsten Morgen in aller Frühe durch eigenartige Geräusche irgendwo oberhalb von uns. Im ständigen Rhythmus folgte Schlägen ein undefinierbares Zischeln oder Rascheln. Danach ein schabendes Geräusch, wie es von Schaufeln verursacht wird. Immer wieder: Einschlag, Zischeln, Kratzen. Ein vorsichtiges Blinzeln durch die Fenstervorhänge löste das Rätsel. Wir standen am Fuße einer Kiesgrube, an deren oberem Rand eine Gruppe Arbeiter den Kies mit Spitzhacke, Schaufel und Schubkarre abbauten. Sie waren so sehr mit ihrer Arbeit beschäftigt, dass sie von uns überhaupt keine Notiz nahmen. Wir von ihnen dagegen schon. Denn an den morgendlichen Spaten- oder Toilettengang war in dieser Situation verständlicherweise nicht zu denken. Also mussten wir schleunigst weg, um uns an einem weniger übersichtlichen Platz für die Weiterfahrt frisch und fit zu machen.

Die Toleranz uns Reisemobilisten gegenüber war auch anderswo aus heutiger Sicht geradezu überwältigend. In der Nähe von Barcelona verbrachten wir die Nacht in einem Olivenhain direkt gegenüber einem Campingplatz, ohne dass uns irgendjemand angesprochen hätte. Auch auf dem Parkplatz vor dem berühmten, westlich von Barcelona gelegenen Wallfahrtskloster Montserrat mit seiner Schwarzen Madonna konnten wir gratis und unbehelligt übernachten. Nur in der Nähe von Sète, neben der Einfahrt zu einem Weingut mit einer kilometerlangen privaten Zufahrtsstraße, zeigte die französische Polizei wenig Mitgefühl. Penetrant und unerbittlich warteten die beiden Gendarmen, bis wir unser komplettes Frühstück weggeräumt hatten und zur Weiterfahrt gestartet waren.

Tag für Tag tasteten wir uns ein Stück weiter in unbekanntes Terrain vor. Bis nach Tarragona, wo wir – ganz im Geist von Ernest Hemingway – unseren ersten Stierkampf besuchten. Die längste Zeit dieser Reise verbrachten wir allerdings etwas weiter nördlich, in Vilanova i la Geltrú. Über einen schmalen Feldweg hatten wir unseren VW-Bus durch die Weinberge bis ans Ufer gefahren und ihn dort in die lockere Reihe von Zelten, Caravans und Campmobilen eingeordnet. Hier endlich konnten wir so richtig genießen, was den Urlaub im Kastenwagen von anderen Reisemobilgattungen unterscheidet – weswegen heute nicht nur unsere Generation von diesem Reisemobiltyp schwärmt und er eine nicht für möglich gehaltene Renaissance erlebt. Seiten- und

Hecktüren öffnen, schon ist man mittendrin in der Natur. Selbst dann, wenn man wegen des Wetters draußen seine Campingmöbel nicht aufbauen kann. Den freien Blick durch riesige Türöffnungen oder -Klappen können – bis auf die Ausnahmen Bimobil und Tikro mit ihren ausstellbaren Heckklappen – nur Kastenwagen bieten.

Die Luftzufuhr von zwei Seiten war in unserem nicht isolierten Blechgehäuse aber auch dringend nötig. Die Sommer-Sonne brannte so ungnädig auf das graue Dach, dass wir uns schon morgens um acht wie im Backofen fühlten.

Zu unserer Überraschung war der Strandstreifen – damals schon – ganz gut versorgt. Morgens kamen, wenn auch nicht täglich, Bäcker, Fischer und Gemüsehändler vorbei, nachmittags die fliegenden Händler. Aber im Gegensatz zu heute rückten sie nicht mit gefälschten Uhren, T-Shirts oder Handtaschen, sondern mit Handwerkskunst wie Töpferwaren, selbst genähten Kleidern oder bestickten Spitzentüchern an. Großartig einkaufen gehen mussten wir also nicht. Was es hier aber nicht gab, war Trinkwasser. Und obwohl wir sehr sparsam damit umgingen – zum Waschen hatten wir ja das Meer keine zwanzig Meter von uns entfernt –, reichte unser Wasservorrat in den beiden 20-Liter-Kanistern nicht besonders lange. Für mich bedeutete das jedes Mal, mit beiden Kanistern so ungefähr einen Kilometer Richtung Stadt zu laufen und sie an einem Brunnen zu füllen.

Manchmal zahlt sich körperliche Faulheit aus, weil man durch sie gezwungen wird, sich im Kopf mehr anzustrengen. Bei mir hat sie sich in diesem Urlaub aber eher negativ bemerkbar gemacht. Auslöser war mal wieder unsere Wasserknappheit. Wer schlappt schon gern nach einem Badetag mit leer gebranntem Gehirn und zwei Kanistern durch den immer noch heißen Sand zum Wasserholen? Noch dazu, wenn das Wasser zum Nudelnkochen ja eh gesalzen wird. Da müsste man das doch auch mit Meerwasser können. Leider können Christa und ich uns nicht mehr daran erinnern, in welchem Verhältnis von Trink- zu Meerwasser wir das Nudelwasser gemäß meiner cleveren Eingebung gemischt haben. Nur an das Ergebnis erinnern wir uns noch ganz genau. Die Spaghetti waren absolut ungenießbar. Da hätten wir mit noch so viel Rotwein nachspülen können.

Mich hat das miserable Ergebnis regelrecht deprimiert. Bin ich doch tief in meinem Innern ein leidenschaftlicher Purist, der das Leben mit möglichst geringem Komfort meistern möchte. Ständig bin ich irgendwo am Ausmisten, schmeiß' auch schon mal ein Paar Schuhe von Christa zu viel weg. Wie Rüdiger Nehberg nur mit Badehose und Leatherman – ich müsste auch zwei Brillen mitnehmen – durch den Dschungel schlappen, sich von Schnecken, Würmern Spinnen und Kokablättern ernähren, das wär' was. Okay, vielleicht doch erst in meinem nächsten Leben – etwa als Krokodil. An diesem Abend habe ich mich jedenfalls reichlich bedröppelt mit meinen zwei Kanistern auf den Weg zum Brunnen gemacht. Die Küche blieb an diesem Abend kalt.

Übrigens: Als wir vor rund zehn Jahren auf der Fahrt nach Marokko einen Abstecher zu unserem damaligen Standplatz machen wollten, sind wir fast eine Stunde lang am Ufer von Vilanova i la Geltru umhergeirrt. Auf dem unberührten Ufersaum, auf dem wir 1966 unseren Urlaub verbracht hatten, waren inzwischen eine ausladende Uferpromenade, ein prestigeträchtiger Yachthafen und ein eingezäuntes Schwimmbad entstanden. Früher war die Bahnlinie die einzige Bebauung, die parallel zur Straße und zum Ufersaum durch die Weinberge verlief.

Mit Draht und langen Fingern

Für unsere nächste große Reise ein Jahr später hatten wir unseren VW-Bus bescheiden aufgerüstet. Eine neue Batterie lieferte ausreichend Strom. Dem Rostbefall entsprechend bedeckte der seitliche Streifen aus schlagfestem Unterbodenschutzlack eine noch größere Fläche. Und an der Front prangte das Reserverad, wie die anderen Räder mit einer Chromblende verziert. Das war schon alles.

In der gleichen Art, in der wir im Vorjahr durch Frankreich und Spanien gereist waren, wollten wir im Sommerurlaub 1967 die Schweiz und Italien für uns erobern. Durch die Toskana und dann entlang der italienischen Westküste sollte uns die Reise etappenweise bis nach Neapel führen.

Wie schon auf unserer Hochzeitsreise lief auch auf diesem zweiten Trip alles bestens. Wir fanden tolle Standplätze am Meer, von denen aus wir ungestört baden gehen und uns sonnen konnten. Das Gleiche galt für die unterschiedlichen Übernachtungsplätze. Wir fanden immer ruhige Ecken, auf denen wir uns in der Nacht sicher fühlten. Schon bald stellten wir fest, dass wir mit sehr wenig Geld auskamen. Außerdem gefiel es uns am Meer so gut, dass wir kaum Abstecher ins Hinterland unternahmen und beschlossen, Rom als Höhepunkt unserer Reise für die Rückfahrt aufzusparen. Da wäre dann sicher auch noch so viel Geld übrig, dass wir noch ein bisschen shoppen gehen könnten.

Auf diese Weise kamen wir über Genua, La Spezia, Viareggio, Pisa, Livorno, Piombino und Civitavecchia – man glaubt es heute kaum: immer mit Standplätzen direkt am Ufer – bis nach Sabaudia. Als einzige Urlauber bevölkerten wir hier die aus dem Ort herausführende, kilometerlange Uferstraße, die nach Terracina führt. Einen Steinwurf von unserem Fahrzeug entfernt, das hinter uns oben auf der Straße stand, richteten wir uns tagsüber auf dem breiten Uferstreifen ein, bauten uns am Strand einen Sonnenschutz gegen die gleißende Mittagshitze, zogen uns nachmittags in den Schatten zurück und verbrachten hier einige ruhige Tage und Nächte. Nur unterbrochen von einer mitternächtlichen Flucht in die Stadt Sabaudia, um ein heftiges Gewitter zwischen den schützenden Häusern auszusitzen.

Nach dem Angst einflößenden nächtlichen Getöse in den Morgenstunden endlich eingeschlafen, wären wir mitsamt unserem Mobil beinahe unfreiwillig im Markttreiben untergegangen. Durch eigenartige Geräusche geweckt, konnten wir in letzter Minute gerade noch vermeiden, von einem Schuhhändler mit seinen aufgestapelten Pappkartons zugemauert zu werden. Seelenruhig und fast lautlos hatte der seinen Stand einfach um uns herum aufgebaut. Ähnliches ist uns viele Jahre später noch einmal auf Sizilien passiert. Seitdem laufe ich auf größeren Plätzen stets eine Erkundungstour zu allen sichtbaren Verkehrszeichen, Hinweisschildern oder Plakatierungen, bevor wir uns zur Nachtruhe einrichten.

Als wir uns nach einer knappen Woche zur Weiterfahrt entschlossen, genauer: zur Heimfahrt mit dem geplanten, längeren Shopping-Aufenthalt in Rom, waren wir immer noch die einzigen Urlauber an der Uferstraße. Hin und wieder fuhr tagsüber der eine oder andere Pkw vorbei. Auch die Carabinieri drehten ihre tägliche Runde. Aber ansonsten passierte da nicht viel, mit Ausnahme von zwei Arbeitern, die seit einigen Tagen damit beschäftigt waren, die Straßenränder von Flugsand und hervorquellendem Unkraut zu befreien.

Unser Fahrzeug war schnell startbereit. Das dauert bei uns nie lange, weil wir es mögen, wenn stets alles auf- und weggeräumt ist, was gerade nicht in Gebrauch ist. In so einem kompakten und engen Haushalt würde es auch gar nicht anders funktionieren. Darüber waren und sind wir uns unausgesprochen einig. Erst später erfuhren wir durch unsere Kinder und Enkel, dass dies sehr wohl möglich ist. An diesem Morgen wäre es sogar ausnahmsweise einmal von Vorteil gewesen, nicht so ordentlich zu sein. Noch besser wäre freilich gewesen, wir hätten das gemacht, was wir uns fortan zur Pflicht gemacht haben. Doch der Reihe nach.

Anhänglich und romantisch wie wir sind, wollten wir vor der Abreise gebührend Abschied nehmen vom Meer und unserem Strand. Wer weiß, wie lange es dauern würde, bis wir wieder die Möglichkeit fänden, Urlaub am Meer zu verbringen! Das Fahrzeug fix und fertig geladen, spazierten wir etwa zwanzig Minuten durch den Ufersand. Als wir zu unserem Fahrzeug zurückkamen, wurde ich stutzig, weil die Heckklappe nur angelehnt war. Mit mehr Hoffnung als Gewissheit beruhigte ich mich damit, dass ich sie vielleicht nicht richtig geschlossen hätte. Doch als wir sahen, dass die auf dem Bett liegende Kleidung durchwühlt war, kroch langsam Angst in uns hoch. Gänzlich das Blut aus dem Gesicht wich uns, als wir merkten, dass außer einer Hose auch Christas Handtasche weg war. Und mit ihr alle unsere Papiere, das Geld, der Fotoapparat und meine Uhr. Wir hatten all dies für die Fahrt schnell erreichbar und fein säuberlich in und neben der Handtasche auf der offenen Ablage über dem Kombimöbel verstaut. Nie wieder packen wir seither alles so schön übersichtlich zusammen. Schon gar nicht im Fahrzeug. Seither nehmen wir sie möglichst mit, wenn wir nicht im Mobil sind, und verteilen sie dann auf uns beide und in verschiedene Jacken-, Hosen- oder Tragetaschen. Nur in seltenen Ausnahmefällen lassen wir sie im Fahrzeug. Dann aber packen wir sie in den Safe oder, falls sie dazu zu groß sind, verteilen sie in Verstecken im gesamten Mobil.

Meine Suche nach den beiden Straßenarbeitern blieb genauso erfolglos wie das Durchkämmen der Umgebung. Keine leere Handtasche, kein leeres Portemonnaie war zu finden. Leider auch keinerlei Papiere. Unsere Lage war mehr als misslich. Im Tank hatte ich maximal noch für hundert Kilometer Kraftstoff. Das würde kaum bis zur Deutschen Botschaft in Rom reichen. Nur der ADAC-Auslands-Schutzbrief war uns geblieben.

Hoffnungsvoll fuhren wir in unserer Misere nach Sabaudia, parkten unseren Camper direkt vor der Polizeistation und machten uns daran, den Diebstahl zu melden und um Hilfe zu bitten. Doch weil wir vom Comandante weder in Deutsch noch in Englisch verstanden wurden und unsere Italienisch-Kenntnisse gerade mal zum Pizzabestellen ausreichten, musste der als Schreiber eingeteilte Mitarbeiter auch noch als Dolmetscher fungieren. Irgendwann hatten wir das Protokoll fertig, all unsere Anliegen zu Papier gebracht und unterschrieben. Der Comandante ließ uns erklären, dass wir am nächsten Morgen wiederkommen sollten und dann Hilfe bekämen.

Der ADAC-Auslands-Schutzbrief erwies sich damals übrigens als wenig hilfreich. Es könnte ja sein, dass wir den zusammen mit dem Fahrzeug gestohlen hätten. Ohne Papiere, die unsere Identität bestätigten, war das ganze schöne gelbe Heftchen wertlos.

Zwischen Hoffen und Bangen verbrachten wir die Nacht vor der Polizeistation unmittelbar neben der Kirche und ließen uns weder vom Glockengeläut noch den frühen Kirchgängern stören. Punkt neun machten wir uns auf den Weg in das Polizeigebäude und schritten durch den langen Gang zu dem Zimmer, in dem wir am Vortag gewesen waren. Ganz hinten im Gang öffnete sich eine Tür, heraus kam unser Comandante, sah uns, schlug einen eleganten Haken nach rechts und verschwand durch die nächsterreichbare Tür. Schlagartig war uns in diesem Moment klar, was das zu bedeuten hatte: Nichts ist mit Hilfe durch die italienische Polizei.

Doch so ganz richtig lagen wir damit nicht. Unser Schreiber und Übersetzer vom Vortag erläuterte uns bei der Übergabe der Diebstahlanzeige, dass wir zwar von der Polizei keine konkrete Hilfe bekommen würden. Er selbst würde uns aber mit Geld aushelfen. Er habe im Krieg mit Deutschen sehr gute Erfahrungen gemacht. Außerdem möchte er etwas von dem wiedergutmachen, was uns in seinem Land widerfahren sei.

An den genauen Betrag können wir uns nicht mehr erinnern. Zu viel Inflation und Geldwechsel sind seither durch Europa gezogen. Die Summe reichte jedenfalls für so viel Kraftstoff, dass wir Rom gerade so erreichten. In jedem Gefälle auf der Fahrt zur Deutschen Botschaft in Rom habe ich vorsorglich den Motor abgestellt und den VW-Bus rollen lassen. Heute wäre das ein lebensgefährliches Manöver. Aber unser damaliger VW-Bus hatte, wie die meisten anderen Fahrzeuge, weder Bremskraftverstärker noch Servolenkung. Das Abstellen des Motors beeinflusste also weder seine Lenkfähigkeit noch die Bremsleistung. In Rom hielt ich, um auch den kleinsten Umweg auszuschließen, mitten auf den Kreuzungen, um die Verkehrspolizisten nach dem kürzesten Weg zur Deutschen Botschaft zu fragen.

Befreit und wie in einer anderen Welt fühlten wir uns, als wir endlich die Deutsche Botschaft erreicht hatten. So gern und oft wir auch auf die deutsche Gründlichkeit und ihre überbordende Bürokratie schimpfen. In solchen Momenten sind sie eine echte Wohltat, ein Hort der Geborgenheit und Beruhigung. Dabei ging es uns sogar noch gut. Wir hatten ja unser Auto und unsere Kleidung noch. Dazu unseren Hausrat und einige Lebensmittel, um uns noch etwas kochen zu können. Anderen Touristen waren die voll gepackten Autos bei einem kurzen Badestopp am Strand geklaut worden. Die standen hier in der Botschaft in Bikini und Badehosen herum.

Zügig, routiniert und reibungslos nahm das Botschaftspersonal unsere Personalien auf, ließ sich unsere Angaben bei den entsprechenden Verwaltungen und Behörden in Deutschland bestätigen, stellte uns schließlich Behelfsausweise, Ersatzführerscheine und Fahrzeugpapiere aus und übergab uns einen aus einzelnen Bausteinen bestehenden Geldbetrag als Kredit. Nach etwa vier Stunden war alles gelaufen. Wir hatten wieder etwas Geld. Zum Shoppen war uns jetzt allerdings nicht mehr zumute. Und den Urlaub fortsetzen wollten wir nun auch nicht. Auch war uns klar, dass das Geld gerade so reichen würde, um Deutschland zu erreichen.

Also machten wir uns auf den Heimweg. Auf die anstrengendste und sparsamste Heimfahrt, die wir je angetreten haben. In einer Pizzeria kauften wir die beiden billigsten Pizzen, die es gab. Bis dahin hatte ich gar nicht gewusst, dass es so etwas gibt – die eine war nur mit Spinat belegt, die andere mit Tomaten. Kein Stückchen Salami. Kein Käse. Nichts. Und die mussten uns auch noch zwei Tage reichen. Autobahn war wegen der Maut auch nicht drin. Also Richtung Heimat auf Landstraßen. Vor jeder roten Ampel und auf jeder nicht allzu steilen oder kurvenreichen Gefällstrecke machte ich den Motor aus, um Benzin zu sparen. Und es klappte. Auf diese Weise schleppten wir uns bis nach Kaufbeuren, wo wir meiner Schwester ein paar Scheine für die Weiterfahrt nach Darmstadt abschnorrten.

Eigentlich ist es immer ein schöner Moment, wenn wir nach einer Urlaubsreise heimkommen. Wir sind braun gebrannt und gut erholt. Der Kopf ist voller Eindrücke und Bilder. Wir freuen uns darauf, anderen vom Urlaub und den Erlebnissen zu erzählen. Voller Elan räumen wir das Reisemobil aus, sortieren die Wäsche, überfliegen die Post, checken die unvermeidlichen Rechnungen, blättern vielleicht auch schon in den gesammelten Zeitungen und Zeitschriften. Kurzum, wir kehren zurück in das normale Leben.

In diesem Jahr hatten wir allerdings anderes im Kopf. Schon auf der Rückfahrt hatten wir Schlachtpläne gemacht, wer sich um was kümmern sollte. Wir hatten überlegt, wie lange es wohl dauern würde, bis wir alle unsere Papiere wieder zusammenhätten. In Gedanken schrieben wir schon mal die Überweisungen zur Rückzahlung des uns von der Deutschen Botschaft in Rom zur Verfügung gestellten Kredits. Und wir überlegten, was wir unserem italienischen Retter von der Polizei in Sabaudia als Dankeschön schicken könnten – zusätzlich zu dem Geldbetrag, mit dem er uns so selbstlos geholfen hatte.

Was wir auf der Fahrt noch nicht wissen konnten: Unsere Odyssee war noch lange nicht zu Ende. Es sollte noch schlimmer kommen. Ja, wenn es läuft, dann läuft's ... Bei uns lief es. Und wie! Doch leider in die falsche Richtung. Denn als wir endlich daheim waren und die Wohnungstür hinter uns geschlossen hatten, standen wir im Dunkeln. Wir hatten weder Licht noch Gas. Im Funzelschein einer Taschenlampe fand ich in dem Riesenberg Post, der auf dem Boden unter dem offen gelassenen Briefkasten hinter der Wohnungstür lag, mehrere Behördenbriefe. Der erste mahnte mich, nun endlich die Umsatzsteuer für meinen Lebensmittelladen zu entrichten. Ein weiterer drohte mit entsprechenden Konsequenzen, wenn ich dieser Verpflichtung nicht endlich nachkommen würde. Und im dritten teilte mir die Stadt mit, dass sie – bedauerlicherweise – Strom und Gas abstellen musste. Ich hätte die letzte Rechnung nicht rechtzeitig überwiesen. Man darf einfach nicht so lange Urlaub machen. Zumindest war nun klar, warum wir im Dunkeln saßen. Nicht klar war hingegen, wieso ich Umsatzsteuer für einen Lebensmittelladen zahlen sollte, den ich nachweislich nie betrieben hatte.

Von Urlaubsrückkehrer-Stimmung war bei uns nicht viel zu spüren. Unsere Laune wurde auch nicht besser, als wir das Abendessen für diesen Tag sehr zur Verwunderung unserer Nachbarn in unserem VW-

Bus auf dessen Parkplatz vor dem Haus statt oben in der Wohnung kochen mussten.

Das Ungemach war schnell geklärt. Es gab doch tatsächlich einen namensgleichen Unternehmer, der ein Edeka-Geschäft in Darmstadt geführt und sich klammheimlich aus dem Staub Richtung Bodensee gemacht hatte. Da war ich dem Finanzamt als Ersatzmann gerade recht gekommen. Man kann es ja mal probieren. Zum Glück öffneten uns die Versorger die Schalter und Ventile genauso schnell, wie sie uns vorher abgeklemmt hatten. Jedenfalls konnten wir am nächsten Abend wieder bei Licht in der Wohnung leben, kochen und essen. Und auch unsere Papiere hatten wir nach einigen Tagen wieder zusammen.

Dennoch haben die Erlebnisse dieses Urlaubs unser Verhalten im In- und Ausland drastisch verändert. Unabhängig davon, ob wir fahren, durch Städte flanieren, am Strand liegen oder baden, wir achten seither sehr viel mehr auf unsere Sicherheit. So schließen wir während der Fahrt grundsätzlich auch die Wohnraumtür ab – beim Tanken alle Türen. Wie schon ausgeführt, lassen wir so gut wie nie Papiere, Geld, Kameras oder Ähnliches im Fahrzeug zurück. Stattdessen verteilen wir es auf die getragene Kleidung. Anstelle teurer Fototaschen packen wir unsere Foto-Apparate in unauffällige Plastik-Einkaufstüten. Aber nicht in Edeltüten mit dem Aufdruck von Marken-Klamotten, wie sie hierzulande gern zur Schau gestellt werden. Wir bevorzugen die einfarbigen, dünnen Plastiktüten, die uns die Händler auf dem Markt oder in Lebensmittelgeschäften mit unseren Einkäufen in die Hand drücken. Die Kamera zusätzlich in ein Handtuch, ein T-Shirt oder einen Pullover gewickelt, fällt in einer solchen Plastiktüte noch weniger auf.

Dennoch wünschen wir uns bei der technischen Ausstattung von Reisemobilen mehr sinnvolle Sicherheitsdetails. Wenn das aus Kostengründen nicht in der Basisversion möglich ist, sollten sie wenigstens als Sonderausstattung zu haben sein.

In der Wanderbaustelle

Auch unser nächstes Reisemobil war wieder ein ausgebauter Kastenwagen. Und auch wieder ein VW-Bus. Die letzte Reise, auf der uns in Italien die Wertsachen und das Geld geklaut worden waren, lag sechs Jahre zurück. Ich hatte inzwischen das Studium abgeschlossen. Zwei kleine Böttgers hatten den Globus bevölkert. Wir waren zweimal neuen Jobs hinterhergezogen. Unser VW-Bus musste einem VW-Käfer weichen. Den hatte ich aber schon nach einem Jahr zerschnitten und zum Dune-Buggy umgebaut. Als Familienkutsche diente uns in jener Zeit ein Opel Rekord Kombi mit der wegweisenden Typenbezeichnung Car-a-Van.

Zwei Jahre später hatten wir den Buggy verkauft. Ich hatte einen Unfall-Käfer gefunden, ihn neu aufgebaut und zum 140-PS-Rallye-Fahrzeug aufgemotzt. Weitere zwei Jahre später – Rallyefahren ist nun mal alles andere als familienfreundlich – hatte ich das Geschoss abgemeldet und es zum Leidwesen meines Co-Piloten mit allerlei technischen Delikatessen wie Trockensumpfschmierung, Formel-1-Reifen, Gokart-Benzintank und ungepolsterter Sitzschale zum Slalom-Renner umfunktioniert. Doch nun brauchte ich logischerweise ein Zugfahrzeug und einen Transportanhänger, um die gelbe Rakete zu den Slalom-Rennstrecken bugsieren zu können. Und so kamen wir wieder zum Reisemobil, das uns gleichzeitig als Zugfahrzeug diente. Mit anderen Worten, ich gönnte mir nun in etwa das, was ich mir vor unserer Hochzeit erträumt hatte. Das Kind im Manne wollte es noch mal wissen und hatte nun sein Spielzeug. Aber im Gegensatz zu früher war nun die Familie dabei. Die Jungs halfen mir beim Auf- und Abladen sowie beim Verzurren des Renners und rollten die Räder für den Reifenwechsel heran.

Urlaub hatten wir in den zurückliegenden Jahren mit unseren Knirpsen überwiegend daheim verbracht. Oder wir hatten uns Ferienwohnungen mit Selbstversorgung gemietet.

Auch unser zweiter Camper war wieder mehr Vielzweckwaffe als Reisemobil. Bei seinem Ausbau hatte ich mich an einem komplett ausgearbeiteten Bauplan der Firma Syro orientiert. Den hatte ich in einigen Punkten geändert und mit eigenen Ideen erweitert. Die Grundaufteilung aber behielt ich bei. Sie bestand aus vier Möbeln: dem Überbau des Motorbuckels, der hinteren Sitzbank, dem Kleiderschrank, dem Küchenstaumöbel und zwei Einzelsitzen.

Das komplizierteste Einzelteil war der Heckausbau über dem Motorbuckel. Er bildete unten einen durchgehenden Bettkasten, darüber saßen auf beiden Seiten vier Staufächer, die der Kontur des VW-Busses folgten. In der Mitte blieb ein Durchblick offen, um freie Sicht vom Innenspiegel durch die Heckscheibe zu gewährleisten. Der Bettkasten nahm tagsüber die Bettwäsche auf, nachts steckten wir die Beine da hinein – zwei Jahrzehnte später erlebte diese Idee in ähnlicher Weise ihre Wiedergeburt im James Cook. Zum Bettenbau mussten wir die Rücksitzbank nicht verschieben. Die Einzelteile waren so aufeinander abgestimmt, dass wir lediglich die Rückenpolster in den Zwischenraum von hinterer Sitzbank und vorderen Einzelsitzen legen mussten. Schon war der Bettkasten offen und die Liegefläche fertig. Auf dieser Schlafstatt richteten wir Eltern uns ein. Die Kinder schliefen auf Campingliegen in einem Steilwandzelt, das wir auf den Campingplätzen aufbauten. Unterwegs lag das Zelt verzurrt auf einem der beiden hintereinander montierten Dachgepäckträger, auf denen wir auch das Reserverad, die Kinderfahrräder, unser Badeboot und die sonstigen sperrigen Urlaubsutensilien verzurrten.

An die Fahrerhaussitze lehnte sich auf der linken Seite der Kleiderschrank, auf der rechten Seite ein Küchen-Staufach an. Vor beiden
stand jeweils ein Einzelsitz an, dessen Rückenlehne fest mit Stauklappen der Möbel verbunden war. An den Vorderseiten verliefen sowohl
an der Sitzbank wie auch an den Einzelsitzen massive Leisten, auf
denen die Rückenlehnen zum Bettenbau abgelegt wurden. Der Esstisch hing an der linken Seitenwand. Zum Bettenpuzzle wurde er
nicht benötigt.

Ergänzt hatte ich diesen mehr oder weniger vorgegebenen Ausbau
mit einem selbst konzipierten Küchenblock. Der stand während der
Fahrt zwischen den Vordersitzen. Zum Kochen hob ich ihn an zwei
Handgriffen über den Beifahrersitz heraus und stellte ihn vor die geöff-
nete Schiebetür, bei Regen unter eine am Dachgepäckträger befestigte
Plane. Das Küchenmöbel war zweigeteilt. Im oberen Fach hatte ich
einen simplen, zweiflammigen Zeltgaskocher verschraubt. Im großen
Fach darunter stand links eine Fünfkilo-Propangasflasche. Rechts

daneben hatten hochkant die Töpfe und Pfannen Platz. Die Deck-platte ergab, nach hinten geklappt und mit einem Stab abgestützt, eine Arbeitsplatte. Viele Jahre später stellte Eugen Seitz, allerdings wesentlich professioneller ausgeführt, ein ähnliches Möbel in seinem Modular-Konzept vor.

In und mit diesem Mobil fuhren wir, den Renn-Käfer auf dem Trans-portanhänger im Schlepp, zu den Slaloms. Aber wir unternahmen auch ungezählte Tagesausflüge und machten einige Urlaubsreisen mit ihm. Dabei gingen wir aber stets auf Campingplätze. Oder wir mie-teten uns, etwa im Winter zum Skilaufen, in Ferienwohnungen ein. Aus heutiger Sicht hatte auch dieses Mobil noch nicht viel von dem, was heutzutage ein Reisemobil ausmacht. Es hatte weder eine separate Elektro- noch eine fest installierte Wasseranlage. Und es hatte keine Toilette und keine Heizung.

Zu jener Zeit gab es aber durchaus schon ganz andere Mobile. Zum einen von den wenigen damals schon aktiven professionellen Herstellern. Zum anderen aber durchaus auch von Selbstbauern, wie ich neidvoll bei einem belgischen Campingplatz-Nachbarn feststellen musste. Der hatte von den Ideen und der Handwerkskunst her ein wirklich tolles Fahrzeug mit kompletter, fest eingebauter Einrichtung für sich und seine Frau gebaut. Als Basis für sein Mobil hatte er einen jener legendären, eckigen, ebenso hässlichen wie zweckmäßigen Wellblech-Kastenwagen von Citroën gewählt. Für mich ist dieses Fahrzeugkonzept nicht nur wegen seiner dreigeteilten Heckpartie – oben eine hochschwenkbare Klappe als Regen- oder Sonnenschutz, darunter zwei Stalltüren – noch heute das Ideal eines Reisemobil-Basisfahrzeugs.

Der Ausbau, den der Belgier selbst durchgeführt hatte, war eine Augenweide. Hinten längs hatte er rechts und links die Sitzbänke platziert. Der Esstisch stand dazwischen auf einem Scherengestell, konnte daher ganz leicht herausgenommen und im Freien aufgestellt werden. Diese Sitzgruppen-Anordnung bescherte ihm und seiner Frau, die Rücken an die Seitenwände der in Wagenmitte stehenden hohen Möbel gelehnt – Küche und Kleiderschrank samt Nasszelle –, eine traumhafte Aussicht durch die geöffnete Heckklappe auf das Meer. Nachts legten die beiden die Rückenpolster nebeneinander auf den abgesenkten Esstisch. Fertig war das Querbett.

Dieser Grundriss, der sich auch heute noch vereinzelt findet, war damals sehr beliebt bei allen Mobilen mit vorn eingebautem Motor und hinteren Hecktüren. Die Kastenwagen von DKW und Ford ermöglichten ihn genauso wie die Transporter von Hanomag und Mercedes-Benz.

Auch die Ausstattung des belgischen Prachtexemplars war eine Wucht. Bis auf eine Heizung und einen Boiler fehlte nichts. Kocher, Spüle,

Kühlschrank, Toilette – alles war an Bord. Sogar ein Yacht-Trio aus Thermo-, Baro- und Hygrometer strahlte von der Seitenwand des Kleiderschranks.

Damals so ein Schmuckstück zu bauen, war gar nicht so einfach. An eine Situation wie heute, wo man so gut wie jedes Einzelteil kaufen kann, wie es auch die professionellen Hersteller in ihren Serienmobilen verbauen, daran war in jener Zeit nicht annähernd zu denken. Und auch Baumärkte oder Möbelhäuser wie Ikea, in denen man heute ungezählte Möglichkeiten findet, sich mit Möbelbausätzen, Holzzuschnitten, Schläuchen, Leitungen und allen nur erdenklichen Einbau- und Kleinteilen einzudecken, gab es damals noch nicht. Folglich improvisierte und bastelte eine ganze Generation von Selbstbauern und beschränkte sich – auch, aber nicht nur aus Geldmangel – zumeist auf Nachbauten der legendären Westfalia-Modelle. Da wurden, so gut es ging, Rücksitzbänke mit selbst geschweißten Scherengestellen zu kombinierten Sitz-Liegebänken umgepfriemelt. In die Deckplatten einfachster Möbel wurden Zeltkocher und Plastikwannen versenkt. An jeder freien Wand sorgten Stofftaschen zur Aufnahme von Kleinteilen, und an den beiden seitlichen Schwingtüren – Schiebetüren kamen erst viel später in Mode – hing das unvermeidliche Hygieneschränkchen mit klappbarer Ablage und Schminkspiegel.

Zudem gab es in jener Zeit noch keine Fachbücher, aus denen man sich hätte schlaumachen können. Und auch die heutigen, dicken Zubehör-Kataloge von Frankana, Freiko, Fritz Berger, Movera oder Reimo waren noch nicht auf dem Markt. Aber zum Glück für uns Selbstbauer öffneten in diesen Jahren die ersten Betriebe, in denen wir Selbstbauer uns mit Bauplänen, kompletten Bausätzen oder ausgesuchten Einzel- und Kleinteilen versorgen konnten. Neben dem normalen Caravan-Handel waren Teca, Syro, Becker, Haas, Berger, Pik und – allen voran – Reimo solche Anlaufstellen, bei denen wir Dachgepäckträger,

Dachhauben, Fenster, Reserveradhalter, Sitzbeschläge, Kocher, Spülen und dergleichen bekamen, die unseren Mobilen Zug um Zug ein professionelleres Aussehen verliehen.

Aber immer noch stellten wir, vor allem aus Kostengründen, den Löwenanteil selbst her. Wobei auch die Frauen, vor allem mit der Nähmaschine, ihren Anteil bei Polsterbezügen und Gardinen aus günstig erworbenen Restposten leisten mussten. Den Männern blieben alle sonstigen Arbeiten – das Isolieren des Kastenaufbaus, das Einsetzen der Fenster und Dachhauben, der Möbelbau sowie die Installation der Elektro-, Wasser- und Gasanlage. Weil das alles seine Zeit brauchte, waren wir allesamt nicht selten mit halbfertigen Mobilen unterwegs. Wir behalfen uns immer mal wieder mit dem Zelt und waren irgendwie ständig in einer Baustelle unterwegs – in einer Wanderbaustelle.

Anders als heute ging es uns Selbstbauern damals nicht darum, einen noch nie gebauten Grundriss zu realisieren, das gasfreie Reisemobil zu realisieren oder den ultimativen Leichtbau auf die Räder zu stellen. Wir wollten schlicht und einfach nur ein Fahrzeug haben, in dem wir einigermaßen komfortabel und sicher verreisen konnten – eine Art festen, fahrenden Zelthaushalt. Und weil wir uns nur ein einziges Mobil leisten konnten, musste es natürlich auch Alltags- und Familienkutsche sein. Zu unserem Glück war es in jenen Tagen viel leichter als heute, einen gebrauchten Kastenwagen zu erstehen.

Eines hat sich allerdings bis in die heutige Zeit gerettet. Damals wie heute profilieren sich die Selbstbauer als begnadete Kopierer. Zwar wollen sie heute eher etwas Einzigartiges, Spezielles schaffen, wollen ihr persönliches Traummobil als Unikat realisieren. Dennoch sind die meisten Ideen irgendwo geklaut – allenfalls pfiffig in anderer Form kombiniert. Als Beweis seien die vielen Besucher der Caravan Salons angeführt, die sich hektisch und verstohlen bis ungeniert mit Kamera,

Maßband und Notizblock – vor allem in den Mobilen der Individualbauer – unbeliebt machen. Und das sind nicht alles Asiaten.

Auch unser zweites Mobil verschonte uns nicht vor einem Einbruch-Diebstahl. Und das an einem Ort, an dem wir es am wenigsten erwartet hätten: auf einem beleuchteten, gut einsehbaren Hotelparkplatz im Südtiroler Ora.

Wir hatten den Urlaub mit Freunden verbracht, die damals einen Faltwohnwagen hatten. Weil sie sich auf der Rückfahrt nicht die Mühe mit der Falterei machen wollten, hatten wir beschlossen, uns den Luxus einer Hotelübernachtung zu gönnen. Die Quittung für diesen Seitensprung bekamen wir am nächsten Morgen, als wir gut ausgeschlafen und nach einem opulenten Frühstück zu unseren Fahrzeugen vor dem Hotel kamen. An unserem VW-Bus war das kleine Ausstellfenster in der Schiebetür eingeschlagen und die Tür dann von innen geöffnet worden. Gefunden hatten die Einbrecher nicht viel, alles, was nur einigermaßen einen Wert besaß, hatten wir mit auf das Zimmer genommen. Mit wenigen Blicken konnten wir deshalb feststellen, was fehlte: das Kofferradio aus der Ablage am Beifahrersitz und mein ganzer Stolz, mein herausnehmbarer Küchenblock. Vielleicht hätte ich ihn doch lieber fest einbauen sollen.

Als Erstes schwärmte unsere ganze Truppe aus, um rund um den Parkplatz nach unserem Besitz oder wenigstens Spuren von ihm zu suchen. Und tatsächlich. Wir fanden den Küchenblock in einem angrenzenden Weinberg. Allerdings mit abgerissenem Deckel und ohne Kocher. Die Diebe hatten den Zuleitungsschlauch durchgeschnitten und den Kocher herausgehebelt. Im unteren Teil war bis auf einen Topf noch alles da, auch die Gasflasche.

Zu unserem Erstaunen bescherte uns dieser Vorfall nur eine kurze Verzögerung der Weiterfahrt. Der bleich herbeieilende Hotelier bat uns händeringend, kein Aufsehen zu erregen. Vor allem aber beschwor er uns: Bloß keine Polizei! Wir könnten uns gar nicht vorstellen, was es bedeute, italienische Polizei im Haus zu haben, versuchte er uns zu überzeugen. Die Polizei würde alle Gäste befragen, keiner dürfte das Hotel verlassen. Und wenn sich das herumspräche, wären er und sein Durchgangshotel erledigt. Er würde uns den erlittenen Schaden aus seiner Privat-Schatulle ersetzen. Was er dann auch tat. Insofern waren wir noch mal glimpflich davongekommen.

Mit der Oma auf dem Dach

Bis zur nächsten Reise mussten wir nicht nur das in Südtirol demolierte Küchenmöbel ersetzen. Wir wollten dringend auch eine andere Lösung für die Schlafstätten unserer Kinder haben als das mit viel Arbeit und Zeitaufwand aufzustellende Steilwandzelt. Zudem sollte irgendwo ein Porta Potti unterkommen. Also galt es, über den Winter den Camper umzubauen. Denn eines war klar, ein neues Mobil war nicht drin. Unser alter VW-Bus musste es noch eine Weile tun.

Das mit der Küche war recht schnell gelöst. Die Firma Reimo in Egelsbach, damals wie heute für Selbstbauer so gut wie unverzichtbar, hatte einen kompakten Küchenblock im Programm, der alles enthielt, was man in der Küche braucht. Das aus weiß beschichteten Spanplatten gebaute Möbel passte genau hinter den Beifahrersitz und bot uns obendrauf eine kompakte Spüle-Zweiflammkocher-Kombination und darunter einen Absorber-Kühlschrank. Dieses Möbel ersetzte das bisherige Küchenstaumöbel und den rechten Einzelsitz. Ich erweiterte es mit zwei klappbaren Abstellböden. Der eine schaffte eine Küchenarbeitsplatte im Türausschnitt. Der andere ließ sich nach links gegen den Kleiderschrank klappen.

Einen festen Platz konnten wir unserem neuen Porta Potti nicht zuweisen. Auf der Fahrt verschwand es in einer Sitzkiste mit Deckel, die im Gang zwischen Fahrer- und Beifahrersitz stand. Zur Benutzung hievten wir es da raus und platzierten es hinter dem Bus unter die aufgestellte Heckklappe, an der eine umlaufende Zeltplane Sichtschutz gab.

Die meiste Arbeit sollten uns die Schlafstätten für die Kinder machen. Letztlich aber nicht nur sie. Denn als ob das nicht schon kompliziert genug wäre, setzte meine Mutter noch eins drauf. Sie hatte von unseren Reiseplänen für den nächsten Urlaub erfahren und wollte nun unbedingt auch mit. Eine Sardinienreise sei schon immer ein Traum von ihr gewesen. Ganz wohl war uns nicht bei diesem Gedanken. Drei Generationen zu fünft in einem mickrigen VW-Bus. Das konnte ja nur ein Horrortrip werden. Andererseits wussten wir, dass meine Mutter durch mehrere Reisen mit Rotel-Tours campinggestählt war und nicht vor unkomfortablen Urlaubsformen zurückschreckte. Kurzum, wir gingen das Wagnis ein.

Ein französischer Radreiseanbieter hatte uns die Idee zur Bettenlösung für unseren Nachwuchs und seine Oma geliefert – Giebelzelte auf dem Dach. Aus dem Lieferprogramm eines italienischen Herstellers kauften wir drei Dachgepäckträger in der Breite unseres Busses. Hintereinander verschraubt, deckten sie die gesamte Länge unseres VW-Busses ab. Die Seitenteile dieser Träger montierten wir so, dass wir oben eine durchgehende Fläche erhielten. Auf der verschraubten wir eine durchgehende Sperrholzplatte, die vorn und hinten ein Stückchen über das Dach hinausragte – ein idealer Sonnen- und Hitzeschutz. Außen um die Platte herum verklebten wir hochkant eine etwa zehn Zentimeter breite Holzleiste, in die wir Zurr-Ösen eindrehten. Auf den Boden der Platte setzten wir zwei einfache Giebelzelte, das eine mit der Einstiegsöffnung nach vorn, das andere nach hinten. Damit die Zelte nicht verrutschen konnten, verschraubten wir deren Heringsschlaufen auf der Platte.

Für die Fahrt legten wir, nachdem wir Isomatten und Schlafsäcke in den Zelten deponiert hatten, einfach die Firststangen um. Auf die nun schlaff und flach daliegenden Zelte packten wir die fünf Campingstühle und den Tisch und deckten das Ganze mit einer Plane ab, die wir rundum in den Zurr-Ösen verspannten. Für diese Plane hatten wir übrigens zwei Zeltstangen gekauft, sodass wir sie als Sonnenschutz verwenden konnten. Heute nennt man solche Sonnensegel Tarps. Als Letztes befestigten wir ganz obendrauf eine Aluleiter. Sie brauchten wir, damit unsere drei Passagiere zur Nachtruhe nach oben kraxeln konnten.

Zum Schlafen mussten wir also nur die Zeltstangen aufstellen, schon waren die Betten fertig. Im hinteren Zelt schliefen unsere Jungs, die zuerst über die angestellte Leiter nach oben klettern mussten. Das vordere Zelt bekam meine Mutter zugeteilt, die, sobald sie ebenfalls oben war, die Leiter zu sich ins Zelt hinaufzog. Auf diese Weise wollten wir die Übernachtungen unterwegs bewältigen. Auf Campingplätzen sollte nach wie vor das Steilwandzelt zum Einsatz kommen. Auch die Eltern hatten sich schließlich Urlaub und ein bisschen mehr Nähe als im Alltag redlich verdient.

Obwohl die beiden Zelte auf dem Dach wesentlich schneller aufgestellt waren als das Steilwandzelt, artete das Vorbereiten für die Nacht wie auch zur morgendlichen Weiterfahrt jedes Mal in eine ziemliche Plackerei aus. Beim morgendlichen Start lief das immer nach dem gleichen Ritual ab. Nach dem Frühstück und dem Auslüften der Isomatten und Schlafsäcke durfte ich auf der Leiter nach oben klettern, in den Zelten alles ordentlich ausbreiten, die Zeltgestänge umlegen und die Zelte verschließen. Als Nächstes musste ich die Campingmöbel hochhieven und möglichst flach verteilen. Dann zog ich die Plastikplane über das Ganze und verspannte sie rundum in den Zurr-Ösen. Anschließend buckelte ich das im Packsack verstaute Steilwandzelt und das Schlauchboot nach oben. Und zuletzt zog ich, inzwischen auf dem Beifahrersitz balancierend, die Aluleiter nach oben und verzurrte sie für die Fahrt.

So zogen wir also 1976 zu fünft los in Richtung Sardinien. Diesmal fuhren wir aber nicht ständig an der Küste entlang, sondern machten einen großen Schlenker durch die Toskana. Bei durchweg schönstem Sommerwetter übernachteten wir auch auf der Anreise grundsätzlich auf Campingplätzen, verzichteten aber auf das Aufstellen des Steilwandzelts. Das System mit den Bergsteigerzelten auf dem Dach bewährte sich ausgezeichnet. Auch tagsüber war die Stimmung bestens. Oma saß auf der Rücksitzbank zwischen den Jungs und beschäftigte sie. Vor allem aber spielte sie auf diese Weise Prellbock zwischen ihnen. Ich glaube, wir hatten selten so stressfreie Urlaubsfahrten wie in diesem Jahr. Sicher, die »Wann-sind-wir-endlich-da«-Quengelei blieb uns auch in diesem Jahr nicht erspart. Aber wenigstens die nervigen Rangeleien und Kloppereien auf den Logenplätzen.

Trotz der Enge in unserem Camper wurde diese Sardinienreise, auf der wir die Insel im Uhrzeigersinn komplett umrunden und fast ausnahmslos frei übernachten konnten, für uns alle zu einem unvergesslichen Urlaub. Wir waren seither noch zweimal ohne die Kinder auf Sardinien, und wir waren immer wieder fasziniert von der ursprünglichen und vielseitigen Landschaft dieser Insel – einerseits mit unendlichen, weißen Sandstränden, andererseits schroff und abweisend mit dunklen, undurchdringlichen Wäldern. Und wo sonst bevölkern nicht nur Ziegen und Schafe, sondern auch schwarze Schweine die Bergsträßchen?

Auf dieser Urlaubsreise hatten wir ein Erlebnis, das uns fortan etwas vorsichtiger bei der nächtlichen Stellplatzsuche werden ließ. Wir waren in finsterer Gewitterstimmung recht spät in die Hafenstadt Castelsardo an der Westküste der Insel gekommen und suchten nach dem Abendessen in einer urigen Spaghetteria einen Platz für die Nacht. Von der hoch auf einem Felsen thronenden Stadt hatten wir einen tollen Blick in den weit unter uns liegenden, malerischen Hafen. Einhellig waren wir der Meinung, dort könnten wir übernachten, bevor wir am nächsten Tag die Stadt zu Fuß erobern wollten. Außer uns hatten aber auch alle Einwohner der Stadt freien Blick in den Hafen. Nun also auch auf unser Mobil mittendrin. Und so ging mitten in der Nacht das Theater los. Zwei Mopedfahrer hatten einen Heidenspaß dabei, uns mit ihren Knatterkisten zu umkreisen. Nicht bösartig, wie wir bald merkten, aber doch Unruhe und Unsicherheit stiftend. Wir hätten dem Spiel ja ein Ende bereiten und einfach wegfahren können. Aber eben nur »hätten«. Denn wir hatten bis zu diesem Erlebnis die Campingmöbel und das Boot, die nachts keinen Platz auf dem Dach fanden, unter das Mobil gelegt. Wie gesagt, bis zu dieser Nacht.

Fortan stapelten wir nachts die Stühle auf den Beifahrersitz. Das Boot kam neben Oma ins Dachzelt. Als Erfahrung aus dieser Nacht haben wir uns eingehämmert, die Sitze im Fahrerhaus auch nachts frei zu halten und alles so zu verstauen, dass wir jederzeit starten können. Und bis auf eine Ausnahme, die ich in einem späteren Kapitel beichten will, haben wir uns auch strikt daran gehalten.

Lieblingsfeind Elektrik

Zickig verhielt sich auf unserer ersten Sardinienreise die Elektrik in unserem Mobil. Überhaupt Elektrik. Schon seit frühester Kindheit stehe ich mit ihr auf Kriegsfuß. Meine erste negative Erfahrung hatte ich schon als Achtjähriger. Beim Hochheben einer schicken Designer-Nachttischlampe griff ich in die durch den Fuß geführten, teilweise nicht isolierten Leitungen. Ich erinnere mich noch dunkel, dass ich die Lampe im weiten Bogen weggeworfen und wie hypnotisiert meine Hand unter fließendes Wasser gehalten habe. Zum Wasserhahn bin ich in den Folgejahren nicht mehr gerannt, wenn ich bei einer Reparatur in unserem vaterlosen Haushalt mal wieder eine gewischt bekommen hatte. Aber meine Aversion gegen den unsichtbaren Feind schmälerten solche Erlebnisse nicht.

Auch in der Schule und beim Studium konnte ich mich nicht so richtig mit dieser hinterhältigen – weil unter Umständen tödlichen – Energie anfreunden. Allein die Tatsache, dass sich Strom und Spannung nicht auf ein einheitliches Vorgehen einigen können, phasenverschoben hintereinander durch die Sinuskurven sprinten und dadurch eine Wirk- und eine Scheinleistung produzieren, kann ich nur schwer nachempfinden. Man muss sich das mal vorstellen: eine Scheinleistung. In unserer heutigen, gnadenlos auf Erfolg und Effizienz ausgerichteten Zeit. Ganz offiziell. Und ohne Protest von Arbeitgebern, Gewerkschaften, Umweltschützern, Kernkraftgegnern oder Wirtschaftsweisen. Nein, da halte ich mich doch lieber an alles, was sich dreht und Krach macht. Das versteckt sich wenigstens nicht vor mir.

Bei so viel Antipathie erstaunt es kaum, dass sich auch im Reisemobil die Elektrik dauernd mit mir anlegt. Den ersten Triumph feierte sie ausgerechnet auf unserer Hochzeitsreise. Dass wir dabei in einem VW-

Bus unterwegs waren, der den Begriff Reisemobil im heutigen Sinne kaum verdient, habe ich schon erzählt. Dennoch möchte ich an dieser Stelle etwas genauer auf die elektrische Anlage in diesem Mobil eingehen. Nach heutigem Verständnis gab es nämlich überhaupt keine. Wo heute Drehstrom-Lichtmaschinen, Starter- und Bordbatterien, Batteriecomputer, Einspeise-Steckdosen, Ladegeräte, Ladestromverteiler, Personen-Schutzautomaten, Wechselrichter, Solaranlagen, Brennstoffzellen, Generatoren, Überwachungsbords und getrennte Stromkreise für 230-Volt-Wechsel- und 12-Volt-Gleichstrom verschaltet sind, war in unserem ersten Mobil nichts außer der Bordelektrik des VW-Busses. Und die bestand aus einer Lichtmaschine, einer Starterbatterie, einem Autoradio im Armaturenbrett und zwei Sofittenleuchten – eine im Fahrerhaus, die andere seitlich über dem Fenster im Laderaum. Mehr war da nicht an Elektrik. Himmlisch!

Das alles war in einem 6-Volt-Bordnetz verkabelt, dessen Schmalbrüstigkeit eine altgediente, schwächelnde Starterbatterie am Leben halten sollte. Wozu sie, wie wir bald merken sollten, keine allzu große Lust mehr hatte. Solange wir jeden Tag eine erkleckliche Fahrstrecke zurücklegten, ließ sie sich das nicht anmerken. Nachdem wir es uns aber schon einige Tage am Strand bei Vilanova i la Geltru bequem gemacht hatten, signalisierte sie uns ihr Missfallen. Vielleicht auch darüber, dass sich niemand um sie gekümmert hatte. Obwohl sie, hinten neben dem Motor in sengender Sommerhitze stehend, möglicherweise nach einem Schluck destillierten Wassers gelechzt hatte. Aber wer, bitte schön, verdirbt sich die Hochzeitsreise mit Wartungsarbeiten an seinem Auto?

Wie auch immer. Wir saßen in der Abendkühle vor unserem Mobil. Der Mond schaukelte keine zwanzig Meter vor uns silbrig glänzend im Meer. Kerzenschein ließ den schweren Rotwein in unseren Gläsern glühen, als zunächst fast unmerklich die Musik aus unserem Autoradio immer schwermütiger und seelentiefer wurde. Bis ich in meiner Melancholie endlich begriffen hatte, warum, war es schon zu spät. Die Sofitten-Leuchten gaben nur noch ein schummriges Glimmen von sich. Der Anlasser zuckte nicht mal mehr. Nur ein müdes Knacken konnte er sich auf meine verzweifelten Startversuche gerade noch abringen.

Nun, wie man weiß, ist dem angehenden »Inschinör« – und seiner bemitleidenswerten Angetrauten – nichts zu »schwör«. Am nächsten Tag schleppten wir gemeinsam die Batterie in einem selbst geknüpften Netz aus Wäscheleine, Expandergummis und sonstigen Stricken zur nächsten Tankstelle, um sie dort in mehr als 20 Stunden richtig vollladen zu lassen. Mit Erfolg. Am darauf folgenden Abend brachte sie den Motor recht zügig in Schwung. Aber alte Batterien können die Ladung nicht mehr so richtig halten. Was mich fatal an uns Menschen erinnert, denen es im Alter auf andere Weise ähnlich ergehen soll. Die Folge, obwohl ab sofort Radio und Innenbeleuchtung für uns tabu waren: Als wir nach einigen weiteren Tagen in Richtung Heimat starten wollten, ging wieder nichts mehr.

Zum Glück ist so ein VW-Bus nicht schwer, und so kamen wir mit Hilfe freundlicher Zeltnachbarn zunächst aus dem Ufersand frei und erreichten schließlich durch Anschleppen festen Boden unter den Rädern. Obwohl wir ab diesem Moment zur Sicherheit nur noch bergab parkten, verlief die Rückfahrt undramatisch. Das Fahren brachte so viel Ladung in die Batterie, dass wir morgens oder nach Fahrtpausen einigermaßen normal starten konnten. Deswegen sahen wir auch keinerlei Notwendigkeit, unser schmales Budget durch den Kauf einer neuen Batterie im Ausland zu belasten. Denn in Deutschland lagen genügend billige, noch brauchbare Exemplare bei Altwagenhändlern herum.

Leider blieb es nicht bei dieser einen Episode. Auch auf unserer Sardinienreise machte uns die Elektrik schwer zu schaffen. Zwar konnte sie uns den Urlaub nicht vermiesen. Aber sie hielt uns während einiger Tage – durch Anschieben – im wahrsten Sinne des Wortes ganz schön auf Trab.

Auf dieser Reise trieb es die Elektrik noch perfider mit mir. Wir hatten ja auch nicht, wie auf der Hochzeitsreise, eine 6-Volt-, sondern bereits eine wesentlich leistungsstärkere 12-Volt-Installation im Wagen. Allerdings hatte auch dieser VW-Bus nur eine Starter- und keine zusätzliche Bordbatterie an Bord. Entweder lag unserem Bus die stürmische, gewitterige Überfahrt von Civitavecchia nach Olbia noch im Magen, oder ihm gefiel es auf Sardinien nicht. Jedenfalls wollte er nach dem ersten Halt, den wir zum Einchecken auf einem Campingplatz einlegten, nicht mehr anspringen. Zum Glück fiel die Einfahrt des Campingplatzes zum Meer hinunter ab. So konnten wir unseren Bus nach palaver- und gestenreichem Stornieren bergab anlaufen lassen, umdrehen und – bei inzwischen geöffneter Schranke – auf dem direkten Weg einen Bosch-Dienst in Olbia ansteuern.

Inzwischen war es Mittag, sodass wir schon mal die Gepflogenheiten des Südens genießen und bis vier Uhr nachmittags relaxen durften. Kein Problem für uns, wir hatten ja schließlich alles dabei – Essen, Getränke, Stühle und einen Tisch, um es uns draußen im Schatten einiger Bäume gemütlich zu machen. Nach drei Stunden kam langsam wieder Leben rund um uns auf, und zu meiner tiefen Genugtuung bestätigte der Chef der gespannt wartenden deutschen Urlauber-Familie, was ich schon geunkt hatte: Der Fehler lag im Regler. Na, das war doch schon mal nicht schlecht. Immerhin verbesserte sich dadurch meine Position erheblich. Hatte mich doch ein absoluter Elektrik-Spezialist bestätigt. Ein Italiener noch dazu. Mithin jemand, der zu jener Zeit, gleich welcher Fachrichtung, als Inbegriff von Improvisationskunst, gepaart mit goldenen Händen, galt.

Der Regler hing leicht zugänglich hinter dem Heckmotor an der Spritzwand. Er war ruck, zuck aus- und ein neuer, der war doch tatsächlich auf Lager, eingebaut. Die Rechnung fiel, auch das damals eine gern genutzte Tatsache, gegenüber Deutschland angenehm niedrig aus. Der Motor schnurrte auf Anhieb los. Sardinien, wir kommen!

Doch die Freude währte nicht lange. Nach dem ersten längeren Aufenthalt an einem freien Strandstreifen hatte der Anlasser wieder keinen Saft. Doch weil ich seit unserer Erfahrung auf der Hochzeitsreise immer ein kleines, tragbares Ladegerät dabeihabe, konnten wir nach Anschieben und Fahrt zu einem Campingplatz unsere Batterie wieder aufladen. Dennoch reichte die Batterie-Kapazität tagsüber oft nicht aus, den Wagen zu starten. Bis wir wieder eine Vertrauen erweckende Werkstatt erreichten, vergingen einige Tage auf diese Art. Wobei wir bei den Standplätzen an freien Stränden immer darauf achteten, dass wir die Möglichkeit hatten, den Camper in Fahrtrichtung anschieben zu können. Entweder parkten wir auf leicht abschüssigen, zumindest aber ebenen, nie aber auf ansteigenden Wegen.

Der erste Stopp bei einem weiteren Auto-Elektriker, damit wir endlich den Dämon finden, der unseren Bus befallen hatte, war nicht von Erfolg gekrönt. Er konnte den Knackpunkt nicht finden. Beim zweiten Halt benötigte zwar der Bosch-Spezialist einige Zeit. Aber er verfügte über ein dermaßen ansehnliches Test-Equipment, dass er den Übeltäter schließlich überführen konnte. Unser Improvisationskünstler in Olbia hatte uns an unserem ersten Tag auf Sardinien den Regler für eine 6-Volt-Anlage, nicht für unsere 12-Volt-Anlage eingebaut. Das hätte er zwar auf der Packung lesen können – ich natürlich auch. Aber er war vermutlich froh, dass er überhaupt ein Ersatzteil gefunden hatte. Und ich hatte an diesem Tag genug damit zu tun, Mutter, Frau und Kinder milde zu stimmen. Schließlich war ich es, der ihnen zumutete, ihren Urlaub in einem derart anfälligen Fahrzeug zu verbringen.

Möglicherweise, um sich mit mir zu versöhnen, hat mich die Elektrik einmal sogar vor einer bösen Attacke verschont, was ich ihr noch im Nachhinein hoch anrechne. Vor allem, weil sie an diesem Tag mehr als dreißig Reisemobile und Caravans neben uns teilweise komplett außer Gefecht gesetzt hat. Es war während eines heftigen nächtlichen Gewitters auf einem Campingplatz an der Blumenriviera. Mit ohrenbetäubendem, berstendem Krachen hatte ein Blitz seinen Weg über den Strommast und den daran hängenden Verteilerkasten in den Boden des Campingplatzes gesucht und gefunden. Es folgte zwar schlagartig eine totale Finsternis auf einem Teil des Platzes. Doch erst bei der

Vorbereitung des Frühstücks merkten die Camper in diesem Bereich, dass die gewaltige Überspannung nicht nur den Verteilerkasten pulverisiert hatte. Sie war auch in die Bordelektrik durchgeschlagen und hatte dort reihenweise teure und komplizierte Geräte ruiniert. Adieu Kontrollbord, Fernseher, Kaffeemaschine, Kühlschrank, Heizung, Wasserpumpe und Toilettenspülung!

Gegen solches Ungemach, das muss ich zugeben, waren unsere Erlebnisse mit meinem Lieblingsfeind Bordelektrik nur Peanuts.

Einmal Schoko und Vanille

Das mit dem Zelt auf dem Dach für die Kinder war nicht wirklich der Bringer. Außerdem hatte ich den Motorsport inzwischen aufgegeben. Dafür wollten die Jungs Radrennen fahren. Deshalb musste ein neues Fahrzeug her. Auf jeden Fall mit mehr Platz. Da bot es sich geradezu an, einen VW-Kastenwagen mit Hochdach, wie sie die Post damals im Einsatz hatte und nach bestimmten Laufzeiten ausmusterte, zu ersteigern.

Überzeugt von dieser Idee machte ich mich eines Samstagmorgens nach Stuttgart in die Post-Bezirkswerkstatt auf. Erst die Fahrzeuge besichtigen, dann ersteigern. Ich nehme mal an, ich war dort der einzige Fremde unter Fremden – ein bart- und mützenloses Bleichgesicht inmitten einer bunten Schar braun gebrannter Schnauz- und Vollbartträger, die ihre Haarpracht unter allerlei gehäkelten oder gestrickten Kopfbedeckungen verbargen. In deren Augen war ich mit Sicherheit auch der einzige Depp auf dem Platz. Oder vornehmer ausgedrückt: der einzige Amateur. Denn ich interessierte mich zwar unzweifelhaft für das jüngste Modell. Das war aber offenbar auch das fahruntüchtigste. Sein Motor war ausgebaut und lag im Laderaum. Ein Blick in den Motorraum verriet den Grund. Ein Hebel an der Kupplungs-Ausrückwelle war gebrochen. Der Beifahrersitz fehlte genauso wie das Reserverad und die Batterie. Dafür hatte das Fahrzeug eine hohe Schiebetür, die bis ins Dach hinaufragte, was den Einstieg ungemein erleichterte. Zur Stabilisierung des hohen Türausschnittes hatte es eine besonders stabile mittlere Dachpartie. Außerdem stützte sich das Dach auf zwei deckenhohen Trennwänden ab, die hinter den Fahrerhaussitzen aufragten. Alles Punkte, die uns für und nach dem Ausbau zugutekommen würden.

Insgesamt war der gelbe Kastenwagen mit dem weißen GfK-Dach ganz gut in Schuss. Er zeigte kaum Rost und Beulen. Meiner Meinung nach eignete er sich weitaus besser für uns als die übrigen zur Versteigerung anstehenden, abgewirtschafteten Rostlauben. Eine neue Batterie hätte ich sowieso eingebaut, bessere Sitze als das Behördengestühl natürlich auch. Dem Motor wollte ich ein bisschen mehr Power geben, dem Aufbau eine neue Lackierung. Für mich war es absolut das interessanteste Angebot. Ich wollte das Ding haben. Und ich war guter Hoffnung. Konnte doch keiner meiner Konkurrenten ohne Reparatur mit ihm die Heimfahrt zu den Familien in Anatolien, auf dem Peloponnes oder in das damals noch unter kommunistischer Knute zusammengehaltene Jugoslawien antreten.

Umso erstaunter war ich, dass ich für den fahruntüchtigen Hochraumkastenwagen absolut nicht der einzige Interessent war. Bei den vorher schon etwa zehn versteigerten Fahrzeugen ging es ab 600 D-Mark in Hunderter-Schritten zügig aufwärts. Und obwohl es sich bei denen ab etwa 1.000 D-Mark nur noch zäh in Angebotserhöhungen um fünfzig Mark dahinschleppte, ging auch die miserabelste Möhre kaum unter 1.600 Märkern weg. Ich wollte aber maximal 1.500 D-Mark ausgeben.

Ruck, zuck waren wir bei meinem Favoriten bei eintausend D-Mark. Ich sah meine Felle schon davonschwimmen. Mir war klar, ich musste schnellstmöglich etwas unternehmen, musste meine Konkurrenten bluffen, musste sie übertölpeln, etwas völlig Unerwartetes tun. Mit Erfolg. Meine fröhlich hinausposaunten 1.500 verfehlten ihre Wirkung nicht. Ob aus Erstaunen, Mitleid oder Schadenfreude, war mir ziemlich wurscht. Auf jeden Fall gaben meine Mitbieter auf und überließen mir mein Wunschfahrzeug. Eine Stunde später schleppte mich ein Freund mitsamt meiner Neuerwerbung, für die ich noch ein loses Reserverad ergattert hatte, mit seinem Personenwagen die fünfzehn Kilometer bis nach Hause.

Jetzt hatte ich zwar die Basis, aber ein Reisemobil noch lange nicht. Das entstand Zug um Zug in den nächsten Monaten in einer angemieteten Halle. Für den Innenausbau verwendete ich dabei auch Teile, die ich aus unserem bisherigen Mobil ausgebaut hatte. Überarbeitet und neu lackiert fanden die bisherige Rücksitzbank, der Motorüberbau und der Küchenblock eine neue Bleibe. Zum Teil baute ich auch Übriggebliebenes aus der Motorsport-Ära ein. So die vier fetten Rallyescheinwerfer und eine Zweivergaseranlage. Die übrigen Bauteile wie die Ausstellfenster, die Reserveradabdeckung und die Gas-, Wasser- und Elektro-Installation kaufte ich im Caravan-Zubehörhandel.

Als Erstes bekam unser Neuer eine komplette Lackierung. Wagenkörper in Weiß, Hochdach und Stoßstangen in Hellgrau. Als Nächstes schnitt ich die Fensterhöhlen aus, schreinerte Holzrahmen als innere Gegenlager und setzte die Ausstellfenster ein. Auf die Frontpartie schraubte ich einen neuen Reserveradträger mit Abdeckhaube. Die vier Rallyescheinwerfer montierte ich auf die vordere Stoßstange. Für den Innenausbau hatte ich mir eine Modifikation unseres bisherigen Grundrisses ausgedacht. Die hintere Sitzbank mit dem Bettkasten und den darüber liegenden Staufächern auf dem Motorbuckel behielt ich bei. Nach wie vor streckten wir nachts die Beine in den Bettkasten. Auch den Kleiderschrank mit dem davor stehenden Einzelsitz im Rücken des Fahrers übernahm ich. Allerdings änderte ich den Kleiderschrank dahingehend, dass er nun zwei Fünfkilo-Gasflaschen aufnehmen konnte. Samt vorgeschriebener Entlüftung nach unten, fester Verzurrung und nach innen abgedichteter Deckplatte.

In das Hochdach über dem Küchenmöbel passte ich ein Vorratsschränkchen ein, mit dem ich auf die gleiche Tiefe wie beim Kleiderschrank kam. Seinen Grund hatte das in den Schlafstellen für die Kinder. Auf Campingplätzen war klar: Unsere beiden Jungs bauen ihr Zelt auf. Als Lösung für unterwegs hatten wir uns nach reiflicher Überlegung und Diskussion aller Hub- und Klappbett-Lösungen bei der Firma Dehler bedient, die diese Bettenlösung in ihren Yachten und im legendären Profi realisierte – wie ich schon behauptete, Selbstbauer sind begnadete Kopierer. Die Ausführung legten wir allerdings anders an. Direkt hinter dem Kleider- und dem Küchenoberschrank – deshalb die identische Tiefe – sowie im Heckbereich schweißte ich auf der Höhe der Dachrinne zwei kräftige Quertraversen in die innere Aufbaustruktur. Auf diesen lagen vier kräftige Stahlrohre als Längsträger, die ich durch die Säume stabiler Segeltuchauflagen gezogen hatte. Zum Bettenbau verriegelten wir nachts die vier Längsträger in definierten Abständen, sodass sich die Segeltuchauflagen strafften und zwei Liegen unter dem Dach ergaben, auf denen unsere Kinder in ihren Schlafsäcken ähnlich wie in Hängematten schlafen konnten. Tagsüber schoben wir die vier Rohre mitsamt Segeltuchauflagen an die linke Seitenwand und spannten sie mit zwei Riemchen zusammen. Die Schlafsäcke packten wir nach dem Auslüften zusammen mit unserem Bettzeug in den Bettkasten hinter der Rückenlehne der hinteren Sitzbank.

Unser Neuer war mit diesem Ausbau dermaßen zugepfropft, dass weder unsere drei Rennräder noch das Zelt für die Kinder in ihm Platz gehabt hätten. Die einfachste Lösung des Problems wäre ein Dachgepäckträger gewesen. Nur, dem standen einige handfeste Hindernisse im Weg. Erstens hatte unser Bus ein Hochdach, das allein schon sehr weit hinauf ragte. Zweitens gab es im Zubehörhandel keine Dachträger mit derart langen Stützfüßen. Und drittens stellte sich die Frage, wie wir ohne Leiter so hoch kommen würden, um die schweren Brocken da hinaufhieven zu können. Doch es half alles nichts, ohne Dachträger wäre Urlaub nicht möglich. Also mussten wir uns irgendwas zusammenbasteln.

Aus unseren bisher verwendeten drei Dachträgern suchten wir die
besten Teile heraus und bekamen so noch zwei komplette Exemplare
zusammen. Die acht Stützfüße verlängerten wir mit passenden Hohl-
profilen, in die wir die Originalaufnahmen schraubten. Diese beiden
Dachträger verschraubten wir vorn und hinten in der Regenrinne des
Daches. Um ihre Stabilität zu erhöhen und sie am Wegkippen zu
hindern, sicherten wir sie zusätzlich mit gekreuzten Traversen, wie
sie auch Ikea-Regale am Zusammenbrechen hindern. Auf der rechten
Seite montierten wir zusätzlich ein langes Rohr an die vier Stützfüße.
Vorher hatten wir es durch den Saum eines großen, quadratischen
Zelttuches gezogen – unsere bisherige Abdeckplane. Das Ganze sollte
uns wie bisher auf den Standplätzen Schatten spenden.

Auf den vorderen Träger schraubten wir ausgesuchte Teile aus den
italienischen Fahrrad-Transportsystemen, die damals den Markt eroberten. Vorn die Gabelklemmen und die Vorderradhalter, hinten die
Aufnahmen für die Hinterräder. So konnten wir die Rennräder und

die demontierten Vorderräder nebeneinander auf dem Dachträger für die Fahrt verspannen. Auf dem hinteren Träger transportierten wir das Zelt und unser kleines Bade-Schlauchboot samt Paddel.

Allzu oft haben wir in diesem Mobil nicht zu viert geschlafen. Zum einen war unser Nachwuchs langsam in ein Alter gekommen, dass er es peinlich fand, mit den Eltern in einem Raum schlafen zu müssen. Zum anderen bringen vier Schläfer, von denen sich nachts immer mal einer umdreht, eine ganz schöne Unruhe in das Fahrzeug. Also beschränkten sich solche Nächte nur auf die Anfahrt zum Urlaubsziel und auf die Heimfahrt. Auf den Campingplätzen hatten unsere Jungs ihr Steilwandzelt. In dem war auch für die drei Rennräder Platz, sodass wir sie nicht jeden Tag ab- und aufladen mussten.

Bewährt hat sich diese Konstruktion aber dennoch – vor allem auf den Alpenüberquerungen, die wir nicht durch die Tunnels, sondern über die Passstraßen unter die Räder nahmen. Als geradezu ideal erwies sich unser Hochraum-Kastenwagen-Camper als Alltagsmobil und für die Wochenenden, an denen wir mit unseren Jungs zu deren Radrennen in Baden-Württemberg, Bayern und der Pfalz fuhren. Da waren Übernachtungen nicht nötig, aber wir hatten alles dabei, sogar unsere eigenen Zuschauerstühle. Und die Kinder hatten genügend Raum zum Essen und Umziehen, für die Massage und die Konzentration vor dem Start.

Anlässlich eines Radrennens hatten wir mit diesem Mobil ein besonders witziges Erlebnis. Ich meine, es war in Herxheim in der Pfalz. In einer Seitenstraße neben der Rennstrecke. Ich war gerade dabei, die Startnummern an den Trikots unserer Jungs mit Sicherheitsnadeln zu befestigen, als eine resolute Oma mit ihrem Enkel im Schlepp die Bestellung aufgab: »Einmal Schoko und Vanille, bitte!« Das hatte ich nun davon, dass ich einen Fahrzeugtyp bei der Post erstanden hatte,

mit dem damals auch alle italienischen Eisverkäufer durch die Lande tingelten. Nun, einige Hardcore-Reisemobilisten tarnen ihre Mobile ganz bewusst, indem sie ihnen die Erscheinung von gewerblich genutzten Transportern geben. Aber ich hatte unseren Bus doch so schön lackiert und optisch aufgemotzt.

Und nicht nur das. Auch in seinen Eingeweiden hatte ich kräftig gewütet. Wohl immer noch Kind im Manne hatte ich ihm etwas am TÜV vorbei – die stellten sich aber auch so was von an – eine Doppelvergaseranlage aus meiner Käfer-Zeit und eine schärfere Nockenwelle verpasst, die ich mir über einen befreundeten Amerikaner beschafft hatte. Ich mache es kurz: Die zwei Vergaser schluckten bis zu zwanzig Liter, und die Nockenwelle – an ihr hing auch die Motorölpumpe – lieferte nicht genug Schmier- und Kühlungsöl. Die Folge der Spielerei: Mitten in einem Überholvorgang auf der Autobahn blockierte der Motor, und ich konnte mich schleudernd und mit getretener Kupplung gerade noch auf den Standstreifen retten.

Die Abholaktion in einem gemieteten Autotransporter einige Tage später fanden unsere Jungs zwar cool, mir war fortan aber der Spaß an solchen das Haushaltsbudget belastenden technischen Spielereien vergangen. Schluss mit lustig. Es wurde ja nun auch wirklich langsam Zeit, endlich erwachsen zu werden.

Unterm Sternenhimmel

Dass Frauen und Männer nicht nur phasenverschoben wie der Strom, sondern völlig unterschiedlich ticken, wird selten so deutlich wie beim täglichen Abenteuer-Höhepunkt, der Suche nach dem richtigen Übernachtungsplatz. Ich bin fest davon überzeugt, dass es nicht nur bei uns so ist. Es erscheint ziemlich hoffnungslos, eine Frau davon zu überzeugen, dass man mit dem Mobil in einer dunklen Ecke sicherer als im grellen Licht steht. Am Ende findet man sich doch wieder auf einem hell erleuchteten Discounter-Parkplatz wieder. Da kann man noch so viele Erfahrungen, die man aus Indianerspielen, als Pfadfinder, Soldat oder Outdoor-Freak gewonnen hat, in die Waagschale werfen. Dem Motto »Wer nicht gesehen wird, kann auch nicht belästigt oder angegriffen werden« kann eine Frau nichts abgewinnen. Sie fühlt sich nachts auf einem hell erleuchteten Platz einfach sicherer. Und sage keiner etwas gegen die Gefühle und Instinkte von Frauen! Da kann der Mann noch so viel argumentieren, gegen die weibliche Intuition – und Logik – kommt er nicht an.

Bei uns kommt hinzu, dass wir – wie ich schon erzählt habe – wie viele andere auch bis in die Puppen fahren und mit der Suche nach einem Übernachtungsplatz im günstigsten Fall in der Dämmerung beginnen. Bis wir uns endlich auf einen geeigneten Übernachtungsplatz einigen können, ist es oft schon stockdunkel. Bis dahin war der eine Platz zu dunkel, der andere zu hell, der dritte zu laut, der vierte zu abgelegen, und beim fünften stimmte das Umfeld nicht. Er war irgendwie zu unheimlich. So oder so ähnlich ist das nicht immer, aber sehr oft.

Ich rede hier allerdings nicht von Plätzen, an denen wir einen oder mehrere Tage verbringen und übernachten wollen. Die fahren wir beizeiten an, suchen in aller Ruhe und haben dabei eigentlich immer traumhafte Buchten oder Fleckchen Erde gefunden. Gemeint sind eher die Plätze, die wir nur zum Übernachten anfahren.

Von diesen Übernachtungsplätzen erwarten wir, dass wir auf ihnen eine ruhige Nacht in möglichst frischer Luft verbringen können. Aber auch, dass wir unbehelligt und sicher schlafen können. Deswegen wundern wir uns immer wieder, welches Gedränge auf den Raststätten an den Autobahnen herrscht – etwas, aber nicht wesentlich besser ist es auf den Autohöfen. Autobahn-Rastplätze mögen als Übernachtungsplätze auf der Durchreise sehr bequem sein. Man kann im Restaurant essen und dessen Toilette benutzen. Viele Reisemobilisten fühlen sich außerdem rund um die Tankstellen sicherer als anderswo. Vor allem aber müssen sie sich keinerlei Gedanken um Öffnungszeiten machen und können auch noch spät nachts den Stellplatz ansteuern. Wenn – und das wird durch den ständig zunehmenden Frachtverkehr mit seinen vorgeschriebenen Ruhezeiten immer mehr zum Problem – sie noch ein freies Plätzchen finden.

Aber Raststätten sind mit Sicherheit die lautesten Übernachtungsplätze. Spät in der Nacht ankommende und frühmorgens startende Lastzüge oder unentwegt ratternde Kühlaggregate können einem den letzten Nerv rauben. Und leider ist es auch mit der Sicherheit auf Raststätten nicht zum Besten bestellt. Denn die Knotenpunkte an den Transitrouten, an denen sich viele sorglose und unvorsichtige Touristen und Reisemobilisten – sprich Opfer – versammeln, ziehen Ganoven geradezu magisch an. Und die lassen sich, wie die Erfahrung zeigt, weder durch Licht noch durch die Ansammlung vieler Fahrzeuge abschrecken. Auch Hunde scheinen sie nicht abzuschrecken, wie sie immer wieder beweisen. Während der Tiefschlafphase gegen zwei Uhr dringen sie lautlos meist durch die Beifahrertür ins Wageninnere, suchen und finden in Sekundenschnelle die immer gleichen Gegenstände im Handschuhfach und rund um den Beifahrersitz: Geldbörsen, Handtaschen, Schmuck, Uhren, Radios, MP3-Player, Kameras oder Navigationsgeräte – kurz: alles, was sich auf dem nächsten Flohmarkt schnell und problemlos verhökern lässt. Am nächsten Morgen stöhnen die beraubten Insassen dann etwas von schalem Geschmack im Mund und brutalem Gasüberfall.

Dabei gibt es so viele Alternativen zu den Raststätten. Wir haben bis jetzt immer einen geeigneten Stellplatz, ein reisemobilfreundliches Restaurant oder einen anderen Stellplatz in der Nähe der Autobahn gefunden – oft nicht weiter als fünf Kilometer entfernt. Wir ziehen es jedenfalls auch auf der Anfahrt in den Urlaub und auf der Rückfahrt vor, die Nächte auf einem Fleckchen Erde zu verbringen, das uns mit frischer statt verpesteter Luft und mit Vogelgezwitscher statt Motorengetöse verwöhnt. Oft haben wir dabei ein landschaftliches oder kulturelles Kleinod entdeckt, das wir nie gefunden hätten, wenn wir auf der Autobahn geblieben wären.

Wer ganz auf Nummer sicher gehen will, der kann auch einen nahe gelegenen Campingplatz ansteuern. Gerade die Betreiber von Campingplätzen unternehmen in letzter Zeit verstärkt Anstrengungen, sich auf die speziellen Bedürfnisse von Reisemobilisten einzustellen. In Mehrheit uns gegenüber bisher eher reserviert, scheinen sie inzwischen begriffen zu haben, dass wir Reisemobilurlauber nicht nur in den Ferienzeiten, sondern das ganze Jahr über unterwegs sind und damit die Kassen saisonunabhängig klingeln lassen. Als Folge davon richten sie verstärkt Übernachtungsplätze vor den Schranken ein, bieten auf diesen Plätzen je nach Wunsch eingeschränkten oder vollen Service – einschließlich Frühstück am Bett, sprich Mobil. Viele haben Durchgangs-Standplätze innerhalb der Anlagen angelegt und großzügige Regelungen von An- und Abfahrtszeiten getroffen. Sie wollen auch die Hardliner unter den Reisemobilisten gewinnen, die es bisher als unvereinbar mit ihrem Selbstverständnis betrachtet haben, auf umzäunten Arealen zu nächtigen.

Eine andere Möglichkeit zum Übernachten bieten die Reisemobil-Stellplätze. Seit die Übernachtungzahlen in den Hotels, Gaststätten, Kurbetrieben und Privatpensionen immer stärker zurückgegangen sind, bemühen sich immer mehr Gemeinden um uns Reisemobilisten als zahlungskräftige Gäste. Kein Wunder also, dass kommunale und private Stellplätze wie Pilze aus dem Boden schießen. Mehr noch: Ganze Regionen versprechen sich vom Reisemobil-Tourismus die Rettung aus der wirtschaftlichen Misere.

Was sie dabei allerdings alles auf die Beine stellen, kann nicht immer in unserem Sinne sein. Vor allem, wenn Duschgebäude und komfortable Waschhäuser neben dem Komfort auch die Preise auf das Niveau von Campingplätzen treiben. Da ist es kein Wunder, wenn die Karawane weiterzieht. Eine besonders interessante und angenehme Art der Übernachtung bieten übrigens französische Weingüter und Bauernhöfe unter dem Begriff France Passion, von denen ich in einem späteren Kapitel ausführlich berichte.

Aber auch, wer weder Camping- noch Stellplätze zum Übernachten anfahren will, kann ruhige, ungestörte Nächte verbringen. Wir wollen hier nicht die alte Leier vom städtischen Friedhof, auf dem sich sogar Wasser schnorren lässt, als Geheimtipp aufwärmen. Obwohl das auch heute noch gilt. Lieber als am Friedhof übernachten wir in Mitteleuropa, je nach Land oder Region unterschiedlich, in ausgelagerten Industriegebieten von Städten oder Gemeinden. Außer Hunden, Hausmeistern, Wachdiensten oder Polizeistreifen bewegt sich da nachts nicht viel. Bis morgens um sechs. Da geht der Trubel los. Aber da ist es ja meist schon hell und langsam Zeit zum Aufstehen.

Ähnlich verhalten wir uns im Süden – auch hier naturgemäß abhängig von Land, Sitten, Gebräuchen, Gesetzen oder der Dichte von Camping- oder Stellplätzen. In dieser Hinsicht sind nun mal völlig überlaufene Regionen wie etwa die Toskana, die Bretagne oder der Gardasee in der Hauptsaison nicht mit Portugal oder Griechenland im Frühling zu vergleichen, wo sich die paar Touristen recht unauffällig im Land verteilen können. Ganz anders sieht es in touristisch nicht erschlossenen Ländern außerhalb Europas aus. Da haben sich neben Camping- oder Hotelparkplätzen eigentlich nur die Alternativen bewährt, vor der Polizeistation zu nächtigen oder sich so in der Landschaft zu verstecken, dass man von keiner Straße aus gesehen werden kann.

Dass man selbst in dicht besiedelten Tourismus-Regionen friedliche und ruhige Übernachtungsplätze finden kann, haben wir selbst auf Mallorca bestätigt bekommen, wo wir uns in der hereinbrechenden Dunkelheit meist zu den Parkplätzen der oben auf den Bergen liegenden Kirchen und Klöster aufgemacht haben. Dort angekommen, haben wir den ersten Teil der Nacht mit ein paar Liebespärchen in ihren Personenwagen geteilt. So etwa ab Mitternacht waren wir in aller Regel ganz allein. Allerdings mussten wir bis neun Uhr morgens wieder im Tal sein – oder mit dem Start bis mittags warten. Dazwischen kam fast immer eine schier endlose Karawane von Reisebussen herauf – in den engen Serpentinen die gesamte Gegenfahrbahn beanspruchend. Nur beim ersten Mal hatten wir das Pech, dass wir in den Lücken, die uns die Dickschiffe ließen, gerade mal bis zur nächsten Kehre gekommen sind. Dort mussten wir dann wieder abwarten, bis sich so ein Ungetüm durch die Kurve gequält und unsere Fahrspur frei gegeben hatte. Danach hatten wir unsere Lektion gelernt.

Im Urlaubsland überlegen wir beim freien Übernachten sehr genau, ob wir nachts dort stehen bleiben, wo wir schon den Tag verbracht haben – etwa an einem offenen Strand. Seit der Nacht im Hafen von Castelsardo auf Sardinien, als uns eine Gruppe halbwüchsiger Mopedfahrer in Angst und Schrecken versetzt hatte, fahren wir lieber spät abends in die nächstgelegene Ortschaft. Dort übernachten wir und kommen, mit frischen Brötchen oder knackigem Baguette vom Dorfbäcker, noch vor dem Frühstück und der Morgentoilette wieder zurück zu unserem Platz am Ufer.

Nur einmal hatten wir uns nicht an diesen ehernen Grundsatz gehalten, was sich bitter rächte. Wir waren auf einer Rundreise auf Sardinien, hatten von Korsika kommend in Santa Teresa di Gallura begonnen und die Insel im Uhrzeigersinn umrundet. Schon am ersten Tag hatten wir, vom nördlichsten Campingplatz aus, auf dem wir die ersten Tage unseres Aufenthalts verbracht hatten, einen herrlichen Strandstreifen gesehen, der sich bogenförmig bis zum Campingplatz hinzog. An diesem Strand, so hatten wir uns vorgenommen, wollten wir die letzten zwei Tage auf der Insel verbringen. Mit etwas Glück fanden wir sogar den richtigen Weg, der völlig ausgewaschen und zerfurcht hinunter an diesen Strand führte. Ihn rumpelten wir hinunter, durch tiefe Rillen, über große Steine und durch enges Gestrüpp – ungeachtet eines Schildes oben an der Straße, das die Durchfahrt und jegliches Campingleben bei Strafe durch die Kommune verbot. Unten angekommen staunten wir nicht schlecht, als wir dort auf fünf oder sechs Reisemobile trafen.

Nachdem wir uns ein Plätzchen am Ende der Reihe gesucht und unser Mobil geparkt hatten, machten wir uns zunächst auf, die Lage zu sondieren. Bis auf ein Laika-Alkovenmobil, in dem fünf italienische Surfer ihren Urlaub verbrachten, erklärten uns alle anderen, vorwiegend Schweizer, dass sie nachts nicht hier unten am Strand bleiben würden. Sie hätten oben in den Bergen Ferienwohnungen gemietet, in die sie sich zum Übernachten zurückziehen würden. Aber am nächsten Tag wären sie wieder da. Sie seien schon über eine Woche hier. Es habe sie noch nie irgendjemand gestört.

Das Ufer und das Wasser waren traumhaft. Ein herrliches Fleckchen Erde, um den Urlaub hier zu beschließen. Am ersten Abend kurbelten wir abends, wie wir das auf freien Stellplätzen immer tun, die Markise ein und räumten alles fein säuberlich weg – die Liegen und Stühle, den Tisch und die Fahrräder. Sollte uns in der Nacht irgendetwas unheimlich vorkommen, könnten wir sofort starten. Doch nichts passierte. Wir hatten eine traumhafte, ruhige Nacht. Das erzählten wir auch dem Enddreißiger-Pärchen, das am nächsten Morgen mit einem ausgebauten Transit-Kastenwagen angekommen war und sich neben uns niedergelassen hatte.

An unserem letzten Tag wollten wir es uns noch einmal so richtig gut gehen lassen. Wir machten eine Radtour, fuhren eine größere Runde mit unserem Schlauchboot, warfen den Gasgrill für das Abendessen an, ließen die letzten Sonnenstrahlen des Tages durch den Rotwein funkeln und zogen uns schließlich weinselig und glücklich in unser Mobil zurück. Urlaub eben.

Schlagartig rissen uns Gebrüll, Feuerschein und wildes Getrommel an unser Mobil aus den Träumen. Rund um unseren James Cook hatte sich eine Gruppe grimmiger Gestalten postiert. Jeder hatte ein brennendes Feuerzeug in der einen und ein Schlagwerkzeug in der anderen Hand. »Wir kommen von der Stadtverwaltung«, schrie es durcheinander. »Habt ihr das Verbotsschild nicht gesehen? Wenn ihr nicht sofort abhaut, passiert ein Unglück.« Trotz unseres ansehnlichen Alkoholpegels waren wir schlagartig hellwach. Genauso schnell war uns aber auch klar, dass unsere fünf Besucher niemals von der Stadt, sondern wahrscheinlich vom Betreiber des nahe gelegenen Campingplatzes ausgesandt worden waren, um uns vor Angst auf dessen – unverschämt teures – Areal zu treiben. Aber zwei – oder doch nur eineinhalb – zu fünf ist kein gutes Verhältnis. Also kramte ich mein übelstes Vulgär-Italienisch aus und verlangte zehn Minuten zum Einpacken unserer Siebensachen. In der Zwischenzeit könnten sie ja ihre Landsleute – die fünf Surfer – wecken und verscheuchen.

In einem Affentempo packten wir die Liegen und Stühle, den Tisch und den Gasgrill zusammen, öffneten die Ventile am Schlauchboot und warfen es aufs Bett, den Außenborder darunter, verzurrten die Fahrräder notdürftig und kurbelten die Markise ein. Das alles in der Nachtwäsche. Das Erste aber, was weg war – richtig: waren unsere sportlichen, neuen Nachbarn. Von denen haben wir nur gesehen, wie sie die Vorhänge im Fahrerhaus zurückgeschoben haben. Erzähle mir also niemand, es sei sicher und hilfreich, sich im Rudel auf Park- oder Stellplätzen niederzulassen!

Als ich den Motor zum Wegfahren startete, kam unser Schlägerquintett bereits wieder zurück. Sie hatten natürlich ihre Landsleute nicht behelligt. Von denen hätten sie – fünf gegen fünf – möglicherweise die Hucke voll bekommen. Als ich ihnen das, vermischt mit einigen Kraftausdrücken, entgegenbrüllte, kamen sie wutschnaubend hinter uns hergerannt. Zum Glück hatte ich die Fahrräder trotz aller Hektik so fest auf dem Heckträger verzurrt, dass sie während der wilden

Schaukelei auf unserer überstürzten Flucht den zerklüfteten Weg hinauf zur Straße nicht abgeschmiert sind.

Seit diesem Erlebnis übernachten wir wirklich nur dann an dem Platz, auf dem wir den Tag und Abend verbracht haben, wenn wir ein absolut sicheres Gefühl haben. Und weil ich meine, dass man sich auf die Gefühle und die Intuition von Frauen besser verlassen kann als auf die von Männern, hat Christa in diesem Punkt bei uns die alleinige Befehlsgewalt.

Urlaub auf drei Achsen

Stellplatzsuche war in den nächsten paar Jahren bei uns nicht angesagt. Nun waren Campingplätze ein Thema. Schon länger hatten wir mit der Idee geliebäugelt, sie aber zunächst, auch aus Kostengründen, immer verdrängt. Es war irgendwie mysteriös. Ich verdiente zwar kontinuierlich von Jahr zu Jahr etwas mehr. Aber von irgendwelchen Traumprodukten waren wir immer gleich weit entfernt. Sei es ein Porsche 911, ein Range Rover oder ein Haus mit Whirlpool, Sauna und Fitnesscenter. Seltsam.

Nach dem letzten Urlaub zu viert in dem engen Hochdach-VW-Bus war uns jedoch klar: Wir sollten einen Caravan hinter unseren Bulli hängen. Die pubertierenden Jungs würden im nächsten Jahr nochmals zwölf Zentimeter länger sein. Ihretwegen würden wir die Ferien ab jetzt sowieso meist auf Campingplätzen verbringen müssen. Tür auf, schon war der Nachwuchs mit einer Clique unterwegs auf dem Platz. Hin und wieder kam er bei uns vorbei, um sich zu verpflegen. Zum Abendessen mussten wir sie dann einfangen, und nach dem Abendessen fielen sie todmüde in ihre Schlafsäcke. Mehr Erholung geht nicht für Eltern.

Auch für die Radrennen sah ich gewisse Vorteile, weil uns durch das Gespann wesentlich mehr Platz für den Transport des Materials und die Vorbereitung auf die Rennen zur Verfügung stehen würde. Und in der Saisonvorbereitung, für die wir traditionell zu Ostern auf dem Campingplatz Lino in Cervo an der Blumenriviera Station machten, könnten wir den Caravan auf dem Campingplatz zurücklassen und tagsüber mit dem VW-Bus in die Berge fahren. Das böte uns die Möglichkeit, auf Strecken mit wenig Autoverkehr und unterschiedlichem Schwierigkeitsgrad zu trainieren und danach wieder zum Campingplatz und unserem Wohnwagen zurückzukehren.

Noch heute halte ich die Kombination aus Kompaktmobil und Caravan für bestimmte Urlaubs- oder Reiseformen für die beste aller Lösungen. Zum Beispiel auch zum Überwintern im Süden. Einen geräumigen Wohnwagen auf dem Campingplatz als Zweitwohnung positioniert und mit einem schicken Geländewagen die Gegend erkundet, halte ich allemal für besser, als ein superteures Reisemobil zwischen Hecken einzupferchen und mit einem Smart oder Kleinwagen durch die Gegend zu kutschieren. Dass dies sogar fernab von Europa machbar ist, beweist ein Ehepaar, das in einer von der Firma Bimobil gebauten Kombination aus Land-Rover mit Pick-up-Kabine und zweiachsigem Anhänger durch Afrika tourt. Den Anhänger, in dem sie einschließlich Waschmaschine allen Komfort über die sandigen und steinigen Pisten ziehen, lassen sie an Oasen, Campingplätzen oder sonstigen belebten und bewachten Stellen zurück, während sie mit dem Land-Rover durch die Dünen zu den entlegensten Sehenswürdigkeiten fahren.

Nach einigem Suchen rund um Stuttgart hatten wir bald einen geeigneten Wohnwagen gefunden, eine knapp sechs Jahre alte, 4,25 Meter lange Tabbert Comtesse. Die war sehr gepflegt und gut in Schuss. Wegen eines Hagelschadens auf dem Dach, den man von unten aber kaum sah, konnten wir ihn zu einem erschwinglichen Preis erwerben. Weiterverkauft haben wir ihn übrigens rund drei Jahre später mit einem Verlust von nur 300 D-Mark. So wenig Geld haben wir weder vor- noch nachher mit einem Fahrzeug kaputt gemacht.

Der Grundriss unserer Neuerwerbung war klassisch. Vorn und hinten gab es je eine Gegensitzgruppe, die man für die Nacht durch Absenken des Tisches und Umlegen der Polster zu Doppelbetten umbauen konnte. Die Küche schloss sich an den Einstieg an. Gegenüber standen der Kleiderschrank mit Heizung und – was damals noch lange nicht jeder Caravan aufweisen konnte – die Nasszelle.

So ganz unseren Geschmack traf die Comtesse allerdings nicht. Polster und Vorhänge waren ja noch ganz okay. Auch mit den in die Dachstauklappen eingeprägten Ornamenten konnten wir leben. Aber die blau-gelb-rote Disco-Leuchtenkette, die sich über die rundum verlaufenden Ablagen hinzog, flog gleich am ersten Arbeitstag heraus. Nicht viel besser erging es den Einbauten in der Nasszelle. Auch das erledigten wir recht schnell. Sie bestanden ja auch nur aus einem Spiegel, einer Abdeckplatte mit eingelassenem Waschbecken, einer zweiten Ablage darunter hinter einem Vorhang, einem 20-Liter-Wasserkanister und einer Tauchpumpe.

Bis auf den Vorhang ließen wir es bei dieser Aufteilung, bauten aber alles aus neuen Teilen. Den Platz des Vorhangs unter dem Waschtisch übernahm eine Sperrholzplatte mit ovalen Eingriffsöffnungen. Und auf den Boden und an die Außenwand schraubten wir die Befestigungen für unser tragbares Porta Potti. Zum ersten Mal hatten wir nun eine fahrbare Wohnung mit Heizung und Nasszelle.

Weil wir in unserem VW-Bus-Caravan-Gespann nun einiges doppelt hatten, änderten wir auch an unserem VW-Bus das eine oder andere. Das Porta Potti war schon draußen. Nun folgten die Kinderbetten, die Gasflaschen aus dem Kleiderschrank, die Kühlbox und zuletzt der Küchenblock. An dessen Stelle montierten wir wieder ein Schränkchen und einen Einzelsitz. Den an der Seitenwand hängenden großen Esstisch ersetzten wir durch einen achteckigen Tisch, der auf einem Yachtfuß mittig zwischen allen Sitzen stand und dessen obere Platte nach Art amerikanischer Vans vier große Ausfräsungen für Gläser, Becher oder Flaschen hatte. Um den Tisch herum hatten wir damit sechs Sitzplätze. Genug, um in großer Runde zu klönen.

Dass die Elektrik und ich eine gegenseitige Antipathie entwickelt haben, ist kein Geheimnis. So wundert es auch nicht, dass mir die elektrische Anlage in unserem neuen Caravan gleich im ersten Urlaub übel mitgespielt hat. Zweimal hat sie den Campingplatz-Sektor, auf dem wir uns einquartiert hatten, stromlos gemacht. Nach dem zweiten Kurzschluss verdonnerte mich der Platzwart dazu, den Fehler in unserem Wagen zu suchen und zu finden. Vorher würde er kein weiteres Mal zum Sicherungskasten anrücken. So ungefähr eine Stunde später fand ich ihn – den Fehler. Erleichtert, aber auch beschämt. Ich hatte in der Hektik beim Ausbauen der Discobeleuchtung ganz einfach vergessen, die Enden der Zu- und Ableitung zu isolieren. Und genau an diese Stelle im Küchenoberschrank hatte Christa eine metallene Kaffeedose gestellt. Die diente als Brücke zwischen beiden Leitungen, was die Elektrik umgehend veranlasste, einen schulmäßigen Kurzschluss zu produzieren.

Drei Jahre waren wir mit dem Gespann auf Achse, an Wochenenden und in den Ferien. Übernachtet haben wir zwar immer auf Campingplätzen, aber nie während des gesamten Urlaubs auf nur einem Platz. Allerdings haben wir, wenn wir nur zwei oder drei Tage an einem Platz waren, selten das komplette Vorzelt aufgebaut. Oft haben wir nicht einmal das Dach des Vorzelts als Sonnenschutz aufgestellt. Wir waren mit dem Gespann in den Niederlanden, Belgien und Italien, und wir haben eine regelrechte Rundreise durch Frankreich gemacht. Ich hatte einen Job in der Nähe von Paris angeboten bekommen, und da wollten wir uns das Land erst noch ein bisschen genauer anschauen.

Irgendwo in Südfrankreich hatten wir auch das Erlebnis, das uns neben vielen anderen Punkten dann doch wieder vom Caravan-Gespann zum Reisemobil gebracht hat. Es war stickig heiß an diesem August-tag. Wir brieten in der Mittagshitze regelrecht in unserem Hochdach-Bus, als die Jungs auf der Fahrt durch eine kleinere Stadt ein schattiges Eiscafé entdeckten. Das wär' doch jetzt was, ein kühlendes Eis. Doch leider, als ich endlich einen ausreichend großen Parkplatz für unser rund elf Meter langes Gespann gefunden hatte, weigerten sich unsere jugendlichen Helden auszusteigen und zum Eiscafé zurückzulaufen.

Auf der Weiterfahrt habe ich mindestens zwei Stunden lang über menschliche Bequemlichkeit, gemachte Erziehungsfehler, den Generationenvertrag und unsere ferne Zukunft als Rentner sinniert. Leider ohne berichtenswertes oder befriedigendes Ergebnis.

Der Familienjumbo

Das Reisemobil, das auf unser Caravan-Gespann folgte, sollte mein Meisterstück werden. Ich hatte den Job in Frankreich nicht angetreten, sondern war nach Köln gegangen. Mit dem Wohnungswechsel in die rheinische Metropole im Sommer 1982 hatten unsere Jungs den Radsport gesteckt. Auf der Suche nach dem eigenen Ich waren nun BMX-Rad und Badminton angesagt. Den Wohnwagen hatten wir noch am alten Wohnort verkauft. Mein neuer Job in Köln bescherte mir etwas mehr Freizeit. Es stand also nichts im Wege, diesmal ein richtig schnuckeliges Reisemobil zu bauen. Allerdings, auch eine Wohnkabine selbst zu bauen und auf ein Fahrgestell zu setzen, das wollte ich mir dann doch nicht antun. Es sollte also wieder ein Kastenwagenausbau werden. Diesmal aber auf der Basis des größten damals erhältlichen Transporters, des Mercedes-Benz 508 D mit langem Radstand und mittelhohem Dach. Denn ich wollte hinten eine große Garage unter dem Querbett und vorn eine Sitzgruppe auf einem Podest haben.

Doch soviel ich auch suchte, ein solcher MB 508 D – 5,8 Tonnen zulässiges Gesamtgewicht, 63 kW (85 PS) – war nirgends zu einem für uns akzeptablen Preis zu bekommen. Nach langem Suchen fand ich schließlich bei einem Lkw-Gebrauchtwagenhändler in Aachen ein Fahrzeug, das unseren Vorstellungen am nächsten kam. Es war allerdings ein MB 608 D mit langem Radstand und flachem Dach. Das um eine Tonne höhere zulässige Gesamtgewicht brauchte ich zwar nicht. Es störte mich aber auch nicht. Das konnte ich bei der späteren Zulassung ändern. Mit der kürzeren Hinterachse und der daraus resultierenden niedrigeren Endgeschwindigkeit konnte ich leben. Und die geringere Stehhöhe war bei den eher bescheidenen Körperlängen unserer Sippe auch kein wirkliches Problem. Im Mittelgang konnten wir allesamt bequem stehen.

Transportertypisch hatte der Wagen eine unbekannte Zahl von Kilometern auf dem Buckel, niemand konnte oder wollte mir sagen, wie oft der 100.000-km-Tacho schon die Runde gemacht hatte. Aber unser Zukünftiger stand mit neuer Lackierung insgesamt ganz gut da. Auch was seine Ausstattung betraf. Direkt hinter der Beifahrertür hatte er eine sechzig Zentimeter breite Tür, zwei weitere im Heck. Der Innenraum mit seinem Holzboden war durchgehend offen, ohne Trennwand zwischen Fahrerhaus und Laderaum.

Für den Ausbau dieses 6,95 Meter langen Fahrzeugs mietete ich mir für ein knappes Jahr eine Halle in der Nähe unserer Wohnung. Hier konnte ich in aller Ruhe, auch spät abends und an den Wochenenden, an meinem Traummobil arbeiten. Ich hatte endlich mal Platz genug, um meine Werkbank vernünftig aufstellen und die Einbauteile übersichtlich lagern zu können. Zudem musste ich nicht wie vorher nach jedem Arbeitstag alles fein säuberlich wegsperren. Zum ersten Mal unterstützte mich übrigens unser Zweiter tatkräftig bei diesem Ausbau. Ausgerechnet er. Der einzige Linkshänder in der ganzen Sippe. Ihn haben wir, nebenbei bemerkt, im Gegensatz zu seinem älteren Bruder mit dem Caravaning-Bazillus infizieren können. Nach Jahren im Reisemobil ist er nunmehr mit Frau und zwei Kindern im Caravan-Gespann zu seinen Mountain-Bike-Rennen und im Urlaub unterwegs.

Inzwischen fanden es unsere beiden Jungs nicht mehr peinlich, mit den Eltern im gleichen Fahrzeug zu schlafen. Das Mobil sollte demnach vier Schlafplätze und uns allen während der Fahrt und zum Essen genügend Bewegungsfreiheit bieten. Die Sitzgruppe wollte ich durch ein Podest so anheben, dass die hinten mitfahrenden Passagiere über die Köpfe von Fahrer und Beifahrer hinweg durch die große Windschutzscheibe nach vorn schauen konnten. Die Sitzgruppe, durch hochklappbare, seitlich hängende Polsterelemente auf 130 Zentimeter verbreitert, sollte das Bett für unsere Jungs abgeben, wenn sie nicht im Zelt schlafen wollten oder konnten. Das Eltern-Doppelbett plante ich quer über der Heckgarage. Vorn gegenüber der Sitzgruppe wollte ich etwa zwanzig Zentimeter tiefe Schränke einbauen für alles, was wir am Tisch benötigten. Dahinter, von einer Falttür getrennt, waren die Küche, ihr gegenüber das Bad, der Kleider- und ein Vorratschrank geplant.

Bevor wir mit dem Innenausbau beginnen konnten, änderte ich zusammen mit einem Karosseriebauer das Heck. Anstelle der beiden Flügeltüren schweißten und schraubten wir eine Heckpartie von der Omnibus-Variante des MB 508 D ein – oben eine geschlossene Wand, darunter eine breite, nach oben schwingende Klappe. Bei dieser Gelegenheit brannten wir auch gleich die Reserveradhalterung ab. Das Rad war dermaßen festgerostet, das hätte ich nie und nimmer da unten rausbekommen. Wir transportierten es später fest verzurrt auf dem Dachgepäckträger.

Für den Ausbau schnitten wir – ohne die Quertraversen oder die senkrechten Spanten anzusägen, das hätte eine separate TÜV-Abnahme notwendig gemacht – die Öffnungen für die fünf Fenster und die drei Dachlüfter ins Blech. Zwei Fenster hatte ich für die Sitzgruppe, je eines für die Wohnraumtür, mittig im Heck und an der Küche vorgesehen. Dachhauben saßen über der Sitzgruppe, der Küche und dem Heckbett.

Die heute üblichen PU-Rahmen-Fenster gab es zu jener Zeit genauso wenig wie innenliegende Fliegengitter- und Verdunklungsrollos. Die damaligen Fenster mit Aluminiumrahmen schraubten wir durch die Außenwand in selbst gefertigte Holzrahmen und verkleideten sie innen mit zusammengeklebten Verblendungen aus dunkelbraunem Kunststoff. Zur Isolierung des Aufbaus leimten wir tagelang passgenau zugeschnittene Styroporplatten zwischen Spanten und Querträger und deckten sie mit einer dicken Plastikfolie als Dampfsperre ab. Dann verkleideten wir den gesamten Innenraum einschließlich des gewölbten Daches mit einer fünf Millimeter dicken Sperrholzplatte plus aufgeklebter Strukturtapete.

Um den Möbelbau möglichst zügig und unkompliziert erledigen zu können, hatte ich mir etwas Pfiffiges ausgedacht. Bei der Auflösung einer Behörde hatte ich zehn Büroschränke mit der Idealbreite von sechzig Zentimetern ersteigert. Die hatten zum Abtransport gerade so in meinen noch leeren Riesentransporter gepasst. Sie sollten als Basismöbel für unseren Ausbau im Raster von 60 Zentimetern herhalten. Wir schraubten die Türen und die Rückwände ab – die massiven und schweren Türen verwendeten wir später zum Bau der Sitzgruppe und des Heckbetts, aus den Rückwänden machten wir die neuen Schranktüren. An den übrig gebliebenen Zargen schnitten wir mit der Stichsäge entlang einer Schablone die seitlichen Rundungen nach der Karosserieform unseres Transporters aus und verschraubten sie – durch zwei hinten quer in die Schränke gedübelte Leisten – an der inneren Struktur der Karosserie sowie durch die Seitenwände miteinander.

Durchgängig kamen wir aufgrund der Innenlänge unseres Fahrzeuges mit der Rasterung von 60 Zentimetern nicht hin. Nach endgültiger Planung montierten wir insgesamt fünf dieser Schränke in unser Mobil. Zwei, nur zwanzig Zentimeter tief und mit Regalböden von unten bis oben bestückt, schlossen sich auf der rechten Seite an den Einstieg an. Hinter der Sitzgruppe auf der linken Seite standen die anderen drei. Der vorderste diente uns quer zur Fahrtrichtung mit Waschbecken, Spiegel und Ablagen als offene Waschecke. Unten drunter stand das Porta Potti, das wir zur Benutzung in den Gang ziehen konnten. Der offenen Waschnische folgten der Kleiderschrank mit Kleiderstange und Wäscheböden sowie der Vorratsschrank. Unter dessen Fachböden hingen tiefe Drahtkörbe für Obst, Gemüse oder Lebensmittel in Auszugschienen.

Die neuen Schranktüren bauten wir aus den demontierten, sechs Millimeter dicken Rückwänden. Zum Gang hin beklebten wir sie mit einer abwaschbaren Strukturtapete, auf die wir rundum etwa fünf Zentimeter breite, mit Bootslack mehrfach gestrichene Holzleisten klebten. So waren die Türen recht leicht und doch ausreichend stabil. Und sie waren dick genug, dass wir die Scharniere und Schlösser an ihnen befestigen konnten.

Die restlichen Möbel wie Sitzgruppe, Küchenblock und Heckbett bauten wir aus den übrig gebliebenen Platten der zerlegten Büroschränke. Aus den dicksten Platten zimmerten wir das 20 Zentimeter hohe Podest und die darauf stehende, 180 mal 110 Zentimeter messende Sitzgruppe und das 140 Zentimeter breite Heckbett.

Als zentrales Element für die Küche hatten wir eine Kocher-Spüle-Kombination gefunden, die wir exakt auf die Breite des Küchenmöbels ablängen konnten. Das ersparte uns das Ausschneiden einer Arbeitsplatte. Unter dem Kocher fanden der Absorberkühlschrank und mehrere Staufächer Platz, in denen wir Töpfe, Pfannen und sonstige Kochutensilien verstauen konnten. Die Vorräte nahm zusätzlich zu dem separaten Schrank gegenüber der Küche ein schmales Schränkchen mit Schubladen nach Art eines Apothekerschranks auf. Wegen des niedrigen Dachs konnten wir über dem Küchenfenster keinen Stauschrank, sondern nur eine offene Ablage realisieren.

Hinten quer schloss das Eltern-Doppelbett unseren Ausbau ab. Dessen zehn Zentimeter dicke Matratze lag wie bei der überwiegenden Mehrzahl aller damaligen Freizeitfahrzeuge auf dem blanken Holz. Lattenroste hatten allenfalls die Spitzen-Produkte. An die heute üblichen Kunststoff-Bettunterlagen war überhaupt noch nicht zu denken. Über dem Kopfende des Bettes hatten wir eine offene Ablage montiert, in der zwei Lesespots saßen. Wegen der niedrigen Decke waren auch hier Dachstaukästen nicht möglich.

Unter dem Bett führte eine Tür in die Heckgarage. Auf ihrer Innenseite hatten wir eine kurze Leiter befestigt, die den Aufstieg ins Elternbett erleichtern sollte. Zur Benutzung hängten wir sie aus und stellten sie, von einem zweiten Halterpaar fixiert, schräg ans Bett. Auf der Rückseite der Tür hatten wir eine Stofftasche verschraubt, in der acht Paar Schuhe geordnet Platz fanden.

Den riesigen Raum unter dem Heck – durch die Omnibusklappe an der Rückseite bestens zugänglich – hatten wir durch die Abstützungen des Bettes dreigeteilt. Rechts und links war die Technik untergebracht, die Mitte blieb als Stauraum verfügbar. Die Technik unseres Großraum-Mobils hielt sich allerdings in Grenzen. Weil wir mit ihm zunächst kein Wintercamping machen und sowieso meist auf Campingplätzen übernachten wollten, hatten wir – hauptsächlich aus Kostengründen – zunächst auf eine Heizung verzichtet. Wir waren ja von unseren bisherigen Mobilen in diesem Punkt nicht eben verwöhnt. Den Platz für die Heizung selbst und die Warmluftleitungen hatten wir zwar in den Möbeln frei gehalten, aber noch kein einziges Teil montiert.

Die rechte Seite der Heckgarage belegte ganz vorn der Kasten für die zwei Elfkilo-Gasflaschen. Eine Klappe nach draußen hatten wir uns erspart. Wir hatten den Kasten absolut gasdicht, aber dennoch so gebaut, dass wir ihn – um die Flaschen zu öffnen, zu schließen oder zu tauschen – vom Wohnraum aus durch die Tür unter dem Bett erreichen konnten. Vom Flaschenkasten aus führten nach dem innen liegenden Verteilerblock zwei kurze Leitungen für den Kocher und den

Kühlschrank in den direkt davor platzierten Küchenblock. Ebenfalls zwei Leitungen führten nach hinten, eine für die Getränke-Kühlbox, die andere zur Außensteckdose für den Gasgrill, die wir innen am hinteren Heckpfosten montiert hatten.

Gegenüber dem Gasflaschenkasten stand die Batterie von bis zu sechs Frischwasser-Kanistern mit je 20 Litern Inhalt. Ein weiterer Kanister mit stets frischem, bestem Trinkwasser stand – mit eigener Tauch-pumpe versehen – im Küchenmöbel. Nicht unter dem Gesichtspunkt des Komforts, aber sicher dem der Gesundheit halten wir dieses System noch heute für eines der besten. Übertroffen allenfalls von einer Was-seranlage mit guter Filterung und Entkeimung. Unser System hatte naturgemäß den Nachteil, dass wir die Tauchpumpe – Druckpumpen waren damals noch die Ausnahme – häufig in den nächsten Kanister umsetzen und uns überhaupt sehr intensiv um unseren Wasservorrat kümmern mussten. Es verdeutlichte unseren Jungs aber auch, dass Wasser nicht einfach so aus jedem Hahn sprudelt.

Nicht in der Heckgarage, sondern im Fahrerhaus hatten wir die Bor-delektrik untergebracht. Analog zu den Starterbatterien im Fahrersitz hatten wir die Bordbatterien in den Beifahrersitzkasten gepackt. Dazu war es freilich erforderlich, das billige Rohrgestell durch einen ge-schlossenen Sitzkasten zu ersetzen, den Mercedes-Benz für die rechts-gelenkten Transporter-Varianten anbot. Die Originalsitze hatten wir übrigens durch Isri-Schwingsitze ersetzt. Den Einbau der Bordbatte-rien in den Sitzkasten des Beifahrers samt Ladegerät und Trennrelais ließen wir von einem Boschdienst erledigen. Die Stromleitungen zu den einzelnen Verbrauchern wie Wasserpumpe, Druckschalter der Wasserhähne, Leuchten, Steckdosen, Kühlschrank und -box zogen wir, für 12 und 230 Volt streng getrennt, durch Kabelkanäle oben hinter den Schränken entlang der Unterkante des Dachs.

Jeden verfügbaren Platz in unserem Vierpersonen-Mobil hatten wir genutzt und dabei viel Liebe und Zeit auf das Detail verwandt. In den Fahrerhausbereich hatten wir eine zweite Decke eingezogen, die nur in der Mitte ausgeschnitten war, damit wir aufrecht zu den Vordersitzen gehen konnten. Auf dieser Tenne fanden unsere Freizeitsportgeräte Platz – Bälle, Paddel, Beachballschläger und dergleichen. Auf die Wohnraumtür hatten wir innen ein Schränkchen gesetzt, in dem unser Schuhputzzeug und das wichtigste, täglich gebrauchte Campingzubehör seinen Platz hatten. Die halbhohe, seitliche Trennwand zur hinteren Sitzgruppe zierte ein ähnliches Schränkchen, in dem Musikkassetten und Straßenkarten ein geordnetes Zuhause fanden. Auf den Motorbuckel vorn unter dem Armaturenbrett hatten wir eine Ablage nach Yachtart montiert, die zwei Becherhalter und eine größere Schale bereithielt, in der wir das Münzgeld zum Parken und für die Mautstellen sammelten. Das Armaturenbrett selbst hatten wir verkleidet und mittig mit einer großen Platte versehen, auf die wir auch schwere Straßenatlanten legen konnten. Alle diese Einbauten zeigten sich im gleichen Dekor wie unser Esstisch. Die Platten hatten wir mit Kork belegt, den wir mehrfach mit transparentem Bootslack bestrichen hatten. Eingefasst hatten wir sie mit dunkel gebeizten Holzleisten. Als Bonbon zierte unseren Esstisch eine aus Korkstücken nach Art von Intarsien gepuzzelte Schachbretteinlage – eine Anleihe aus dem Edelmobil-Bereich, deren Tische in jener Zeit die überaus beliebten Windrosen zierten.

Nachdem wir zum Abschluss einen riesigen Dachträger, an dessen rechter Seite die 3,50 Meter lange Markise befestigt war, auf unser Mobil geschraubt und es mit einer zweifarbigen Streifenlackierung in Grün und Gelb nach dem damals aktuellen Omnibus-Dekor lackiert hatten, konnten wir mit unserem Meisterstück endlich die Zulassung als So-Kfz-Wohnmobil in Angriff nehmen und an den immer näher rückenden Test-Sommerurlaub im neuen rollenden Heim denken.

Obwohl wir einen wesentlich komplizierteren Ausbau als bei unseren bisherigen Campern auf die sechs Räder gestellt hatten, lief beim TÜV und der Zulassungsstelle alles bestens. Ohne Komplikationen und großen Zeitaufwand hatten wir die Abnahme, die Gewichtsreduzierung auf 5,5 Tonnen, die Umschreibung zum Sonstigen Kfz-Wohnmobil und die Zulassung in der Tasche. Doch an der letzten Station, der Gasprüfung bei einem Händler, erlebten wir eine bittere Enttäuschung. Unsere Anlage war nicht dicht. Bei der Prüfung mit Gasleckspray wurde sichtbar, dass Gas aus mehreren Verschraubungen näselte. Da half auch kein noch so starkes Nachziehen. Was heute, vermutlich wegen ähnlicher Ergebnisse, so gut wie überhaupt nicht mehr gemacht wird, war damals noch ein gängiges Verfahren: das Verlegen von Kupferrohren für die Gasanlage. Kupferrohre sind weicher und lassen sich deswegen ohne spezielle Werkzeuge und viel leichter biegen. Weil sich deswegen aber die Verschraubungen leichter in das Material eindrücken, müssen vor der Montage Messinghülsen zur Verstärkung eingelegt werden. Das hatte ich zwar gemacht. Dennoch bekamen wir die Anlage bei der Gasprüfung nicht richtig dicht. Also unverrichteter Dinge wieder heim. Auf der Heimfahrt musste ich übrigens keinen Gedanken daran verschwenden, dass sich der TÜV um unsere Gasanlage überhaupt nicht gekümmert hatte. Das wäre heute ganz anders.

Ich wollte auf keinen Fall irgendein Risiko eingehen. Also flogen die Kupferrohre raus, während die Familie bereits begann, unser Mobil für den Urlaub zu beladen. In einer durchgearbeiteten Nacht vor dem Haus – jetzt kamen mir die kurzen Leitungswege vom Flaschenkasten zum Küchenblock und ins Heck zugute – baute ich die Gasanlage auf Stahlrohre um, und alles war bei der Gasprüfung am nächsten Tag bestens.

Ein Unglück kommt selten allein

Bisher kannte ich nur den Alltagsspruch »Kleine Kinder – kleine Sorgen, große Kinder – große Sorgen«. Doch seit unserem Familienjumbo bin ich noch wissender. Es könnte auch heißen: »Kleine Mobile – kleiner Ärger, große Mobile – großer Ärger«.

Und damit meine ich noch nicht einmal die allererste Nacht in unserem zu dieser Zeit noch heizungslosen Mobil an einer Tankstelle im Aostatal. Bei leichtem Nachtfrost haben wir in dieser Nacht auf der Fahrt in den traditionellen Oster-Urlaub an der Blumenriviera in unseren Sommer-Schlafsäcken vor Kälte derart geschlottert, dass sie uns allen vieren unvergesslich bleiben wird. Dennoch, das waren nur Peanuts.

Richtig Probleme machte uns, wie konnte es anders sein, mein Lieblingsfeind, die Elektrik. Und auch diesmal war, wie schon auf Sardinien, zu meiner Ehrenrettung ein Bosch-Dienst maßgeblich beteiligt. Diesmal jedoch in Deutschland. Und zwar der, dem ich den Einbau der Bordbatterien und der Ladetechnik anvertraut hatte. Als ich unterwegs feststellen musste, dass die Bordbatterien nicht geladen wurden, dachte ich zuerst, das hinge mit meiner Idee zusammen, als Bordbatterien Blei-Säure- anstelle der damals schon erhältlichen Gel-Batterien einzusetzen. Die Idee fand ich genial. Vier gleich große Batterien, zwei als Starter- und zwei als Bordbatterien, würden mir erlauben, beim Ausfall einer Starterbatterie eine Bordbatterie an deren Stelle zu setzen. Dann hätten wir zwar weniger Bordstromkapazität, aber das leidige Startproblem wäre wenigstens gelöst. Denn an Anschieben war bei diesem Fünfeinhalb-Tonner nicht zu denken. Und Fremdstarten wäre wegen der 24-Volt-Fahrzeugelektrik auch nur mit Lastwagen möglich gewesen. Dass die Bordbatterien nicht geladen wurden, hätte damit zusammenhängen können, dachte ich mir, dass unser Ladegerät mit der Konstellation in unserem Mobil nicht zurechtkam.

Zum Glück waren wir nur zwei Wochen unterwegs, und so konnten wir uns bis nach Hause retten. Dort brachte eine intensive, gemeinsame Fehlersuche mit dem betroffenen Bosch-Dienst zutage, dass – ob aus Unkenntnis, Schlamperei, Liebeskummer, wegen der Mittagspause oder des Karnevals – der Profi-Elektriker schlichtweg vergessen hatte, irgendein Verbindungskabel in den Tiefen des Sitzkastens zwischen Ladegerät, Trennrelais und Bordbatterien anzuklemmen.

Tröstlich zu wissen, dass es auch andere gibt – sogar Profis –, die mit der Elektrik auf Kriegsfuß stehen. Und das soll, wie ich immer wieder höre, auch bei den heutigen, mit Komfort vollgestopften Reisemobilen und ihren komplizierten Installationen, Schaltkreisen und kompletten On-Board-Kraftwerken vorkommen.

Noch unangenehmer war allerdings der Ärger, den wir mit unserem Großen daheim hatten. Mit ihm erlebten wir eine neue Ära nachbarschaftlichen Umgangs. Über Nacht waren wir zum Zielobjekt des Germanischen Dreikampfs geworden: Jammern, verreisen, den Nachbarn verklagen. Unser Neuer war zwar gar nicht so viel größer als unser bisheriger Hochraum-VW-Bus. Trotzdem gab es ständiges Gemotze, wenn wir ihn exakt auf dessen Platz hinter einer Hecke auf unserem Stellplatz am Wohnhaus abgestellt hatten. Und das, obwohl er da nur nachts und an den seltenen Wochenenden parkte, an denen wir nicht unterwegs waren. Tagsüber war er sowieso weg, ich fuhr mit ihm ins Büro.

Die Schikanen begannen damit, dass eines Tages ein Zeitungsausschnitt hinter dem Scheibenwischer hing mit der Information, dass es in Hessen – der Sohn eines Nachbarn studierte in Frankfurt – verboten sei, Wohnwagen auf der Straße abzustellen. Daneben prangte die handgeschriebene Aufforderung, wir sollten nun endlich unseren Wohnwagen auf den Campingplatz fahren. Als wir uns davon nicht irritieren ließen, war morgens die hintere Nachtparktafel zugeklappt und zwei Tage später prompt die Verwarnung mit 30 Mark dafür im Briefkasten – wer da nichts Übles vermutet!

Die Krönung aber war, dass uns drei Tage vor dem geplanten Jahresurlaub das hintere Nummernschild abgeschraubt und irgendwo versenkt worden war. Und das mitten in der Hysterie um die RAF-Mordserien. Weil ich das Schild trotz intensiver Suche, sogar in allen Mülltonnen der Gegend, nicht finden konnte, musste ich mir ein neues Schild besorgen. Dafür gingen fast zwei Urlaubstage drauf, bis ich alles zusammenhatte. Denn nur ein Nummernschild kaufen und abstempeln war nicht – aus behördlicher Sorge, die RAF könnte mit dem mir geklauten Nummernschild Fürchterliches anstellen. Ich bekam eine neue Zulassungsnummer, musste also alles ändern lassen: beide Nummernschilder, den Fahrzeugschein, die Steuerunterlagen, die Versicherungspolice und den ADAC-Auslands-Schutzbrief. Mit seiner Aktion hatte mich ein freundlicher Nachbar ins Mark getroffen.

Unterwegs hatten wir solche Kindergarten-Probleme nie. Dafür machte uns öfter die Technik in unserem Familienjumbo zu schaffen. Obwohl wir unter dem Strich über viele Jahre hindurch tolle Urlaube mit unserem Familienjumbo verbracht haben – auf Reisen durch Benelux, Frankreich, Großbritannien, Italien, Spanien und Portugal. Aber er hatte halt, als ich ihn erstanden habe, doch schon ein langes Transporterleben hinter sich. Und das machte sich in zunehmender Ermüdung seiner Gliedmaßen bemerkbar.

Am schlimmsten erwischte es uns in Wales im Sommer 1984. In diesem Jahr hatten zuerst die Metaller in Deutschland, dann das Personal auf den Kanalfähren gestreikt. Doch, o Wunder, am Tag vor der geplanten Abreise zu unserem Jahresurlaub in Großbritannien war die Welt wieder in Ordnung.

Schon auf der Anfahrt zur Fähre in Calais passierten wir kilometerlange Lastwagenkolonnen, die sich in den letzten Wochen zur Überfahrt angesammelt hatten. Auch der Hafen war hoffnungslos überfüllt. An Schlaf war durch die lärmenden Kühlaggregate rund um uns herum in dieser Nacht nicht zu denken. Zum Glück bekamen wir kurz vor Mitternacht den reservierten Platz auf unserer Fähre und fuhren noch bei Dunkelheit in Dover von Bord. Nach kurzem Check durch Polizei und Zoll waren wir angekommen in dem, wie wir finden, skurrilsten und amüsantesten europäischen Caravaning-Reiseland.

Allein die Campingplätze, die wir auf dieser Urlaubsreise kennen gelernt haben – unvergesslich. Den Vogel hat für uns ein Platz in Wales abgeschossen – eine unbebaute, saftige Wiese von der Größe eines Fußballfeldes. Eingesäumt von einer dichten Hecke. In der Zufahrt eine handbetätigte Schranke neben einem Holzschuppen, in dem die Rezeption untergebracht war. In einer anderen Ecke gab ein ähnlicher Schuppen das Wasch- und Toilettengebäude ab. Dessen Highlight war die Dusche – in Form einer vergammelten Badewanne ohne Armaturen. Stieg man da hinein, hingen über einem zwei Ketten an einem Waagebalken, mit denen das Mischventil verstellt werden konnte. Das wiederum war samt Brausekopf direkt in die oben waagerecht verlaufenden Wasserrohre eingesetzt. Das Tollste auf diesem Platz aber war, dass man ihn an drei Tagen der Woche vormittags mit dem Reisemobil nicht verlassen durfte. Da war nebenan ein roter Ballon hochgezogen. Ihrer Majestät Soldaten lagen im Gras und ballerten aus allen Rohren auf Pappkameraden. Mit anderen Worten: Wir campierten direkt neben einem Schießübungsplatz.

Einige Tage später erwischte es uns in der Dunkelheit – nein, keine Gewehrkugel. In einer giftigen Steigung ließ ich beim Zurückschalten die Kupplung etwas ruppig kommen. Einem mächtigen Berstknall folgte im Rhythmus der drehenden Räder ein kontinuierliches Schlagen im Fahrgestell. Im Funzelschein unserer Scheinwerfer erkannte ich etwa zweihundert Meter vor uns eine Esso-Tankstelle, bis zu der ich mich schleppen konnte. Zu unserem Glück war ihr ein Abschleppunternehmen mit Lastwagen-Werkstatt angegliedert. Dort war um diese Zeit zwar niemand mehr zu erreichen, aber wir durften wenigstens auf dem Parkplatz übernachten. Am nächsten Morgen würde sich der Chef persönlich um uns kümmern.

Noch während wir drinnen frühstückten, löste der Chef das Versprechen seiner Mitarbeiter ein. Unser 608 D wurde hinten aufgebockt, und nach einem kurzen Check war klar: Durch Materialermüdung war ein Zahn im Differenzial abgebrochen. Wir brauchten einen neuen Differenzialkorb. Eigentlich keine große Sache. Zu der wurde es aber, als sich nach einigen Telefonaten mit Mercedes-Benz Großbritannien

herausstellte, dass in keinem Ersatzteillager im Vereinigten König-
reich ein solches Bauteil mehr vorrätig war. Metaller- und Fährstreik
hatten ganze Arbeit geleistet. Mit viel Glück, wurden wir vertröstet,
könnten wir in zwei bis drei Wochen mit dem Teil rechnen. Überaus
beruhigend für eine Familie, die noch maximal eineinhalb Wochen
Urlaub hat.

Doch dann tat sich ein Hoffnungsschimmer am Horizont auf. Irgendwo in Schottland lag noch eine komplette Hinterachse bereit.
Sie entsprach zwar nicht exakt unserer, aber sie sollte passen. Zwar
überschritt sie unser Budget um ein Vielfaches. Aber was sollten wir
machen? Vierzehn Tage Camping an der Tankstelle? Mit der Aussicht,
dass der Differenzialkorb dann immer noch nicht geliefert sein könnte?
Um den Urlaub zu retten, ließen wir das Schmuckstück anliefern.

Doch nun mussten wir irgendwie die vielen hundert Englischen Pfund
beschaffen, die wir für die Reparatur bezahlen sollten. Eine Kreditkarte hätte zwar genügt, aber so etwas gehörte in jener Zeit noch
nicht zur Grundausstattung jedes deutschen Reisenden. Wir hatten
jedenfalls keine. Also blieb uns nur, bei der Hausbank in Deutschland
anzurufen. Sie sollte den Betrag an die Zentralbank UK anweisen. Von
dieser käme er dann zur Barclays-Bank vor Ort.

Doch das war leichter gesagt, als getan. Denn in der Telefonzelle – Handys kannte auch noch niemand – konnte ich die Münzen erst nach
dem Wählen einwerfen. Während dieser Zeitspanne hörte der Ange-
rufene nur ein Rattern. Was zur Folge hatte, dass unser Banker jedes
Mal erbost auflegte. Als uns die Sinnlosigkeit solchen Tuns klar war,
versuchten wir es bei Christas Schwester in München. Doch auch zu
ihr bekam ich erst beim dritten Versuch Kontakt. Irgendwie stutzig
geworden, hatte sie wohl etwas länger gewartet. Doch noch bevor ich
mein Anliegen loswerden konnte, wurde sie ihres los: »Gut, dass ihr

anruft! Habt ihr mitbekommen, dass ich euch über Radio habe suchen lassen? Ihr müsst sofort zurückkommen. Unsere Mutter ist vor vier Tagen gestorben. Ich hab sie auf Eis legen lassen. Aber jetzt können wir mit der Beerdigung nicht noch länger warten.«

Okay, dafür konnte unser Mobil nichts. Und als wollte es seine Unschuld bekräftigen, hatte es einen Tag später – sobald das Geld auf dem Konto der Werkstatt war – die neue Hinterachse akzeptiert und brachte uns in einer heißen Nonstopfahrt gerade noch rechtzeitig zur Trauerfeier nach München.

Rund und schwarz

Ein Knall wie ein Pistolenschuss und ein gewaltiger Stoß reißen mich aus meinem lethargischen Dahinrollen auf der Autobahn. »Uff, noch mal gut gegangen!«, schießt es mir – vielleicht sogar mit ein bisschen Stolz – durch den Kopf, als ich das wild schlingernde Reisemobil wieder im Griff habe und es mit eingeschaltetem Warnblinker auf der Standspur ausrollen lasse.

Dass der geplatzte innere Hinterreifen unseres zwillingsbereiften Familienjumbos ein großes Stück der Seitenwand nach außen geknickt und innen das über der Hinterachse platzierte Küchenmöbel ziemlich ramponiert hat, finde ich zwar schlimm. Aber zum Glück ist nicht mehr passiert. Niemand ist zu Schaden gekommen. Ich habe weder ein anderes Fahrzeug noch die Leitplanke touchiert. Und schließlich bin ich ja vollkaskoversichert. »Alles halb so schlimm«, tröste ich mich.

Doch leider stellt sich das bald als riesiger Irrtum heraus. Denn wider Erwarten lehnt meine Versicherung die Übernahme der Reparaturkosten ab. Weil, so steht es im Kleingedruckten der Allgemeinen Bedingungen für Kraftfahrtversicherungen: »Brems-, Betriebs- und Bruchschäden sind keine Unfallschäden.« Hätte ich mit einem letzten Rest von Energie und Geschwindigkeit noch die Leitplanke touchiert, sie und mein Mobil beschädigt, wäre es ein Unfall gewesen. Dann hätte die Versicherung gezahlt. Hätte ich …, habe ich aber nicht. Dumm gelaufen.

Da entrichtet unsereins immer brav einen erklecklichen Obolus für die Vollkaskoversicherung seines Mobils, um gegen alle Eventualitäten gewappnet zu sein. Und dann muss man im Falle eines Reifenschadens mit seinen oft verheerenden Folgen hören, dass es sich hierbei um einen

Betriebsschaden handelt, der nicht versicherbar ist. Wenn das keine Schweinerei ist.

Gerade, weil es sich nach Aussage der Versicherer nur um wenige Einzelfälle handelt, meine ich, könnten sie Reifenplatzer nach gründlicher und durchaus kritischer Auswertung der Ursachen kulanter abwickeln. Aber wir Reisemobilisten stehen nun mal alle unter Generalverdacht, ständig überladen, mit zu wenig Luftdruck und womöglich auch noch mit überhöhter Geschwindigkeit unterwegs zu sein. Und da fällt es den Versicherungen nicht schwer, uns mit dem Begriff Betriebsschaden abzuspeisen. Allerdings könnten auch die Reisemobil-Hersteller einiges tun. Schlagfeste Böden oder zumindest partielle Verstärkungen in den Radkästen würden helfen, Verwüstungen der Innenräume oder gar Verletzungen der über der Hinterachse sitzenden Passagiere zu verhindern.

Ich jedenfalls hatte während der Reparatur, die ich notgedrungen eigenhändig erledigte, ausreichend Zeit, über Reifen im Allgemeinen und solche für Reisemobile im Besonderen nachzudenken. Natürlich wusste ich, dass Reifen nicht nur rund und schwarz sind und dass sie im Renn- und Rallyesport fast immer den Ausschlag über Sieg oder Niederlage geben. Aber bei einem ausgebauten Kastenwagen, der allenfalls bergab und mit Rückenwind die 100-km/h-Grenze überschreiten konnte? Da würden es doch auch runderneuerte oder gebrauchte Schlappen tun. Bei dieser Einstellung versteht sich fast von selbst, dass ich auch dem Fertigungsdatum der Reifen keine besondere Beachtung geschenkt hatte.

Heute, wo Reisemobile bis zu 180 km/h schnell sein können, sieht das freilich ganz anders aus. Das wird schon aus den Spezifikationen der Reifen deutlich. Heute gilt es, nicht nur auf die richtige Größe zu achten. Es müssen auch die maximal zulässige Tragkraft, der Last- oder

Loadindex, und die höchstzulässige Geschwindigkeit beachtet werden, die im Geschwindigkeits- oder Speed-Symbol festgelegt ist.

Ich kann wirklich nicht behaupten, dass ich heute sehr viel liebevoller mit meinen Reifen umgehe als früher. Aber mit Sicherheit sehr viel bewusster. Vor allem ist mir klar, dass allein die Luft im Reifen trägt – ein Reifen ohne Füllung ist im wahrsten Sinne des Wortes platt. Also kontrolliere ich den Fülldruck regelmäßig, passe ihn auch der Beladung an – und zwar nach der Tabelle des Reifen-, nicht der des Reisemobil-Herstellers. Überladung versuche ich genauso zu vermeiden wie Reifen mordende Raserei und Karkassen-Quetschungen durch das schräge Auffahren über Bordsteine oder Ähnliches. Aus Sicherheitsgründen fahre ich nur mit Metall- und nicht mit Gummiventilen. Auch wenn sie um einiges teurer sind. Spätestens alle sechs Jahre kommen die Reifen runter, unabhängig davon, wie viel Profil sie noch aufweisen. Dadurch schließe ich auch aus, wegen zu geringer Profiltiefe in Aquaplaning-Gefahr zu geraten.

Und ich fahre die Reifen mit dem besseren Profil auf der Hinterachse. Selbst bei Fahrzeugen mit Frontantrieb, deren Vorderreifen bekanntermaßen deutlich schneller runterradiert werden. Obwohl es immer noch viele Reisemobilisten nicht glauben wollen: Ein Fahrzeug erhält seine Seitenführung und damit Fahrstabilität – Geradeauslauf, Kurvenverhalten, Seitenwind-Unempfindlichkeit – hauptsächlich von der Hinterachse. Deshalb müssen dort die besseren Reifen hin.

Wenn wir schon über Reifen sprechen, dürfen ein paar Gedanken zu Winterreifen nicht fehlen. Denn in diesem Punkt hat sich technisch und auf der Ebene der Gesetzgebung eine Menge getan. Heute kann man dieses Thema nicht mehr aussparen. Zudem sind in den letzten Jahren immer mehr Städte und Gemeinden dazu übergegangen, kleinere Straßen aus Umweltschutzgründen nicht mehr zu räumen und zu streuen.

Wer nach Österreich fahren will, kommt nicht umhin, in den Wintermonaten Reifen mit M&S-Kennung aufzuziehen. Anders hierzulande. In Deutschland verlangt der Gesetzgeber recht schwammig, dass im Winter nur mit geeigneter Bereifung gefahren werden darf. Vermutlich werden sich alle möglichen Gerichte mit diesem Thema beschäftigen müssen, sollte es noch einmal einen härteren Winter geben. Zurzeit herrscht die von der Reifenindustrie verkündete Meinung vor, dass Winterreifen nicht nur mit Schnee, Eis oder Matsch zu tun haben, sondern mit der Umgebungstemperatur. Bei weniger als sieben Grad plus verringert sich, so ihre mittlerweile umstrittene Aussage, der Grip von Sommerreifen beim Beschleunigen, Lenken und Bremsen um bis zu fünfzig Prozent und fällt damit unter den Wert von Winterreifen. Ob die Angaben nun in dieser Größenordnung exakt stimmen oder nicht, erscheint mir nicht so wichtig. Im Winter fahre ich aus vorgenannten Gründen zu meiner eigenen und der Sicherheit anderer Verkehrsteilnehmer nicht mit Sommerreifen durch die Gegend.

Um nicht zwei Sätze Räder und Reifen jeweils halbjährig fahren und wegen der Alterung nach sechs Jahren mit noch ansehnlichem Restprofil ausmustern zu müssen, könnte man beim ersten Reifenwechsel auf Ganzjahresreifen umrüsten – vorausgesetzt, sie haben dabei eine M&S-Kennung. Ich kenne aber auch Reisemobilisten, die ganzjährig sogar Winterreifen fahren und damit keine negativen Erfahrungen gemacht haben. Weil sie nie in den heißen Süden fahren, nehmen sie den höheren Abrieb im nord- und mitteleuropäischen Sommer in Kauf. Dafür haben sie im Winter auf jeden Fall die besseren Karten.

Gleichgültig, ob im Winter oder im Sommer, nie mehr würde ich einen Radwechsel nach einem Reifenschaden auf der Straße durchführen. War es früher noch üblich, ein defektes Rad am Straßenrand oder der Standspur der Autobahn gegen das Reserverad zu tauschen, wäre solches Tun heutzutage lebensgefährlich. Nicht selten werden selbst Sanitäter, Feuerwehrleute oder Ärzte, die in bestens abgesicherten Unfallzonen arbeiten, überrollt und getötet, wie immer wieder zu hören oder zu lesen ist. Für mich folgt daraus: Unbedingt runter von der Straße, sich langsam und vorsichtig mit Warnblinker bis zur nächsten Ausbuchtung oder besser zum nächsten Parkplatz schleppen und dort wechseln. Auch wenn dadurch der Reifen total im Eimer und vielleicht auch noch die Felge irreparabel beschädigt ist. Lieber opfere ich die 300 bis 400 Euro für ein neues Komplettrad als meine Gesundheit oder mein Leben.

Der Eimer ist voll

Früher sind wir einfach mit Spaten und Klopapier in die Büsche verschwunden, wenn es gedrückt hat. Doch seit hinter jedem Busch eine Überwachungskamera hängen könnte und auch aus anderen Gründen, ist solches Tun nicht mehr zeitgemäß.

Zum Glück ist das auch nicht mehr nötig, gibt es inzwischen doch eine ganze Palette von Toiletten für Reisemobile. Mit Kunststoff- oder Keramikschüssel, drehbarer oder fester Brille, manueller oder elektrischer Spülung. Sogar Bio-Toiletten sind erhältlich – mit Humus- oder Rindenmulch-Füllung. Oder mit grünen Auffangbeuteln vom Designer-Guru mit dem weißen Rollkragenpullover.

Allerdings, ihnen allen ist gemein, dass die in ihnen gesammelten Erzeugnisse irgendwann aus dem Mobil rausmüssen. Ihre Auffangkapazitäten sind doch sehr begrenzt. Spätestens nach drei Tagen muss Vaddern den Eimer leeren. Es ist immer der Mann, dem dieses Unterfangen obliegt, weswegen bissige Emanzen ja auch behaupten, ein Mann ließe sich reduzieren auf eine goldene Kreditkarte, die den Müll runterträgt – der Spruch ist auch ein Plagiat. Lediglich bei Luigi Colanis Wunderwaffe muss man nicht mit der Kassette loswandern. Deren grüne Beutel wirft mann oder frau einfach in den Hausmüll. Was daheim kein Problem ist, aber unterwegs? Sammeln lohnt sich auch nicht. Die Tüten haben keinen grünen Punkt, niemand gibt darauf Pfand zurück. Also irgendwem on the road in die Tonne gestopft oder ab in die Büsche damit? Sicher keine gute und tragfähige Idee.

Nun sind Fäkalien wie Abwasser unnützer Ballast, mit dem wir das Reisemobil möglichst nur kurze Zeit belasten wollen. Wir wissen, dass das Mehrgewicht höheren Verschleiß an Motor, Fahrwerk und Reifen bedingt und unnötig Kraftstoff schluckt. Schon aus dieser Überlegung heraus verbieten sich für uns voluminöse Fäkaltanks. In ihnen würde ja noch mehr unnötiger Ballast im Mobil wabern. Zudem fehlt in den meisten Mobilen der Platz, um auch noch Fäkaltanks unterzubringen.

Andererseits, wir möchten auf Reisen ungern ein malerisches, verschwiegenes Plätzchen verlassen müssen, bloß weil der Kassette die Brühe bis zum Hals steht, was sie uns durch Rotlicht signalisiert. Andererseits wollen wir sie nicht einfach in die Büsche kippen. Schon gar nicht wollen wir, wie das ein pfiffiger Hersteller in seiner Werbung verkündet, unsere Reiseroute nach der Verteilung von Entsorgungs-Stationen im Urlaubsland planen.

Was also tun? Die einfachste Methode wäre, die Toilette im Mobil überhaupt nicht zu benutzen. Es soll sie tatsächlich geben, die Männer, die das von ihren Liebsten verlangen. Was sollten auch Stellplatznachbarn denken, wenn man ihnen beim Wichtigmachen eine benutzte Toilette vorführen würde? Weniger rabiat, aber auch recht wirkungsvoll sind die Alternativen, die nur Flüssiges in der Kassette zulassen. Oder solche, die auf Toiletten von Rast- oder Gaststätten, Bistros, Cafés, Eisdielen, Kaufhäusern, Parkplätzen, öffentlichen Gebäuden, Schwimmbädern oder sonst wo zurückgreifen.

Nun sind öffentliche Toiletten nicht jedermanns Sache. Sie können kaum die eigene, überall verfügbare und mit Sicherheit hygienischere Toilette ersetzen. Deswegen setzen wir bei unserer Lösung des Problems, wie wohl die meisten Reisemobil-Besatzungen, auf eine Reserve-Kassette als Hilfe in der Not. Mit ihren kompakten Abmessungen passt sie in den doppelten Boden oder die Heckgarage. Manche Mobile halten gar ein eigenes Fach mit separater Halterung vor.

Doch das allein ist nur die halbe Lösung. Es bleibt dabei, irgendwann ist der Eimer voll und muss entleert werden. Und weil ich nicht gern mit dem grauen Behälter vor dem Bauch oder auf einem Rollwägelchen durch die Gegend laufe, nicht über einen Campingplatz und schon gar nicht über einen Autobahn-Rastplatz, packe ich ihn auf dem Weg zum Entleeren in eine Tasche. Das kann eine große Einkaufstüte oder eine Sporttasche sein. Mein Favorit ist die blaue Ikea-Tragetasche. In ihr trage ich, lässig über die Schulter gehängt, die Kassette unauffällig und einigermaßen hygienisch zur Entsorgungsstation oder in jede beliebige Toilette entlang der Reiseroute. Wobei ich dann doch wieder froh bin, dass die Kassette je nach Modell höchstens 20 Liter fasst, sie folglich nur um die 20 Kilogramm wiegt. Übrigens, wenn wir schon dabei sind: Ich habe stets zwei Wasserschläuche mit kompletten Verschraubungen dabei. Der eine – um Verwechslungen auszuschließen, ist er bei mir grün – ist nur einen Meter lang. Er steckt zusammen mit Arbeitshandschuhen in einer Plastiktüte. Ihn nehme ich her, um die Kassette nach dem Entleeren nachzuspülen – zur ersten Spülung verwende ich meist Grauwasser. Der zweite Schlauch, bei mir gelb, ist wesentlich länger und zum Auffüllen des Wasservorrates gedacht. Nie nehme ich den Schlauch her, der eventuell an der Entsorgungsstation hängt. Den schraube ich zum Wassertanken stets ab. Ich weiß ja nie, ob nicht doch irgendjemand die reisemobile Todsünde begangen und mit ihm seine Kassette ausgespült hat.

Für die Zukunft wünschte ich mir allerdings endlich ein Toilettensystem, das mich nicht alle paar Tage zwingt, nach einer Entsorgungsmöglichkeit zu fahnden. Ansätze dazu gab und gibt es mehrere. Einer verdampft das Wasser durch Erhitzung des Kassetten-Inhalts. Ein anderer wandelt die Brühe mit viel Aufwand in normales Abwasser um. Ein dritter setzt auf die Kombination von Kassette und Fäkalientank. Vielleicht hat ja ein Tüftler bald den rettenden Einfall, das Problem zu lösen. Ich kann mir vorstellen, dass ihm dieses Patent, vor allem vor dem Hintergrund fragwürdiger Renten, einen gesicherten Lebensabend verspricht.

Zum Teufel mit nassen Wiesen!

Eigentlich wollte ich den Testwagen auf einer Wiese weitab jeglicher Bebauung nur ins rechte Licht für den Fotografen rangieren. Doch schon nach wenigen Metern steckte er bis zu den Felgen im Schlamassel. Gleich doppelt hatte ich Mist gebaut. Ich hatte den Untergrund vorher nicht auf seine Tragfähigkeit überprüft. Und ich war mit der angetriebenen Vorderachse voraus in das Unheil gefahren.

Im Test-Reisemobil fand ich nicht das Geringste, was sich irgendwie unter die Räder schieben ließ. Auch die Umgebung gab weder Bretter noch kräftige Äste oder Ähnliches her, auf dem ich hätte aus der Misere herausgelangen können. Da war es mit dem kühlen Kopf, den man in solchen Situationen behalten soll, nicht so arg weit her. Aber da war ja noch die Möglichkeit, mich mit Manneskraft herausziehen zu lassen, wie ich das später so oft bei Sicherheits-Trainings geschildert habe. Nur leider war die dabei zitierte Wandergruppe, die man mit ein paar Dosen Bier zum Schieben animieren könnte, an diesem Nachmittag wohl einen anderen Weg marschiert. Kein Mensch weit und breit. Was also blieb mir anderes übrig, als im nächsten Dorf einen Altbauern in seiner Mittagsruhe aufzustöbern, der mich für gutes Geld mit seinem Traktor aus dem Matsch zog, derweil sich mein Fotograf das Honorar mit Sonnenbaden verdiente.

Nasse Wiesen, Eis, Schnee und Matsch bringen unsere Reisemobile recht schnell an ihre Grenzen. Besonders Reisemobile mit Frontantrieb und hoher Motorleistung verwöhnen ihre Fahrer auf solchem Untergrund gern mit durchdrehenden und sich einfräsenden Vorderrädern.

Warum das so ist, lehrt uns die Fahrphysik. Detailliert ausführen möchte ich das hier nicht. Wen das so brennend interessiert, dass er nicht mehr ruhig schlafen kann, dem empfehle ich ein Sicherheitstraining, die Stadtbücherei oder das Internet. Hier nur so viel: Ein Rad dreht durch, wenn die Umfangskraft aus Beschleunigung, Bremsen und Lenken größer ist als die Bodenhaftung. Wobei Letztere sich aus der Radlast und dem Haftreibungsbeiwert bestimmt.

Der einzige Wert in diesem Szenario, den man durch seine Fahrweise nicht beeinflussen kann, ist der Haftreibungsbeiwert. Er wird vorgegeben vom Reifen, vom Straßenbelag und vom Wetter. Auf trockenem Asphalt ist er zum Beispiel zehnmal höher als auf Eis. Anders die beiden übrigen Werte. Die Radlast – das Gewicht, das auf dem jeweiligen Rad lastet – bestimmt sich aus der mehr oder weniger günstigen Beladung. Die Umfangskraft ergibt sich aus unserer Arbeit mit Schalthebel, Kupplung, Gas- und Bremspedal. So weit die Theorie.

Für die Praxis heißt das, dass man auf glattem Untergrund wie schmierigem Laub, nassen Wiesen, Matsch, Eis oder Schnee mit besonders viel Gefühl an Lenkrad, Brems- und Gaspedal agieren muss. Konkret: Das Gaspedal wie ein rohes Ei behandeln, die Lenkung nicht ruckartig bewegen, schnell aus- und langsam einkuppeln und durch vorausschauendes Fahren versuchen, so wenig wie möglich zu bremsen.

Zusätzlich gibt es noch ein paar Tricks, die in der kalten Jahreszeit helfen, dass man mobil bleibt. Dass Antriebsräder auf Schnee und Eis beim Anfahren genügend Grip haben, lässt sich – auch wenn das Mobil nicht mit teuren elektronischen Systemen wie Antriebsschlupfregelung oder Differenzialsperre ausgestattet ist – mit etwas Übung, richtiger Gangwahl und Einsatz der Handbremse hinbekommen. Zur Erklärung: Das Getriebe reduziert die Umfangskraft, die an den Rädern ankommt, mit jedem höheren Gang. Und mit der Handbremse lassen sich die Räder beim Gasgeben gewissermaßen festhalten. Leider nur in Fahrzeugen mit Heckantrieb, bei denen die Handbremse auf die angetriebenen Räder wirkt.

Das Erfolgsrezept heißt dementsprechend: Im zweiten oder gar dritten Gang mit wenig Gas – moderne Motoren holen sich den benötigten Kraftstoff ohne Gasgeben selbstständig – weich einkuppelnd anfahren und dabei zusätzlich versuchen, die Antriebsräder mit der Handbremse am Durchdrehen zu hindern. Verstärken lässt sich das Ganze noch durch zusätzliche, vorübergehende Belastung der Antriebsachse – mehrere Personen wippend auf der Stoßstange oder in der Heckgarage können einiges bewirken. Beherrscht man diesen Trick nach einiger Übung, hat man gewisse Chancen, aus einem matschigen Stellplatz, einem vereisten Liftparkplatz oder einer nassen Wiese herauszukommen.

Viel Arbeit und Ärger kann man sich ersparen, wenn man sich die Zeit nimmt, getreu dem Motto »Vorbeugen ist besser als heilen«, eine schwierig erscheinende Passage vorher zu Fuß zu erkunden. Bei dieser Gelegenheit kann man dann gleich – wenn notwendig – die schmierige Fahrrinne, tiefe Pfützen oder Ähnliches mit den mitgebrachten Auffahrkeilen oder Traktionsmatten, mit Steinen, Ästen, oder was man sonst in der Umgebung findet, auffüllen. Das ist jetzt allemal besser als erst dann, wenn das Mobil bereits im Schlamm steckt.

Wichtig ist zudem, in unsicheres Gelände mit den nicht angetriebenen Rädern voraus einzufahren. Sinken die dann ein, stehen die angetriebenen Räder hoffentlich immer noch auf der Straße und können das Mobil ohne Schwierigkeiten wieder zurück auf festen Untergrund ziehen. Übrigens: Dieser Grundsatz empfiehlt sich auch für trockene Wiesen, wenn man sich des Wetters nicht hundertprozentig sicher ist. Ich erinnere mich an mehrere Wochenend-Treffen, bei denen nach Dauerregen eine Vielzahl von Reisemobilen im Schlepp von Traktoren die Wiesen zu Kartoffeläckern umgepflügt haben.

Hat man das Mobil trotz all dieser Vorsichtsmaßnahmen versenkt, kommt man nicht umhin, sich durch Kratzen, Unterlegen und Bergen komplett zu verdrecken. Zuerst muss der Schlamm weg – in Bergerichtung gesehen vor den Rädern. Nicht nur dazu sollte man mindestens einen Klappspaten immer an Bord haben. Dann muss man versuchen, Traktionsmatten, Unterlegkeile, Bretter, Äste oder Ähnliches unter die Räder zu bringen. Dazu kann es sogar erforderlich sein, das Mobil in mühevoller Arbeit anzuheben und zu unterfüttern, weil man sonst nichts unter die Räder bringt. Selbst bei der Bergung durch ein schließlich herbeigebetenes Fahrzeug kann es Probleme geben, wenn die Räder in Fahrtrichtung nicht frei sind. Bergegurte können bersten oder Abschleppösen abgerissen werden, weil sie die gewaltige Zugkraft nicht aushalten, die nötig ist, um das im Morast festklebende Mobil frei zu bekommen.

Zweitens empfiehlt es sich in aller Regel, das Fahrzeug rückwärts in der gleichen Spur herauszuziehen, in der man es versenkt hat. Nur wenn sicher ist, dass der rettende, feste Untergrund vorwärts früher und sicherer zu erreichen ist, kann man über das Bergen in dieser Richtung nachdenken.

Leider müssen heute viele festgefahrene Reisemobile dennoch vorwärts herausgezogen werden. Weil ihnen eine hintere Abschleppöse fehlt. Einzig bei Kastenwagen muss man nicht lange nach Abschleppösen zum Einhängen eines Seils oder Bergegurts suchen. Vorn verbergen sie sich des schönen Scheins wegen zwar meist hinter aufwändig geformten Kunststoffklappen in der Stoßstange. Aber hinten strecken sie sich dem Helfer praxisgerecht unverhüllt entgegen.

Auch bei den anderen Reisemobil-Gattungen musste man bis vor einigen Jahren nicht lange nach Abschleppösen am Heck suchen. Alkovenmobile, Teil- und Vollintegrierte basierten auf stabilen Chassis mit

Längsträgern, die bis ans Heck reichten. Es war ein Leichtes, direkt an ihrem Abschluss-Querträger Anhängerkupplungen, ausziehbare Stoßstangen samt Fahrrad- oder Motorradträgern zu befestigen. Von Abschleppösen gar nicht zu reden.

Doch dann eroberten sich automotives Design, abgeschnittene Rahmenholme und abgesenkte Heckverlängerungen unter Fahrradgaragen unsere Mobile, denen Stück für Stück Anhängekupplungen und Abschleppösen zum Opfer fielen. Als noch ungünstiger in diesem Punkt zeigen sich die derzeitigen Renner unter den Basisfahrzeugen, die beliebten, weil leichten Flachbodenchassis. Bei ihnen erweist sich die Montage einer stabilen Verlängerung bis zum Heck als noch schwieriger, wenn sie aus Kosten- und Gewichtsgründen nicht von vornherein ausgeschlossen ist. Mit der Folge, dass die Helfer bei Bergungen nicht wissen, wo sie das Seil einhängen sollen. Erschwerend kommen tief hängende Kunststoff-Seitenschürzen und geschlossene Heckpartien hinzu. Oft kann ihretwegen ein Abschleppseil noch nicht einmal irgendwo an der Hinterachse befestigt werden, ohne dass diese Teile beim Bergen zu Bruch gehen.

Zwei wichtige Punkte für das Fahren auf glattem Untergrund möchte ich noch ansprechen. Erstens sollte man vermeiden, die Zugkraft am Rad zu unterbrechen. Also: die kritische Passage gleichmäßig und zügig ohne Gasstöße, Schalten und Kuppeln durchfahren. Zweitens muss man in Steigungen oder Gefällen grundsätzlich senkrecht zum Hang fahren, um zu verhindern, dass das Mobil seitlich abschmiert, dabei womöglich an einem Stein oder auf festerem Untergrund hängen bleibt und umkippt.

Übrigens: Seil- oder Bergewinden sind cool und machen auch an Reisemobilen mächtig was her. Für Geländerallyes sind sie sicher auch notwendig. Denn da heißt es, bestimmte Passagen unter allen Umständen zu durchfahren. Ob Winden aber auch für Reisemobile – mit oder ohne Allradantrieb – sinnvoll sind, ist eine andere Frage. Zum einen hat eine Seilwinde, die ein mindestens 3,5 Tonnen schweres Fahrzeug bergen kann, ein Gewicht von erheblich mehr als 30 Kilogramm – bei schweren Mobilen können es auch mehr als 50 Kilogramm sein. Zweitens braucht man zum Einsatz der Winde ein festes Gegenlager, etwa einen dicken Baum. Und drittens müsste eine fest montierte Winde eher am Heck des Reisemobils als an dessen Front hängen, damit sie es in der Fahrspur herausziehen kann. Wenn schon Seilwinde, dann müsste es ein variabel einsetzbares, im Stauraum transportiertes Modell sein, das man wahlweise hinten oder vorn an Anhängekupplung oder Abschleppöse befestigen kann. Aber dorthin muss man das schwere Ding durch Matsch, Schnee oder Eis dann wuchten.

Statt einer Seilwinde haben wir in unserem Mobil einige Hilfsmittel an Bord, die ich im übernächsten Kapitel beschreiben möchte. Sie schonen das Budget, bringen weniger Gewicht auf die Achsen und benötigen nicht mehr Platz als eine Winde samt Einbauteilen und Zubehör.

Die Pferde ziehen vorn

Locker und zur Freude der johlenden Kinder auf der Rücksitzbank mit kontrolliert schleuderndem Heck schnüre ich mit unserem heckgetriebenen VW-Bus die Serpentinen von Sion nach Haute Nendaz zum Skiurlaub im Wallis hinauf. Derweil fummeln unsere Freunde noch immer mit klammen Fingern die Schneeketten auf ihren frontgetriebenen Hanomag-Transporter mit Mercedes-Stern auf der Motorhaube.

Drei Dinge zeichneten die VW-Busse früherer Tage aus. Erstens die hohe Gewichtsbelastung durch den Motorgetriebeblock auf der angetriebenen Hinterachse, zweitens die zusätzlich auf die Hinterachse drückende, dynamische Gewichtsverlagerung und drittens die relativ geringe Umfangskraft am Rad. Das waren und sind die unschlagbaren Zutaten für die ungebremste Fahrt über Schnee und Eis hinauf zu Skiliften, die von den Fronttrieblern – zum Teil auch den Fahrzeugen mit Heckantrieb und vorn eingebautem Motor – nicht ohne Schneeketten zu bewältigen ist.

»Die Pferde ziehen vorn«, titelten die Werbestrategen dereinst, als Volkswagen vom Heckantrieb des Käfers auf den Frontantrieb im Golf wechselte. Fortan galt der Heckantrieb als veraltet, als ein Relikt aus grauer Vorzeit. Unabhängig, ob bei ihm auch der Motor wie beim Käfer und beim Bully hinten oder ob er vorn über der Vorderachse platziert war. Dem Frontantrieb gehörte die Zukunft. Zunächst in kleinen und leistungsschwachen Personenwagen – noch vor knapp 50 Jahren galten 80 PS als maximal technisch machbar –, hat sich der Frontantrieb heutzutage längst auch in schweren und PS-starken Personenwagen etabliert. Und auch in Reisemobilen spielt er seine Vorzüge und Qualitäten auf breiter Front aus. Allerdings, überragende Traktion gehört nicht unbedingt zu seinen Qualitäten.

Dass sich der Frontantrieb dennoch den Hauptanteil des Reisemobil-Marktes erobert hat, verdankt er anderen Vorzügen. Sein kompakter Triebkopf mit Antriebsblock, Fahrerhaus und Tank aus einem Guss spart Gewicht, ermöglicht mehr Laderaum, vor allem aber bietet er den Herstellern die Möglichkeit unbegrenzter Chassis-, Radstands- und Aufbauvarianten. Das sind unbestreitbare Vorteile, vor allem in Bezug auf die immer stärker in den Vordergrund tretende 3,5-Tonnen-Grenze.

Aber wo Licht ist, gibt es bekanntlich auch Schatten. Und der fällt bei den Fronttrieblern auf die Traktion. Nun ist Traktion bekanntlich nicht alles, aber ohne Traktion ist eben auch alles nichts. Wie im vorigen Kapitel ausgeführt, ist die Traktion außer vom Haftreibungsbeiwert von einer möglichst hohen Radlast abhängig, die freilich nicht die zulässigen Grenzen überschreiten darf. Nun ist es leider so, dass bei Mobilen mit langem Überhang und großen, vollgepackten Heckgaragen die Vorderachse durch die Hebelwirkung des Gewichts hinter der Hinterachse regelrecht entlastet wird. Sie hat also weniger Radlast, als technisch gewünscht. Als Folge davon können in kritischen Situationen die Vorderräder durchdrehen. Und dann heißt es: Rien ne va plus – nichts geht mehr.

Uns hat dieses Schicksal mal mit einem dreiachsigen, frontgetriebenen Testwagen während eines Skiurlaubs in der Schweiz ereilt. Es war Frühling, in den Tälern war es schon recht mild, und als es oben auch noch zu regnen begann, entschlossen wir uns, an diesem Tag auf den Skispaß zu verzichten, einkaufen zu fahren und die Gegend mit dem Mobil zu erkunden. Als wir nach dem obligatorischen Nachmittagskaffee wieder hinauf zur Feriensiedlung am Skilift-Parkplatz fuhren, kamen uns schon nach den ersten Kurven Schneeflocken entgegen. Durch die ansteigende Höhe und die dabei sinkende Temperatur wandelte sich der Regen zusehends in Schneefall. An sich nicht weiter schlimm. Aber unser frontgetriebenes Mobil mit der Hauptlast auf der hinteren Tandem-Hinterachse fand bald keinen Grip mehr. Die Vorderräder drehten, auch bei gefühlvollstem Gasgeben, hoffnungslos durch. Wir kamen keinen Meter vorwärts. Und wie das in solchen Situationen immer ist, hinter uns hatte sich eine stattliche Anzahl allradgetriebener Geländewagen angesammelt, deren Insassen unsere wenig erfolgreichen Bemühungen sichtlich gereizt zur Kenntnis nahmen.

Drei Dinge retteten uns schließlich aus unserer Misere. Erstens war es nicht sehr kalt, und so lief getauter Schnee in einer gepflasterten Rinne auf der linken Straßenseite bergab. Dort hinein ließen wir das Mobil mit den linken Rädern rückwärts rollen. Zweitens fand ich vor uns eine riesige Kiste mit Streugut an der Straße. Das wedelte ich, vor dem Mobil herlaufend, mit der Schaufel unter das rechte Vorderrad. Und drittens hatten wir uns schon bis kurz vor den Kamm hochgequält, sodass Christa nur noch rund dreihundert Meter mit Lenkrad und Pedalen zaubern musste.

Ich bin absolut überzeugt, dass wir mit Hinterradantrieb und seiner prinzipbedingten höheren Achsbelastung in dieser Situation wesentlich weniger Probleme gehabt hätten. Und wenn doch, hätte sie eine Differenzialsperre lösen können.
Das Beste wäre freilich, was alle Fahrzeuge auszeichnete, die uns während unserer Quälerei passierten: Allradantrieb. Nicht erst damals habe ich mir geschworen, dass ich, wenn wir irgendwann einmal in der Lage sein würden, unseren Traum von einer Weltreise zu verwirklichen, dieses Unterfangen nur mit einem allradgetriebenen Reisemobil angehen würde.

Gesünder geht nicht

Obwohl es kaum etwas Gesünderes gibt als Wintercamping, ist es nach wie vor etwas für Hartgesottene. Früher naturgemäß noch weit mehr als heute. Da saßen wir an den kühlen Wintermorgen auf den Camping- oder Skilift-Parkplätzen in Daunenjacken und Strickmützen vor unseren VW-Bussen beim Frühstück. Gut gelaunt wärmten wir uns die klammen Finger an den dampfenden Kaffeebechern. Hinter uns hingen die Schlafsäcke zum Trocknen über einer Leine. Am Fahrradträger blinzelten die Ski in die sich mühsam über die Bergkuppen schiebende Wintersonne. Und wir wären gar nicht auf die Idee gekommen, dass unsere Mobile trotz der luftigen Aufstelldächer, der fehlenden Nasszellen oder der mickrigen Standheizungen nicht wintertauglich sein könnten.

Heutiges Wintercamping hat mit solch spartanischem Leben absolut nichts mehr gemeinsam. Aber auch heute noch kann derjenige böse Überraschungen erleben, der sich und sein Mobil nicht auf die Bedingungen während der kalten Jahreszeit eingestellt hat. Da hilft dann oft auch eine noch so optimistische Lebenseinstellung nicht weiter.

Richtig betrieben gibt es jedoch kaum etwas Erholsameres, als die kalten Wintertage mit ihrer sauerstoffreichen Luft, der tollen Fernsicht und den gemütlichen Abenden im kuschelig-warmen und festlich beleuchteten Reisemobil zu verbringen – an Weihnachten, über Neujahr oder in der Faschingszeit. Gleichgültig, ob wir dabei Ski laufen oder nur lange Winter-Spaziergänge machen. Andere bereiten sich spätestens im November für das Winterquartier vor. Sie pumpen ordentlich Luft in die Reifen, füllen den Dieseltank randvoll auf, stellen die Polster hoch, öffnen die Schranktüren und -klappen – besonders die Kühlschranktür – für gute Durchlüftung, stellen eine Schüssel oder

Schale mit Trockenmittel auf den Tisch und klemmen Batterien und Gasflaschen ab, um sie in die geheizten Räume zu stellen. Wir als Ganzjahres-Nutzer machen stattdessen unser Mobil in dieser Zeit fit für die kalte Jahreszeit.

Bei uns folgt der sorgfältigen Reinigung im Spätherbst ein Werkstattcheck von Beleuchtung, Bremsen, Lenkung und Reifen samt Ölwechsel und Kontrolle des Frostschutzes sowie Überprüfung von Unterboden und Chassis. Wieder daheim behandeln wir die Tür-, Fenster- und Außenklappendichtungen mit Gummipflegemittel, damit sie nicht an den winterkalten Rahmen festfrieren und einreißen. Letzteres machen wir strikt nach Bedienungsanleitung. Zum Beispiel schreibt die Firma Seitz für ihre Fenster vor, sie nur mit Talkum, nicht aber mit Glyzerin zu behandeln.

Die Schließzylinder der Türen sprühen wir mit Graphitpulver gegen das mögliche Einfrieren ein. Wir kontrollieren den Gasvorrat – im

Winter steigt der Gasverbrauch durch die Heizung sehr stark an. Zuletzt reinigen wir die Wasseranlage gründlich, füllen zunächst aber kein Frischwasser auf und lassen die Zapfhähne geöffnet. Erst kurz vor dem Start in den Urlaub füllen wir Wasser auf, gleichzeitig mit dem Einschalten der Heizung.

Ist das abgehakt, packen wir dicke Klamotten, Arbeitshandschuhe, eine Stirn- oder Arbeitslampe, eine alte Jacke und eine Decke als Unterlage samt Schneeketten ein. So selbstverständlich es klingt, vor allem bei Mietfahrzeugen kontrollieren wir, ob die Ketten auch die richtige Größe haben. Daheim haben wir schon mal die Montage geübt – mit und ohne Zuhilfenahme des Wagenhebers. Für den Fall der Fälle sorgen wir vor mit Traktionsmatten, einem Spaten und einem Sack Streugut. Außerdem haben wir wegen unserer schlechten Erfahrungen immer einen Wasserkanister mit Auslaufhahn dabei, um den Ausfall der Wasserpumpe oder das Einfrieren der Wasseranlage zu überbrücken. So ausgerüstet, hoffen wir auf eine tolle Winter- oder Skisaison.

Weil wir das ganze Jahr über recht häufig unterwegs sind, haben wir kaum Probleme mit der Zusammensetzung des Gases und der Qualität des Dieselkraftstoffs. Das kann freilich bei Reisemobilen ganz anders sein, denen ihre Besitzer längere Ruhezeiten gönnen. Diesen Personen sei empfohlen, die Gasflaschen im Herbst zu tauschen, sie aber zumindest nachfüllen zu lassen. Dann ist sichergestellt, dass sie eine Füllung mit geringerem Butananteil bekommen. Weil Butan bei tiefer Temperatur nicht mehr verdampft, hätte man keine funktionierende Gasanlage mehr.

Ähnlich ist es mit dem Diesel-Kraftstoff. Auch ihn gibt es erst ab Herbst in einer winterfesten Qualität. Wie wichtig es ist, daran zu denken, haben wir mal nach einer winterlichen Tunesienreise erlebt.

Wir hatten auf der Rückreise zu den günstigen Preisen noch in Tunesien alles vollgetankt – zwanzig Kilogramm Gas und 500 Liter Diesel. Weil das alles naturgemäß bis zur Ankunft daheim nicht aufgebraucht war, hatten wir noch genügend Reserven, als wir im hiesigen Winter zu einer Tour aufbrechen wollten. Doch das schmeckte dem tunesischen Diesel überhaupt nicht. Nach hundert Metern war der außen am Tank hängende Vorfilter komplett versulzt und unsere Fahrt zunächst beendet. Erst nach zwei Stunden dieselstinkender Schufterei in der Kälte waren wir wieder fahrbereit. Seither achte ich sehr darauf, im Winter auch tatsächlich kältefesten Diesel im Tank zu haben. Außerdem habe ich in der kalten Jahreszeit im Reisemobil immer eine Flasche Fließverbesserer für den Notfall dabei.

Wer mit seinem Reisemobil wie wir auch im Winter unterwegs sein will, sollte das schon beim Kauf berücksichtigen. Nachträgliche Änderungen oder Ergänzungen sind in der Regel viel teurer, manchmal auch überhaupt nicht möglich.

Eingängig ist, dass ein Reisemobil für den Winterbetrieb eine ausreichende Heizung bieten muss. Nichts ist schlimmer als ein schlecht gelüfteter, feuchter Wohnraum, durch den langsam die Kälte von unten nach oben kriecht. Im Gegensatz zu den Anfangsjahren geben heutige Reisemobile in diesem Punkt kaum Anlass zu Klagen. Sie haben vernünftig dimensionierte Heizungen und Boiler, innen liegende Wassertanks und frostsicher verlegte Wasserleitungen. Funktions- oder Doppelböden gehören heute selbst bei Kastenwagen zum Serienstand. Und haben die Abwassertanks innen keinen Platz, hängen sie wenigstens isoliert oder beheizt unter dem Wagenboden. Als zusätzliche Komfortsteigerung bieten viele Hersteller Winterpakete an, die bis zu Zusatzheizungen für das Fahrerhaus und Warmwasserheizungen mit Fußboden-Heizelementen reichen. Schließlich ist seit einigen Jahren durch eine Norm exakt geregelt, dass sich ein Reisemobil erst dann wintertauglich nennen darf, wenn seine Heizung bei minus 15° C Außentemperatur den Innenraum binnen vier Stunden auf plus 20° C erwärmt. Bis ins kleinste Detail ist dabei vorgeschrieben, mit welchem Testaufbau das zu prüfen ist.

Für das Aufheizen eines Reisemobils ist nicht nur die nominale Leistung der Heizung maßgeblich. Genauso wichtig ist das richtige Verteilen des Heizmediums – Luft oder Wasser – im Mobil. Das ist in Reisemobilen, vor allem mit Luftheizungen, gar nicht so einfach. Allzu oft glüht den Insassen der Kopf, und im Alkoven ist es zum Schlafen zu warm, während sich am Boden die Füße blau frieren. Zwar kann der Wärmestrom durch überlegtes Öffnen oder Schließen der einzelnen Austrittsöffnungen bei Luftheizungen oder der Heizkreise bei Wasserheizungen reguliert werden. Die optimale Leitungsführung, die Anzahl und Platzierung der Ausströmer oder der Heizkörper und Konvektoren muss aber vom Hersteller kommen. Nur sie führt dazu, dass die beim Bewohnen unvermeidbare Luftfeuchtigkeit sich nicht auf den kalten Flächen wie Spiegeln, Glasscheiben oder auch Möbelfronten niederschlägt, dass die Luft auch hinter den Winterrückenlehnen und unter den Lattenrosten oder den anderen Bettauflagesystemen zirkulieren und sie auf diese Weise entfeuchten kann.

Um ihre Reisemobile noch besser für den Winter zu rüsten, bieten einige, aber leider nicht alle Hersteller eine sinnvolle Ergänzung zur Luftheizung an – bei Wasserheizungen ist das Pendant eigentlich immer an Bord. Gemeint sind Wärmetauscher, die, im Bereich der Sitzgruppe installiert, vom heißen Kühlwasser des Motors durchflossen werden. Durch sie presst ein Heizgebläse die Innenluft, die sich dabei an den Lamellen aufheizt. Auf diese Weise heizt sich der Innenraum während der Fahrt auf, ohne dass auch nur ein Gramm Energie – Gas oder Kraftstoff – verbraucht wird. Unverständlich, dass nicht alle Hersteller diesen ökologisch und ökonomisch sinnvollen Heizbetrieb ermöglichen.

Eine angenehme Innentemperatur ist zwar das Maß der Dinge beim Wintercamping. Doch um ein Mobil wirklich winterfest zu machen, reicht eine gute Heizung nicht aus. Eine wesentliche Rolle spielen dabei auch die Bauart, die Aufbau-Isolierung sowie die Wasser-, Gas- und Elektroanlage des Mobils. Da ist zum Beispiel das Fahrerhaus mit seinen Lüftungsöffnungen und den einfach verglasten Windschutz- und Seitenscheiben – ganz besonders die überdimensionalen Exemplare der Vollintegrierten –, die der draußen herrschenden Eiseskälte auf der Fahrt bereitwillig Einlass bieten. Je größer die Scheiben, umso schlimmer.

Uns ist es schon passiert, dass wir die Windschutzscheibe eines teuren Vollintegrierten während der Fahrt, wie zu Zeiten der seligen VW-Käfer und -Bullis, innen mit dem Eiskratzer frei schaben und mit Apfelscheiben einreiben mussten, um sie vor dem Beschlagen zu bewahren und freie Sicht zu haben. So ungenügend war die Luftführung für die Entfrostung des Cockpits ausgelegt.

Besser sieht es im Stand aus. Da sperren Isolierrollos oder beschichtete Thermomatten – dass man sie richtigerweise außen aufsetzen sollte, sei nur am Rande erwähnt – die schlimmste Kälte aus. Unschlagbar sind freilich Aufbaukonzepte, bei denen sich die Fahrerhäuser durch Wände und Türen oder dicke Matten komplett vom Wohnbereich abtrennen lassen. Leider werden solche Grundrisse immer seltener. Drehbare Fahrerhaussitze, bei bestens isolierten Vollintegrierten schon länger üblich, setzen sich nun auch bei den Alkovenmobilen, Teilintegrierten, Vans und Kastenwagen durch – um Baulänge und Gewicht zu sparen. Und das schließt naturgemäß die thermische Abtrennung der Fahrerhäuser aus.

Wie Wärmebilder eindeutig belegen, spielen die Dicke und das Isoliermaterial des Bodens und des Wandaufbaus eine wesentlich geringere

Rolle bei niedriger Außentemperatur als die vielen Durchbrüche, die für Einstiegstür, Fenster, Dachlüfter und Stauklappen geschnitten werden müssen. Aufbauten, die wie Schweizer Käse durchlöchert sind, haben im Winter ausgesprochen schlechte Karten. Besonders, wenn die Türen und Klappen auch noch unsauber eingepasst sind, durchgehende Alu-Profilrahmen haben oder mit dünnen Inlets isoliert sind.

Unstrittig ist auch, dass die heute üblichen großen Fenster und Dachhauben weder für tiefe noch für hohe Temperaturen sinnvoll sind. Das viele Licht, das sie hereinlassen, mag zwar sehr angenehm sein, die gleichzeitig einfallende Kälte oder Hitze aber nicht. Unverständlich ist auch, dass viele Reisemobil-Hersteller aus Kostengründen einheitlich nur zwangsbelüftete Dachhauben einbauen – manche bis zu vier Stück in einem Sechsmetermobil. Da kann es im Reisemobil-Inneren – vor allen Dingen während der Fahrt – durch Zugluft eklig kalt werden.

Für unsere Kinder war es sicher nicht so witzig, aber ich muss heute noch lachen, wenn ich mich an das Bild erinnere, wie sie mitten im dichten Schneetreiben hinter uns in einem Testmobil saßen. Der Fahrtwind hatte den auf dem Dach liegenden Schnee durch die zwangsbelüfteten Dachhauben nach innen geblasen. Ich gebe zu, ich hätte den Schnee vom Dach kehren müssen. Ich mache das auch – meistens. Ehrenwort! Aber nach einer Kaffeepause auf der Fahrt in den Skiurlaub? Wenn es draußen schneit wie Hund?

Wäre es unser eigenes Mobil gewesen, ich hätte abends die Zwangsbelüftungen an zwei der fünf Dachhauben zugeklebt. Die restlichen drei hätten ausgereicht, uns nicht ersticken zu lassen.

Ganz groß kommen beim Wintercamping Doppel- und Funktionsböden raus. Erstens verteilen sie bei richtiger Konzeption und Konstruktion die durch die Böden aufsteigende Wärme gleichmäßiger im Fahrzeuginnern. Zweitens ermöglichen sie, alle Wassertanks samt deren Ablasshähnen und die gesamte Bordelektrik im beheizten Bereich unterzubringen. Für die Wasseranlage ist das wichtig, weil deren Leitungssystem an den engsten Stellen zuerst einfriert – also in außen liegenden Leitungen und Ablassventilen. Die Bordbatterien freuen sich über die Wärme und geben zum Dank mehr Energie frei als bei arktischer Kälte.

Das alles muss bei Fahrzeugen ohne doppelte Böden durch andere konstruktive Lösungen erreicht werden. Bordbatterien samt Ladegeräten und Frischwassertanks belegen dann Sitztruhen, Gasflaschen werden durch die Elektroheizung Eis-Ex von Truma kältefest gemacht, und Abwassertanks hängen – am besten inklusive der Ablassventile – in isolierten und beheizten Wannen unter dem Fahrzeug. Besondere Sorgfalt ist bei ihnen auf die Verlegung der Wasserleitungen zu legen. So mussten wir beispielsweise im Winterurlaub vor einigen Jahren den Kleiderschrank eines kleinen, aber feinen Kastenwagenausbaus zerlegen, weil hinter ihm die entlang der schlecht isolierten Außenwand montierte Wasserleitung durch einen Eispfropfen verstopft war. Und das, obwohl das kompakte Wägelchen mit einer teuren Warmwasserheizung ausgestattet war.

So weit die wichtigsten technischen Voraussetzungen für das Wintercamping. Nicht minder wichtig ist jedoch, das Verhalten den geänderten Bedingungen anzupassen. Weil wir zum Beispiel unser Mobil auch mal mit Wasservorrat im Frischwassertank im Freien stehen lassen, stellt sich uns vor Frostnächten die Frage: Heizen oder nicht? Nicht zu heizen beinhaltet das Risiko, dass die Wasserpumpe, der Boiler oder eine Armatur einfrieren und eine teure Reparatur nach sich ziehen kann. Wir heizen deswegen nur dann nicht, wenn sich absolut kein Wasser mehr in Leitungen, Armaturen, Boiler und Wasserpumpe befindet. Dann nehmen wir allerdings auch in Kauf, dass sich Kondenswasser in Stoffen, Polstern und Möbeln festsetzen kann, weil die kalte Innenluft weniger Feuchtigkeit aufnehmen kann. Wir machen das aber nie über einen längeren Zeitraum, denn es kann zu Schimmelbildung und Fäulnis führen.

Ideal ist, das Mobil ständig auf zehn Grad Celsius aufzuheizen und ab und zu kräftig zu lüften. Das bedeutet freilich, dass man sich ständig um den Gasvorrat und den Ladezustand der Batterien kümmern muss. Wohl dem, der einen Stromanschluss auf dem Abstellplatz und eine Heizung mit Elektropatrone in seinem Mobil hat. Wir haben beides nicht, also komme ich um das Abhören des Wetterberichts und die Kontrolle an Tagen mit Temperaturen um den Gefrierpunkt nicht herum. Zum Glück liefert unsere Solaranlage auch im Winter so viel Strom, dass ich die Heizung bedenkenlos auf kleiner Stufe laufen lassen kann. Bei Schnee auf dem Dach muss ich verständlicherweise schon mal zwischendurch mit Leiter und Besen zum Freikehren der Solarmodule anrücken.

Überhaupt ist eine intakte und ausreichende Stromversorgung neben der Heizung das Wichtigste für den Winterbetrieb. Erstens nimmt bei Kälte die Kapazität der Bordbatterie rapide ab. Zweitens benötigen heute fast alle Einbauten und Geräte elektrischen Strom. Im Heimathafen müssen die Bordbatterien nur die diversen Stand-by-Funktionen aufrechterhalten, allenfalls den Strom für die Heizung liefern. Unterwegs sieht das ganz anders aus. Gehört man da nicht zu den Glücklichen, die einen Stromanschluss auf dem Stell- oder Campingplatz ergattert haben, muss man seine Elektroanlage besonders gut im Auge behalten. Allzu schnell macht sie einem sonst klar, dass nicht nur die Leuchten, die Kaffeemaschine, das Radio und der Fernseher Strom benötigen, sondern auch die Wasserpumpe, die Toilettenspülung, die Heizung und der Gasbackofen. Allzu schnell ist da die oftmals viel zu mickrige, serienmäßige Bordbatterie durch den allabendlichen Fernsehgenuss leer gelutscht und lechzt nach Ladung – spätestens, wenn sich das Truma-Boilerventil bei abfallender Spannung noch schnell in letzter Sekunde öffnet und 20 Liter Frischwasser unter das Fahrzeug plätschern lässt.

Eine ausreichend dimensionierte und schneefrei gehaltene Solaranlage kann zwar einiges bewirken. Aber allzu große Hilfe kann man von ihr nicht erwarten, denn sie liefert bei der tief stehenden Wintersonne nur einen Bruchteil der Energie, die man im Sommer von ihr gewohnt ist. Je nach Tagesbedarf bleibt für viele da nur, einen Stromgenerator grummeln oder, als derzeit modernste Lösung, eine Brennstoffzelle flüstern zu lassen.

Auch beim Reisen, Halten und Übernachten müssen wir im Winter ein paar Punkte beachten, die im Sommer keine Rolle spielen. Zum Beispiel – was wir eigentlich hassen – rechtzeitig irgendwelche Camping- oder Stellplätze buchen. Zu viele Plätze sind in der kalten Jahreszeit geschlossen. Die offenen Plätze sind oft schon ein Jahr vorab ausgebucht.

Haben wir einen Stell- oder Standplatz ergattert, achten wir darauf, das Fahrzeug mit eingelegtem Gang und untergelegten Keilen abzustellen. Auf keinen Fall ziehen wir die Handbremse an – die Seile könnten durch gefrierendes Spritzwasser in den Führungsrohren festeisen. Unter die Räder, die nicht auf Auffahrkeilen stehen, legen wir kleine Brettchen. Dadurch verhindern wir, dass die noch warmen Reifen den Schnee oder das Eis unter sich auftauen und sich dann so festfrieren, dass an ein Wegkommen ohne vorheriges Aufmeißeln nicht zu denken ist. Aus dem gleichen Grund legen wir das Stromkabel nie auf den Boden, sondern ziehen es über Außenspiegel, Pfosten oder Büsche. Bei der Stellplatzwahl achten wir darauf, dass wir – anders als im Sommer – nicht unter einem Baum stehen. Unter der Schneelast herabbrechende Äste könnten unser Fahrzeug beschädigen.

Je nach Kälteempfinden decken wir nur die Scheiben des Fahrerhauses oder die gesamte Frontpartie einschließlich der Lüftungsöffnungen mit Thermomatten ab. Den Schnee unter dem Fahrzeug und auf dem Dach räumen wir weg, damit er die dort platzierten Be- und Entlüftungsöffnungen der Geräte nicht verschließt. Um auch bei Schneefall in Abwesenheit oder nachts auf Nummer sicher zu gehen, setzen wir bei Mobilen mit Dachkamin eine Winterverlängerung auf. Feuchtigkeit im Innern vermeiden wir dadurch, dass wir möglichst oft draußen auf einem Spiritusherd kochen. Ist das nicht möglich, lassen wir beim Kochen ein Fenster und den Dachlüfter offen. Nasse Klamotten oder die Skiausrüstung packen wir, wenn der Camping- oder Stellplatz dafür nichts anbietet, zum Trocknen ins Vorzelt, die beheizte Heckgarage oder das – abgetrennte – Fahrerhaus. Durch Stoß- und nicht durch Dauerlüften sorgen wir wie daheim für gute Durchlüftung.

Von Partylöwen und Paten

M einer Meinung nach müssten Reisemobile noch viel höher besteuert werden, und Maut wie Lastkraftwagen sollten sie auch zahlen bei dem Verkehrsraum, den sie beanspruchen, und dem Dreck, den sie in die Umwelt pusten.« Oh Madonna!

Sitze ich vielleicht mal wieder am falschen Tisch bei diesem Empfang? Nun, wenigstens kommt der Partylöwe, der mir gegenüber am Tisch sitzt, nicht auch noch mit der abgedroschenen Floskel daher, dass er für das Geld, das ein Reisemobil kostet, jahrelang in den besten Hotels der Welt Urlaub machen könne. Wenigstens das scheint er sich zu verkneifen.

Dabei würde mir die Antwort auf diese Behauptung leichter fallen. Gegen die musste ich schon zu oft antreten. Da habe ich schon eine gewisse Routine entwickelt. Entweder ich lasse mein Gegenüber bei seiner Meinung. Das empfiehlt sich auf jeden Fall bei notorischen Besserwissern. Oder ich beende die Diskussion mit dem Totschlag-Argument, dass dies halt unser Hobby sei. Und bei seinem Hobby prüft ja kaum jemand, ob es ökonomisch sinnvoll ist. Meist aber habe ich es allerdings ganz ernsthaft mit Erklärungen zu Unabhängigkeit, Freizügigkeit, Spontaneität, Wohn- und Schlafqualität oder hygienischen Rahmenbedingungen versucht. Und nicht selten habe ich dabei festgestellt, dass mein Gesprächspartner überhaupt nicht begreift, wovon ich eigentlich spreche. Oder nicht begreifen will. Camper kenne er vom Fernsehen. Und so seien die ja wohl alle.

Verblüffung habe ich immer geerntet, wenn ich mit rein wirtschaftlichen Argumenten gekommen bin. Wenn ich zum Beispiel vorgerechnet habe, wie schnell sich unser Reisemobil amortisiert. Das gelingt naturgemäß am besten, wenn das Reisemobil wie bei uns den – oder einen der – Familien-Personenwagen ersetzt. Dass das sogar mit Sie-benmeter-Mobilen möglich ist, beweisen viele Reisemobilisten tagtäg-lich. Da staunt dann doch so mancher Zeitgenosse, dass er mit seinem gleich teuren Personenwagen pro Jahr mehr Geld kaputt macht.

Ich hänge in dem dahinplätschernden Partygeschwätz noch diesen Gedanken nach, da stellt sich plötzlich heraus, dass mein Tischnach-bar eigentlich schon häufig mit der Idee gespielt hat, ein Reisemobil zumindest einmal für eine Urlaubsreise zu mieten. Zu gern hätte er zusammen mit seiner Sippe ausgelotet, ob das nicht vielleicht doch eine Urlaubsalternative für sie sein könnte. Doch jedes Mal hatten ihn in letzter Sekunde irgendwelche Horrormeldungen von seinem Vorhaben abgehalten. Bis auf einen Trip vor vielen Jahren durch den Südwesten der USA – im gemieteten Alkovenmobil und noch ohne Kinder. Den hatte er sich von niemandem vermiesen lassen. Von ihm schwärmen er und seine Frau noch heute in den höchsten Tönen.

Euphorisch sprudelt es plötzlich aus ihm heraus, wie toll es doch sei, alles an Bord zu haben, was man zum Leben brauche – eine komplette Wohnung mit Küche, Bad und Schlafraum, Strom, Gas, Wasser, Pro-viant und gekühlten Getränken. Mit leuchtenden Augen erzählt er mir, dass ihnen im geheizten Mobil die draußen herrschende Kälte und der Dauerregen überhaupt nichts ausgemacht hätten. Nur Bären hätten sie keine zu Gesicht bekommen. Und mit dem Fotografieren sei es auch nicht so toll gewesen wegen des schlechten Wetters.

Ich schütte noch ein paar Holzscheite in seine Glut und schildere ihm einen weiteren Vorteil, mit dem Reisemobil Urlaub zu machen – der allerdings eher für das dicht besiedelte Europa gilt. Die Tatsache nämlich, dass die Fahrt in den Urlaub – selbst mit schulpflichtigen Kindern – nicht im Megastau enden oder zum Etappenrennen zwi-schen Baustellen und Staus ausarten muss. Beides ist auch ohne uns schon schlimm genug. Denn obwohl alle Bescheid wissen, wiederholt sich Jahr für Jahr das gleiche Schauspiel: Mittags ist Schulschluss, die Kinder springen zu den Eltern in die bereits warmlaufenden Autos, und kurz nach dem Start stecken alle fest – im ersten Stau. Nicht viel besser ergeht es denen, die ihren Kindern den letzten Schultag ersparen, um allen anderen einen halben Tag voraus zu sein. Ihr Vorsprung schmilzt zusehends zwischen den Lasterkolonnen, die noch vor dem Wochenend-Fahrverbot ihren Heimathafen anlaufen wollen. Welcher Trucker möchte schon seine freien Tage auf einem deutschen Autobahnrastplatz verplempern?

Als Reisemobilisten haben wir es überhaupt nicht nötig, uns auch noch in diesen Strudel zu stürzen. Für uns gibt es keinen samstäglichen Bettenwechsel. Campingplätze, ganz zu schweigen von Reisemobil-Stellplätzen, lassen sich jeden Tag anfahren. Und Fähren sind unter der Woche meist billiger. Zwar versetzen uns Staus nicht in den gleichen Stress wie Pkw-Fahrer. Wir können uns jederzeit ein frisches Getränk aus dem Bord-Kühlschrank holen oder die Toilette aufsuchen. Aber die Kriecherei zehrt auch an unseren Nerven. Zudem verbrauchen wir dabei mehr Kraftstoff und verschleißen durch das ständige Bremsen, Kuppeln und Schalten unsere Mobile stärker als bei zügiger Fahrt über die gleiche Strecke.

Wann immer möglich, versuchen wir deshalb unsere Urlaubsfahrten antizyklisch zu absolvieren. Was ohne mitfahrende Kinder naturgemäß wesentlich leichter fällt. Aber auch mit Kindern oder Enkeln auf Achse gilt, dass der Urlaub mit dem Umdrehen des Zündschlüssels beginnt und dass der Weg das Ziel ist. Warum sollten wir uns vor dem Aufbruch ins große Abenteuer da nicht noch ein paar Stunden Ruhe gönnen und erst dann losfahren, wenn sich die Staus weitgehend aufgelöst haben? Wir verbringen noch einen gemütlichen Abend auf dem Balkon – andere auf der Terrasse oder im Garten –, schütteln den Ärger und die Hektik des Alltags ab und bauen ganz bewusst Vorfreude auf.

Okay, wir verlieren dabei vielleicht einen Tag Urlaub unter südlicher Sonne, am Meer oder in den Bergen. Dafür gewinnen wir aber schon mal vorab Erholung, innere Ruhe und Ausgeglichenheit, anstatt uns auf der Hinreise zum oder – noch schlimmer und gefährlicher – auf der Rückreise vom Urlaubsziel aufzureiben. Das sind uns unser Wohlbefinden und unsere Gesundheit allemal wert.

Während wir uns gegenseitig auf diesem Empfang so vorschwärmen, komme ich ins Grübeln, ob nicht vielleicht viel mehr Urlauber unsere – trotz vieler Einschränkungen immer noch außergewöhnlich freie und unabhängige – Reiseform kennen lernen möchten. Ich denke, dass ihnen nur der konkrete Anstoß fehlt oder sie sich nicht so recht auf das ihnen unbekannte Terrain trauen. Ich werde das Gefühl nicht los, dass sich wie dieser Tischnachbar viele Interessierte durch Negativschlagzeilen oder Klischees davon abhalten lassen, sich an ein Reisemobil heranzuwagen. Die einen fürchten Ärger mit ihren Nachbarn wegen des Abstellens vor dem Haus. Andere scheuen Probleme beim Übernachten und Entsorgen, und alle haben Angst vor Einbrüchen oder Überfällen.

Ich meine, die Reisemobil-Branche – Hersteller und Händler – sollte sich mit allen Kräften dieser zwar interessierten, aber noch nicht überzeugten Klientel widmen. Wie wäre es, wenn sie dazu Patenschaften ins Leben rufen würde, wie es sie ansatzweise schon mal gegeben hat? Der Pate fährt im eigenen Mobil. Die Patenkinder, von ihm eingewiesen, begleitet und betreut, in Mietmobilen. Die Paten zeigen ihren Schützlingen, was so faszinierend ist am freizügigen Reisen, am Relaxen in der freien Natur, am nicht vorab gebuchten Übernachten. Sie lassen sie erleben, dass sich der Reisemobil-Urlauber ebenso als

Individualist zurückziehen kann, wie er gemeinsam mit Freunden auf Tour gehen und feiern kann. Ganz nach Geschmack und Mentalität. Schließlich ist er absolut unabhängig. Denn er hat immer alles zum Leben Notwendige dabei.

Es wäre doch schön, wenn die Paten ein Stück ihrer Begeisterung an ihre Patenkinder als Neulinge in unserem Hobby weitergeben könnten. Bekanntlich kann nur *der* andere wirklich entzünden, der selber brennt.

Midlife-Crisis oder was?

War es ein Ausdruck von Midlife-Crisis, war ich mit den Jahren vielleicht seriös oder gar bequem geworden? Hatte mich die Bequemlichkeit verweichlicht, oder hatten mich gar die Nachbarn mürbe gemacht? Ich weiß es nicht. Vielleicht ist es ein bisschen von alldem. Auf jeden Fall verspürte ich keine Lust mehr, auch beim nächsten Mobil zu Stichsäge und Akkuschrauber zu greifen.

Mittlerweile hatten sich so gut wie alle wichtigen heutigen Reisemobil-Hersteller, von A wie Arca bis W wie Weinsberg, etabliert und den ständig wachsenden Markt unter sich aufgeteilt. So um die 15.000 Reisemobile schickten sie pro Jahr allein in Deutschland auf die Straße. Das Angebot war so vielfältig geworden, dass es kaum noch Gründe für den Selbstbau gab – vor allem keine finanziellen. Und weil es in jener Zeit immer schwieriger wurde, für kleines Geld gebrauchte Transporter zu bekommen, schlossen wir mit unserem Familienjumbo die Reihe eigenhändig ausgebauter Reisemobile ab.

Die beiden nächsten Exemplare sollten Serienmobile werden. Wenn auch mit unterschiedlicher Bedeutung des Wortes Serie. Nummer eins war ein Serienmobil von der Stange – ein James Cook. Bei Nummer zwei handelte es sich dagegen um einen individuellen Sprinterausbau mit SCA-Hochdach, dessen Entstehung wir als Artikel-Serie in der Zeitschrift Reisemobil International veröffentlichten.

Der kompakte James Cook spukte mir schon länger im Kopf herum – eine Vorliebe, die ich wohl mit vielen anderen Reisemobilisten teilte. Schließlich war und ist er Dauersieger bei der Leserwahl der Zeitschrift Promobil in seiner Kategorie. In den zurückliegenden Jahren war er nicht nur wegen seines hohen Preises für uns nicht in Betracht gekommen. Er war für uns vier auch zu klein. Inzwischen hatten sich die Jungs aber abgenabelt. Sie waren schon einige Zeit nicht mehr mit uns in Urlaub gefahren. Höchste Zeit also, sich zu verkleinern. Und weil ich inzwischen bei Mercedes-Benz in Stuttgart angeheuert hatte und fortan für die Stuttgarter im Nadelstreifen unterwegs war, passte der James Cook ganz gut ins Bild.

Unseren großen Kastenwagen waren wir ruck, zuck los, sogar zu einem akzeptablen Preis. Das einzige Manko war die Lieferzeit unseres Neuen. Ein knappes Vierteljahr mussten wir warten, bis er im Jahr 1989 endlich vor dem Haus stand. Dafür war er rundum fertig. Endlich mal ein Reisemobil, das keine Wanderbaustelle war. Eigentlich wollten wir ihn nur ein gutes Jahr fahren und dann durch das nächste Modell ersetzen. Der Mitarbeiter-Rabatt sollte, so unsere Hoffnung, den Verlust in Grenzen halten.

Doch dabei hatten wir die Rechnung ohne die großen Bosse in Stuttgart gemacht. Die hatten just in jenem Jahr die Mehrheit an der Firma Westfalia in Rheda-Wiedenbrück übernommen und boten den James Cook auf dem nächstjährigen Caravan-Salon als Modell Klassik für rund 16.000 D-Mark weniger an. Dadurch war die Idee mit dem jährlichen Wechsel für uns erledigt. Wir fuhren unseren James Cook insgesamt sieben Jahre und über 140.000 Kilometer.

Uneingeschränkt hat der James Cook unsere Hoffnungen erfüllt, endlich mal ein Mobil zu haben, das nicht ständig irgendwo schwächelt. Sowohl am Basisfahrzeug als auch am Ausbau waren mit Ausnahme des Ersetzens der Starter- und Bordbatterie keinerlei Reparaturen fällig. Nicht ganz so überzeugt waren wir vom Grundriss und der Geräte-Ausstattung. Zwar verfügte der damalige James Cook auf Mercedes-Benz 411 D über eine komplette Gegensitzgruppe hinter den Frontsitzen, was wir noch heute bevorzugen würden. Aber dafür stand in der engen Nasszelle vor der festen GfK-Heckwand nur ein loses Porta Potti, der Kleiderschrank war recht bescheiden, und die Matratze im Dachbett war unzumutbar dünn. Im Gegensatz dazu war uns der Küchenbereich, der sich entlang der rechten Seite und quer über das Heck bis zur Nasszelle erstreckte, zu üppig. Und mit der Eberspächer-Diesel-Luftheizung konnten wir uns auch nicht so recht anfreunden. Nicht, weil sie beim Anlaufen recht störend nach Diesel roch, sondern weil sie mit viel Power unangenehm trocken-heiße Luft ins Mobil blies. Wir hatten in der Heizperiode grundsätzlich verquollene und ausgetrocknete Rachen-Schleimhäute.

Selbst Hand angelegt hatten wir nur am Heck. Dem hatten wir auf der Transportbrücke unter dem Fahrradträger eine Kiste aus wasserfestem Sperrholz aufgeschraubt, in der wir die Campingmöbel verstauten. Der von Westfalia für diesen Zweck angebotene Plastiksack erschien uns denn doch zu mickrig. Später erweiterten wir die Kiste durch Aufnahmen für das Heckbrett unseres Schlauchbootes und die Waschmaschine – einen Weithalskanister, in dem die Schmutzwäsche in der durch die Sonne erhitzten Waschlauge durchgeschüttelt wurde.

Auch sonst erwies sich der James Cook trotz seiner kompakten Abmessungen als akzeptabler Lastesel. Den Vogel hat dabei ein Esstisch mit abklappbaren Wangen abgeschossen. Ihn hatten wir auf einer Radtour rund um Port Grimaud und Saint Tropez in einer Brocante-Scheune gefunden. Am letzten Tag unseres Urlaubs holten wir ihn ab und gönnten ihm den Platz auf dem unteren Bett – woanders wäre er auch gar nicht untergekommen. Das bedeutete logischerweise, dass wir ihn bei jeder Pause und in der Nacht vor das Mobil stellen mussten. Die Trucker haben ganz schön gestaunt, als wir auf einem Parkplatz im strömenden Regen den mit einer Plastikfolie abgedeckten Tisch vor unser Mobil gestellt und uns dann schleunigst zur Kaffeepause ins Mobil zurückgezogen haben. Übernachtet haben wir auf dieser Fahrt dann auf einem Campingplatz. Wir wollten unser neues Stück nicht gleich in der ersten Nacht verlieren.

Dank seiner idealen Verbindung von drinnen und draußen genossen wir mit dem James Cook viele Reisen durch fast ganz Europa und die Türkei. Dass wir dabei, um die komfortablere Liegefläche zu haben, nachts die Sitzgruppe zum Bett umbauen mussten, störte uns wenig. Das Dachbett war uns aus zwei Gründen nicht bequem genug. Erstens war uns die Auflage mit ihren fünf Zentimetern zu dünn. Zweitens gestaltete sich der Abstieg zur Zirkusnummer. In derlei Mobilen bleibt es nicht aus, dass man seinem Partner beim Herumschwenken der Beine zur Leiter die Haare poliert.

Nach sieben Jahren fanden wir es dennoch an der Zeit, den James Cook zu ersetzen. Zumal wir immer häufiger Sicherheitsgurte auf der hinteren Sitzbank vermissten und er auch langsam Altersschwäche zeigte. Durch die undichte Fuge irgendwo in der Regenrinne lief Wasser hinter der GfK-Innenverkleidung herunter und sickerte an der Küche heraus. Ich hatte inzwischen von der Industrie ins Hobby gewechselt, war seit 1992 Redakteur der Fachzeitschrift Reisemobil International. Da lag die Idee nahe, unser nächstes Mobil individuell ausbauen zu lassen und die einzelnen Schritte als Artikelserie in der Zeitschrift zu publizieren. Kurz entschlossen gaben wir unseren James Cook beim Mercedes-Händler in Zahlung und bestellten im November 1996 einen Sprinter-Kastenwagen 313 D mit mittlerem Radstand und ohne Dach.

Mit der Firma Compact-Mobile hatten wir in der Nähe von Schwäbisch Gmünd einen kleinen Individualausbauer gefunden, der es hinnahm, dass wir seinen Arbeitsablauf mit Lampen und Kamera störten und er bestimmte Handgriffe für das optimale Foto mehrfach durchführen musste. Zeitgleich mit dem Ausbau unseres Mobils hatte die Firma Reimo in Egelsbach einen VW-Bus in Arbeit. Auch dessen Entstehung dokumentierten wir und fassten die jeweils passenden Arbeiten in unseren Artikeln zusammen. So konnten wir die einzelnen Arbeitsschritte nicht nur am Beispiel des Sprinters zeigen, sondern allgemeingültig für alle Kastenwagen darstellen und beschreiben.

Um den Ausbau und die vielfältigen Ausstattungsvarianten möglichst komplett zu zeigen, leisteten wir uns für unser neues Sprinter-Reisemobil notgedrungen auch einige Dinge, die wir eigentlich für verzichtbar hielten: Wurzelholz-Armaturenbrett, Leder-Holzlenkrad, Alu-Räder, Motor-Chiptuning und Dekorlackierung, um nur die wichtigsten zu nennen. Keinen Kompromiss gingen wir dagegen beim Grundriss und der Wohn-Ausstattung ein. Entgegen den üblichen Ausbauten konzipierten wir sowohl die Küche wie auch die Toilette herausnehmbar. Den Küchenblock, der ein Stück in den Ausschnitt der Schiebetür hineinragte, wollten wir auch im Freien betreiben können – etwa zum Braten von Fisch. Den Platz der Toilette, die hinten im quer angeordneten Waschraum stand, wollten wir bei Bedarf für sperriges Transportgut nutzen.

Ansonsten orientierte sich der Grundriss an bekannten Mustern. Im Hochdach steckte das Doppelbett, im Gegensatz zu unserem bisherigen James Cook aber nicht mit einer dünnen Matratze auf einer dreiteiligen, nach vorn senkrecht aufstellbaren Unterlage. Wir setzten auf eine durchgehende Platte mit Komfort-Matratze und Froli-Bettauflagen, die sich mittels Gasdruckdämpfern anheben ließ. Die darunter befindliche Sitzgruppe war als breite Vierer-Gegensitzgruppe ausgeführt. An der vorderen Sitzkiste mit hoher Rückenlehne waren Becken-, an der hinteren Dreipunktgurte und Kopfstützen montiert. Gegenüber der Sitzgruppe stand das Küchenmöbel, hinter beiden ging es eine Stufe höher. Links standen weitere, nicht allzu tiefe Stauschränke, rechts steckte halbhoch der Kompressor-Kühlschrank in einem Wäscheschrank. Das Heck belegte die Nasszelle. Vor den voll funktionsfähigen Hecktüren war mittig die Duschtasse eingebaut, unter der im Podest die Campingmöbel Platz fanden. Auf der rechten Seite stand der Waschtisch, links reichte der Kleiderschrank mit einem oberen Wäschefach vom Boden bis zur Decke. Die Toilette mit separatem Tank und Handspülung stand vor dem Kleiderschrank. Eine Faltschiebetür trennte den Nassbereich vom Wohnraum.

Durch die funktionsfähigen Hecktüren gestaltete sich dieser Ausbau als wahres Raumwunder. Obwohl wir einen Vierfach-Fahrradträger auf dem Heck hatten, transportierten wir die Fahrräder auf Wochenendtouren fast immer innen – in Nasszelle und Mittelgang zwischen den Schränken. Die Toilette haben wir außer zum gründlichen Reinigen nie herausgenommen. Den Küchenblock, in dem die Gasflaschen standen und dessen Leitungsanschlüsse mit Schnellkupplungen ausgeführt waren, nur einmal. Statt ihn herauszuwuchten, haben wir doch lieber den Gasgrill angeschlossen. Zum Beispiel, um Fisch zu braten oder zu grillen. Letztlich hat sich der höhere Bauaufwand also in keiner Weise gelohnt.

Im Juli 1997 war unser Sprinter-Kastenwagen komplett fertig, und wir konnten ihn endlich in Betrieb nehmen. Sechs Jahre lang nutzten wir ihn nicht nur zum Reisen, sondern auch als Büromobil und fahrenden Interview-Treffpunkt. Er brachte uns zu ungezählten Presseterminen, Clubtreffen und Fachmessen. Und er diente uns letztlich als Versuchsträger für alle möglichen Geräte und Zubehörteile wie Batterien, Ladegeräte, Wechselrichter, Solarmodule, Wasserentkeimungs-Systeme, Schneeketten oder Auffahrmatten. In, an und mit ihm machten wir Vergleichstests von Putz-, Reinigungs- und Poliermitteln aller Art und verglichen die Wirkungsweise von Toilettenzusätzen – sowohl im Spül- als auch im Fäkaltank.

Dass wir ihn trotzdem bereits nach sechs Jahren verkauft haben, hing damit zusammen, dass wir rechtzeitig vor dem Eintritt in das dritte Lebensalter jenes Reisemobil fertig gestellt und ausgetestet haben wollten, mit dem wir nach dem Erwerbsleben auf eine mehrjährige Weltreise gehen wollten. Und das sollte ein allradgetriebenes Expeditionsmobil auf MAN-Basis sein.

Klingt eigentlich nicht nach Midlife-Crisis, oder?

Aber bitte mit Dusche

Wir Reisemobilisten sind, davon bin ich felsenfest überzeugt, nicht nur begnadete Bastler, unermüdliche Tüftler und begeisterte Konstrukteure. Viele von uns sind in ihrem tiefen Inneren auch irgendwie davon überzeugt, besser als die etablierten Hersteller zu wissen, was richtig und wichtig ist beim Bau von Reisemobilen. Oder anders ausgedrückt, was die Hersteller bisher verschlafen haben.

Diesen Eindruck muss man jedenfalls bekommen, betrachtet man die anlässlich der diversen Leser-Ausschreibungen der Fachpresse eingesandten Grundrissvorschläge und Detaillösungen. Sei es für das ultimative Kompaktmobil, das ideale Frauenmobil, das Vehikel für echte Kerle oder das innovative Zukunftsmobil. Doch sie alle verbindet, dass sich die widersprüchlichen Einsender-Vorschläge nur schlecht oder überhaupt nicht unter einen Hut bringen lassen. Die Folge: Die wenigsten dieser aus Kompromissen entstandenen Mobile waren bisher am Markt erfolgreich. Nicht selten waren die Einsender bitter enttäuscht darüber, was aus ihren Ideen letztlich gemacht worden war. Fast immer bestätigte sich der Volksmund, der behauptet, dass viele Köche einen Brei nur verderben können.

So verschieden wie die Reisemobilisten selbst, so unterschiedlich sind auch ihre Vorstellungen von dem Gefährt, das sie in die große Freiheit bringen soll. Vor allem, was das ideale Mobil für die Generation 50plus betrifft, klaffen die Auffassungen sperrangelweit auseinander. Dabei ist doch klar, dass persönliche Vorlieben, individuelle Gewohnheiten, körperliche Verfassungen und finanzielle Möglichkeiten nach mehreren Jahrzehnten Lebenserfahrung und einem ausgefüllten Arbeitsleben viel zu weit auseinanderklaffen, als dass man von einer homogenen Generation 50plus sprechen könnte.

Da gibt es welche, die sind vom Alkovenmobil überzeugt, weil es ihnen trotz kompakter Abmessungen viele Schlafplätze bietet. Andere begeistern sich für die Vollintegrierten mit ihren unvergleichlichen Panorama-Ausblicken und die bis an die Windschutzscheibe reichenden Wohnräume. Eine dritte Gruppe steht auf windschnittige, sparsame Reisemobile mit serienmäßigen Fahrerhäusern und kauft deswegen Teilintegrierte. Und es gibt Interessierte, die sind auf der Suche nach wendigen, unauffälligen Fahrzeugen, die ihnen Alltagsvehikel und Reisemobil in einem sein sollen, und werden in dem riesigen Angebot an Vans und ausgebauten Kastenwagen fündig. Und letztlich gibt es sogar unter den Siebzigjährigen noch genügend Forschertypen und Nomaden, die es in menschenleere Wüsten, Steppen oder Gebirgsregionen unseres Planeten zieht. Sie touren mit den unterschiedlichsten Vehikeln durch die Welt, deren wichtigste Gemeinsamkeit ihre Robustheit und Allradantrieb ist.

Natürlich stimmt, dass die Größe der Reisefamilie die Anzahl der Betten bestimmt. Deshalb entscheiden sich Familien mit zwei oder mehr Kindern für Alkovenmobile – auch gestützt durch deren erschwingliche Preise. Es gibt aber auch viele gleich große, abenteuerlustige Familien, bei denen die Outdoor-Aktivitäten im Vordergrund stehen und die deswegen selbst zu fünft im VW-Bus reisen. Andererseits gibt es Best-Ager-Paare, die aus praktischen Erwägungen heraus auf Alkovenmobile mit vier Schlafplätzen setzen. Nicht, weil sie ständig zwei Gäste, Kinder oder Enkel mitnehmen wollen. Sie schätzen die zwei Schlafstätten, in denen sie getrennt und ohne störende Schnarcherei – jeder auf seinem Bett im Kingsizeformat von 200 mal 140 Zentimetern – schlafen können. Von der schärfsten Variante des Getrenntschlafens haben wir vor Jahren anlässlich eines Sicherheits-Trainings erfahren. In diesem Fall hat der Herr des rollenden Hauses nicht nur das hintere Doppelbett für sich beansprucht und seine Frau in den Alkoven verwiesen. Unter Hinweis auf den dringend benötigten

Sauerstoff hat er zudem darauf bestanden, dass der Dachlüfter über ihrem Bett die ganze Nacht geöffnet bleibt. Flehend bat Madame die versammelte Runde erfahrener Reisemobilistinnen um Rat, ob sie allen Ernstes ihre Rückenschmerzen, die ständigen Erkältungen und das sich abzeichnende Rheumaleiden ertragen müsse, nur um – wie ihr Mann behauptet – nachts nicht im Mobil ersticken zu müssen.

Außer den beiden supergroßen Betten punkten die Alkovenmobile durch die zumeist größeren Küchen, die hohen Staukapazitäten, das praxisbezogene, schnörkellose Design und nicht zuletzt ihren günstigen Anschaffungspreis.

In den letzten Jahren sind die Teilintegrierten- oder Halbalkoven-Mobile zu echten Rennern geworden – ganz aktuell in ihrer Form als maximal 2,15 Meter breite so genannte Vans. Durch ihre günstigeren Preise, crashgeprüfte Fahrerhäuser, schnell und preiswert erhältliche Ersatzteile für den Vorderwagen und pfiffige Grundrisse mit der Möglichkeit, im Winter den Kältespeicher Fahrerhaus vom Wohnraum abzutrennen, haben sie viele Paare vom ursprünglichen Traum Vollintegrierter weggebracht. Allerdings mussten einige von ihnen dann feststellen, dass sie nun Schwierigkeiten haben, ihre Enkel mitzunehmen. Denn im Gegensatz zu den Vollintegrierten mit ihren komfortablen Hubbetten bieten nicht alle Teilintegrierten akzeptable Gästeschlafstätten.

Ähnlich unterschiedlich wie bei der Art des Wohnaufbaus sind die Wünsche der Reisemobilisten für die innere Ausgestaltung ihrer Fahrzeuge. So wünschen sich die einen große Küchenbereiche, an denen sie aufwändige Festmenüs zaubern können. Anderen reicht eine Mini-Kaffeeküche. Sie gehen für die eine feste Mahlzeit pro Tag, die sie sich ihrer Fitness zuliebe noch gönnen, lieber in ein schickes Restaurant oder eine rustikale Taverne. Oder sie brutzeln sich ihr Menü auf dem Gas- oder Holzkohlegrill vor dem Mobil.

Das Gleiche trifft auf die anderen Funktionsbereiche zu. Auch hier hat jede Crew ihre eigenen, ganz speziellen Vorstellungen. Für viele ist eine separate Dusche unverzichtbar. Sei es auch nur, dass sie als Vorrats- oder Trockenraum für nasse Surf- oder Tauchanzüge, Rad- oder Skibekleidung herhalten muss. Andere sparen lieber die für eine Dusche einzuplanenden 60 Zentimeter ein, um die Gesamtlänge möglichst kompakt zu halten. Heiß geht es auch bei der Diskussion um die idealen Betten her: Einzel- oder Doppelbetten quer, längs oder mittig im Schlafraum platziert, Stockbetten im Heck oder je eine Schlafstatt vorn im Hub- oder Alkovenbett, die andere hinten über der Fahrradgarage?

Bleibt noch die meist vorn platzierte Sitzgruppe. Um Fahrzeuglänge zu sparen, schwören die einen auf drehbare Fahrerhaussitze plus Halbdinette. Andere möchten nicht auf ein abtrennbares Fahrerhaus verzichten und bevorzugen deswegen eine Vierer-Gegensitzgruppe. Äußerst beliebt bei den Best-Agern sind auch die so genannten Bar-Sitzgruppen mit separatem, ergonomischem Piloten-Einzelsitz hinter dem Esstisch oder Sitzgruppen-Varianten mit sich gegenüber stehenden, bequemen Couchen hinter den drehbaren Frontsitzen.

Die Liste ließe sich beliebig fortsetzen. Vor allem, weil das alles auch noch unter dem Gesichtspunkt des zulässigen Gesamtgewichts überdacht werden muss. Denn für immer mehr Reisemobilisten ist die 3,5-Tonnen-Grenze das wichtigste Kriterium beim Kauf eines neuen Mobils. Führerscheinklassen, Tempolimits, Überhol-, Durch- und Einfahrverbote sowie die ständig steigenden Mautgebühren in Europa haben sie so mürbe gemacht, dass sie kein schwereres Mobil mehr fahren möchten und dafür lieber Einschränkungen bei Raumgefühl, Komfort und Autarkie in Kauf nehmen.

Um das passende Freizeit-Fahrzeug zu finden, reicht es demzufolge nicht aus, sich über die Aufbauart im Klaren zu sein. Auch wenn man das Fahrzeug nicht selbst oder von einem Spezialisten individuell ausbauen lassen möchte, kommt man nicht umhin, sich sein ganz persönliches Pflichtenheft anzulegen – wie die Industrie so etwas nennt. Dieser Wunschzettel enthält alles, was einem persönlich wichtig ist. Bettenanzahl, deren Abmessungen und Liegekomfort sowie das Preislimit werden die wichtigsten Eckpunkte sein. Darüber hinaus spielt eine entscheidende Rolle, ob man eher ein Wohn- oder ein Reisefahrzeug sucht. Denn nach wie vor gilt die Binsenweisheit: Je stärker das Reisen gegenüber dem Wohnen im Vordergrund steht, umso kompakter muss das Fahrzeug sein. Oder anders ausgedrückt: Beim Fahren so klein, beim Wohnen so groß wie möglich.

Will man an seiner Wahl uneingeschränkt Freude haben, kommt man außerdem nicht umhin, in sein Pflichtenheft die ganz persönlichen Wünsche und Vorstellungen für alle Funktionsbereiche des Fahrzeugs aufzunehmen. Als da wären: das Sitzen während der Fahrt und zum Essen oder Klönen, das Kochen samt Kühlen der Vorräte, das Waschen und Duschen, das Schlafen, die erforderliche Staukapazität oder die gewünschte Autarkie. Je nach persönlichem Bedarf kommen dazu noch Forderungen für die Winterfestigkeit, die Hobbys oder was sonst der Einzelne mit diesem Mobil alles anstellen möchte.

Erst wenn dieser individuelle Forderungskatalog komplett ist, sollte man sich mit ihm auf die Suche nach einem geeigneten Fahrzeug machen. Und vor dem Kauf empfiehlt sich, mindestens ein verlängertes Wochenende in einem entsprechenden, zumindest aber vergleichbaren Mietmobil zu verbringen. Das hilft nach wie vor am besten, einen Fehlkauf zu vermeiden.

Früher hat man Einsteigern allen Ernstes empfohlen, sich mit allen Mitreisenden über das Wochenende im heimischen Bad einzusperren. Aber das war schon damals ziemlicher Unsinn.

Gewusst, wo

Als ich unsere Reisemobile als Kastenwagen-Ausbauten noch selbst geschreinert, montiert und verkabelt habe, kannte ich jedes Gerät und jedes noch so unbedeutende Einbauteil. Ich war mit jeder Schraube und jeder Schlauchschelle quasi per Du. Nichts konnte mich unterwegs erschrecken. Ruck, zuck hatte ich den Fehler gefunden und meist auch bald Abhilfe geschaffen. Die Geräte und Bedienelemente waren in jener Zeit allerdings auch noch nicht so kompliziert wie heute. Man musste noch nicht so viele Kabel und Leitungen durch Wände und Möbel ziehen. Und das Beste: Die Funktionsweise dieser einfachen Geräte erklärte sich meist von selbst.

So simpel ist das heute nicht mehr. Ich weiß ja nicht, wie es anderen geht – vielleicht liegt es ja sogar am Alter –, aber ich habe irgendwie ständig Stress mit Bedienungsanleitungen. Vor allem mit solchen, die eigentlich gar keine sind, obwohl es auf ihrem Einband steht. Kaum habe ich ein neues Teil nach Hause geschleppt und erwartungsvoll ausgepackt, schon geht der Kampf los – montieren, installieren, formatieren, synchronisieren, kopieren, downloaden, scannen, updaten … Die coolen Jungstars in den Hotlines sind mir auch meist keine große Hilfe. Im Gegenteil. Sie vermitteln mir zunehmend das Gefühl, dass sie mich für ziemlich bescheuert halten.

Ganz so schlimm ist es bei unseren heutigen Reisemobilen mit ihrer Vielfalt unterschiedlichster Geräte zum Glück nicht. Aber Gebraucht- und Mietfahrzeugen, manchmal sogar Neufahrzeugen liegen nicht selten gar keine oder nur solche Bedienungsanleitungen bei, die nicht in vollem Umfang mit dem erworbenen Modell in Einklang zu bringen sind. Die Gründe dafür sind vielschichtig. Mal hinkt der Hersteller mit dem Einarbeiten der technischen Änderungen durch neue Gerätegenerationen hinterher. Mal spart er sich schlichtweg, alle lieferbaren Sonderausstattungen in den Bedienungsanleitungen zu berücksichtigen.

Um den Kunden dennoch die Hilfsmittel für den Betrieb oder die Lösung technischer Probleme bei den einzelnen Geräten an die Hand zu geben, packen viele Reisemobil-Hersteller kurzerhand die Montage- und Bedienungsanleitungen aller eingebauten Geräte in einen Karton, eine Plastikmappe oder einfach nur in die Besteckschublade des Küchenmöbels. In ihnen kann der technisch Interessierte und Versierte dann außer den Bedienungshinweisen zum Beispiel auch lesen, an welcher Stelle und in welcher Größe die Jungs am Band die Wandöffnungen für den Kühlschrank ausfräsen, wie sie den Herd mit der Gasversorgung verbinden oder welche Schläuche und Kabel sie an welcher Stelle an die Kassetten-Toilette anschließen sollten.

Schön wäre es, wenn sich in dieser Mappe immer die Anleitungen derjenigen Geräte befänden, die auch tatsächlich in das jeweilige Fahrzeug eingebaut sind. Doch das ist leider nicht immer der Fall. Ich erinnere mich zum Beispiel an einen Vollintegrierten auf Mercedes Sprinter, in dessen Handschuhfach die Bedienungsanleitung für ein Alkovenmobil auf Fiat Ducato steckte. In einem anderen Fall befand sich im mitgegebenen Faltkarton die Bedienungs-Anleitung für eine Truma-Heizung. Im Kleiderschrank wartete aber eine Alde-Warmwasser-Heizung auf mein Startsignal. Nur wie bei den vielen Knöpfen? Bei dem damaligen Modell musste man insgesamt vier Schiebeschalter oder Drehknöpfe betätigen, um es anzuwerfen.

Schier unüberwindbare Hindernisse tauchen selbst für erfahrene Reisemobilisten und begeisterte Tüftler dann auf, wenn im Mobil Geräte verbaut sind, die sie noch nie gesehen haben und für die keinerlei Einbau- und Bedienungsanleitungen zu finden sind. Uns hat es vor Jahren auf diese Art mal mit einer Alarmanlage mit Wegfahrsperre erwischt. Aus einer Pkw-Anlage hervorgegangen, war sie für Reisemobile erweitert und in den Testwagen eingebaut worden, mit dem wir die Freizeitmesse Tourismus & Camping im novemberkalten Leipzig besuchen wollten. Schon von Anfang an wollte die Alarmanlage nicht so wie wir. So lebte sie nächtens ihre Marotten bereits in Leipzig auf dem Stellplatz des Messegeländes aus, hupte und blinkte bei der leichtesten Bewegung im Mobil. Uns blieb nichts anderes übrig, als uns mit dem Ruhestörer ein Plätzchen weitab aller anderen Mobile zu suchen. Das Highlight setzte sie jedoch auf der Rückfahrt. Nach einem Tankstopp etwa hundert Kilometer von zuhause entfernt, hatte sie gegen 22:00 Uhr endgültig die Nase voll von unbezahlter Sonntagsarbeit. Wir konnten veranstalten, was wir wollten, unser Achtmeter-Mobil tat keinen Mucks.

Kein Problem. Für den Fall der Fälle hatte uns ja der Hersteller zwei Hotline-Nummern mitgegeben. Doch zu unserem Leidwesen erreichten wir um diese Zeit weder beim Reisemobil-Hersteller noch beim Importeur der Alarmanlage eine Menschenseele. Auf beiden Hotlines war noch nicht mal eine Ansage wie bei manch anderem Hersteller aufgesprochen, die uns erfreut mitgeteilt hätte, unseren Anruf gern während der Geschäftszeit von Montag um 8:00 bis Freitag um 14:00 Uhr entgegennehmen zu wollen.

Also ADAC. Der Gelbe Engel, dick in einen grauen Winter-Overall vermummt und ganz ohne Flügel, rückte auch alsbald an. Routiniert erkundigte er sich nach unseren Problemen, packte seinen Computer aber erst gar nicht aus, als er begriff, dass uns die Wegfahrsperre der Alarmanlage zu schaffen machte. »Alles zwecklos«, wusste er aus nächtelanger Fummelei mit Unterbrechung der Elektrik an allen möglichen Stellen und allen denkbaren sonstigen Tricks, die er als alter Fuchs draufhatte. »Wenn Sie die Sperrung nicht durch Eingabe einer Codenummer deaktivieren«, erklärte er uns wenig tröstlich, »können Sie den Motor nie und nimmer starten.« Nun ja, wenigstens konnten wir unseren nicht so arg hilfreichen Engel dazu überreden, unser Sechstonner-Mobil mit seinem zierlichen Opel Zafira auf den Rastplatz hinter der Tankstelle zu schleppen. Dort verbrachten wir dann den Rest der Nacht. Zum Glück war die Heizung nicht blockiert.

Am nächsten Morgen ging alles ratzfatz. Um halb acht Uhr beim Hersteller angerufen, durchgefragt zum Chefelektriker, Codenummern und Versteck des Displays erfragt, auf diesem zwei Knöpfe in bestimmter Reihenfolge gedrückt, dadurch Sperrung aufgehoben, Zündschlüssel umgedreht. Wrumm. Alles okay.

Eines habe ich mir seit dieser Nacht geschworen: Ich fahre nie mehr ohne meine persönliche Handakte los. Was die darin enthaltenen Bedienungs-Anleitungen betrifft, so habe ich zwei Versionen. Nummer eins ist für Miet- und Testfahrzeuge gedacht, Nummer zwei für unser eigenes Mobil. Die umfangreichere Version ist verständlicherweise die für fremde Fahrzeuge, die ich allen Vermietern nur dringend empfehlen kann. Sie enthält die Unterlagen aller wichtigen Geräte, die in den gängigen Reisemobilen verbaut sein können – also zum Beispiel die Bedienungs-Anleitungen der diversen Heizsysteme, Klimaanlagen oder Kühlschränke. Wer weiß schon im Detail, was einen bei einem bestimmten Fahrzeug erwartet? Ohne eine brauchbare Bedienungsanleitung auszuhändigen, können sich die Vorbesitzer, Vermieter oder Verkäufer bei der Übergabe des Reisemobils noch so viel Mühe geben. Schon daheim hat man ausgerechnet die komplizierten Schaltvorgänge schon vergessen. Aber erst unterwegs? Im Stress, wenn die Heizung nicht funktioniert und die Familie schon meutert?

Sicher, im Zeitalter des Internets könnte man sich das alles binnen kürzester Zeit von irgendwo herunterladen. Aber unterwegs, weit weg von jedem Hotspot? Für viel Geld mit Handy oder anderen Spielzeugen?

Weitaus dünner ist meine Handakte für unser eigenes Mobil. In der hefte ich selbstverständlich nur die Bedienungsanleitung der Geräte ab, die in unserem Mobil verbaut sind und die wir als Zubehör dabeihaben. Sie ergänze ich durch einige Seiten mit den wichtigsten Ersatzteil-Nummern für die elektrischen Geräte, die Heizung, die Toilette und die Wasserfilter-Anlage. Und schließlich enthält dieser Ordner neben persönlichen Aufzeichnungen auch sonstige wichtige technische Hinweise. Zum Beispiel für das Reinigen und Desinfizieren der Wasseranlage. Je nach Hobby sollten in der Handakte auch die Unterlagen für den tragbaren Stromgenerator, das Boot, den Außenbordmotor, die Fahrräder, das Motorrad, den Motorroller, das Quad, oder welches Equipment man sonst noch mit auf Reisen genommen hat, abgeheftet sein.

Letztlich achte ich streng darauf, dass ich alle eventuellen PIN- und Codenummern dabeihabe. Die notiere ich mir aber nicht bei den technischen Geräten, sondern – nach einem bestimmten System – als getarnte Telefon-Nummern. Wer vermutet schon, dass Tante Cindy in Berlin in Wahrheit eine Alarmanlage ist, deren Typenbezeichnung mit C beginnt und deren Importeur in Berlin sitzt?

So weit die Handakte für die Technik. Zusätzlich habe ich eine weitere Handakte, in der ich alle möglichen Informationen sammele, die für das Fahren und Reisen von Bedeutung sind. Neben Broschüren von Automobilclubs hefte ich hier Zeitungs- und Zeitschriftenartikel genauso ab wie Versicherungs-Unterlagen, Dokumentenkopien, persönliche Notizen und Auflistungen der für uns wichtigsten Adressen. Schließlich enthält meine Handakte unsere umfangreiche Checkliste für die Reise, die ich diesem Buch angefügt habe.

Die individuelle Handakte kann das gesamte Spektrum des Reisemobil-Tourismus umfassen. Von Tabellen über Verkehrsvorschriften bis zur Gasversorgung in Europa, von Infos über mautfreie Strecken bis zur Möglichkeit des freien Stehens, von Zollbestimmungen bis zu empfohlenen Impfungen und schließlich eine Vielzahl von Adressen und Telefonnummern – etwa von Versicherungen, ärztlicher Nothilfe, bis zu Visa-Diensten. Und sie lässt sich, je nach persönlichen Wünschen und Bedarf, schier unendlich erweitern. Zum Beispiel durch Infos über Stellplätze, durch Unterlagen über die individuelle, medizinische Notfall-Versorgung oder die Durchwahlnummer des Bankers seines Vertrauens. Falls es den heute noch gibt.

Was du nicht willst …

Ich frage mich manchmal, wenn ich auf dem Weg zum Supermarkt den Legionen verwuschelter Campingbusbesitzer begegne, die sich ohne Rücksicht auf die Gewohnheiten der einheimischen Bevölkerung bis in die Naturschutzgebiete hinein überall breitmachen, ihren mitgebrachten Kaffee und Saft trinken und ihr Aldi-Müsli essen, wie viel Toleranz würden diese Deutschen daheim wohl gegenüber sich ähnlich verhaltenden Südländern aufbringen?« Sie klingt verbittert, diese Deutsche, die seit zwanzig Jahren in Griechenland wohnt.

Auch wenn das nur Auswüchse und Ausnahmen sein mögen, vielleicht missverstehen wir Deutschen die Lockerheit des Südens tatsächlich und machen uns als Schmarotzer unbeliebt. Sicher, die Zeiten sind vorbei, als wir – vor über vierzig Jahren – begannen, uns Europa und die Welt in unseren zumeist selbst ausgebauten VW-Bussen zu erschließen. Die damals rund 10.000 in Deutschland zugelassenen Mobile fielen im Straßenbild kaum auf. Im Ausland schon gar nicht. Heute, bei bald einer halben Million zugelassener Reisemobile und Freizeit-Fahrzeuge allein in Deutschland, ist die Situation naturgemäß eine völlig andere. Verstecken ist nicht mehr. Unsere Mobile fallen auf, sie polarisieren und – sie gehen vielen auf die Nerven.

Es ist eine gehörige Portion Fingerspitzengefühl erforderlich, die Eigenarten eines Urlaubslandes zu ergründen und sich entsprechend als guter Gast zu verhalten. Denn eigentlich ist es doch mehr als angenehm, dass in vielen Ländern – besonders im Süden Europas – zwar wie bei uns das meiste durch Gesetze und Bestimmungen geregelt ist, dass sich dort das Zusammenleben aber in erster Linie an Selbstverantwortung und gesundem Menschenverstand orientiert. Wie wäre es sonst möglich, dass ungezählte offizielle, offiziöse und selbst gemalte

Schilder an südlichen Stränden auf striktes Camping-Verbot hinweisen, dass sich in der Vorsaison aber niemand daran stört, wenn sich dort Reisemobile breitmachen?

Auch wenn solche Urlaubsländer uns gegenüber scheinbar unerwartet großzügig und tolerant auftreten, sollten wir Reisemobilisten uns darüber im Klaren sein, dass unsere heiß geliebte und viel beschworene Freiheit auf Rädern dort endet, wo wir die Rechte anderer berühren oder gar beschneiden. Wir sollten uns darüber hinaus verinnerlichen, dass wir auf Reisen nur dann wirklich unvergessliche Erfahrungen sammeln können, wenn wir uns den meist aufgeschlossenen Bewohnern des Urlaubslandes mit Einfühlungsvermögen, Taktgefühl und Respekt nähern. So, wie man es von Gästen gegenüber ihren Gastgebern erwarten kann.

Den Grundsatz unserer Ahnen verstand jedes Kind: »Was du nicht willst, das man dir tu, das füg' auch keinem andern zu!« Leider scheinen heute viele Kinder von einst solch einfache Weisheiten nicht mehr zu kennen. Ellenbogen, Egoismus und Rechthaberei, so hat es den Anschein, sind mehr gefragt als Rücksichtnahme, Geduld und Toleranz. Und das ist wohl auch bei uns Reisemobilisten so. Nicht nur im Ausland. Auch daheim.

Es ist doch beschämend, was sich teilweise auf Reisemobil-Stellplätzen abspielt. Immer wieder beobachten wir Reisemobil-Besatzungen, die sich mit großem Erfindungsreichtum davor drücken, den geforderten Obolus für die Nacht zu entrichten. Zum Trost, gegen andere EU-Bürger sind wir da dennoch fast Waisenknaben. Manche kommen bewusst erst so spät am Abend auf die von Gemeinden oder Privatpersonen speziell ausgestatteten Plätze und brechen am Morgen so früh auf, dass sie von niemandem zum Bezahlen aufgefordert werden können. Spenden? Fehlanzeige.

Andere übersehen geflissentlich die Hinweistafeln auf Parkplätzen, einen Extra-Parkschein für die Übernachtung zu lösen. In der Hoffnung, es werde an Sonn- oder Feiertagen schon niemand die Zettel hinter der Windschutzscheibe kontrollieren, schnorren sie sich so die eine oder andere Gratisübernachtung auf einem Park- oder Stellplatz zusammen. Nicht selten sind es dann genau diese Zeitgenossen, die sich am lautesten beschweren, wenn ein Jahr später an solchen Plätzen sogar das Parken für Reisemobile verboten ist. Aber darf es uns wirklich verwundern, wenn sich die Verantwortlichen dem inzwischen akzeptierten Reisemobil-Tourismus wieder verschließen, wenn sie feststellen, dass zu viele Laumänner unterwegs sind?

Doch auch untereinander gibt es Zoff. Da giften sich auf Stellplätzen Hundebesitzer und Hundegegner an. Durchreisende Einmal-Übernachter werden von Stellplätzen ausgesperrt, indem reisemobile Dauercamper freie Flächen mit quer stehenden Biertisch-Kombinationen für angeblich demnächst anreisende Freunde frei halten. Oft genug muss man sich als Spätankömmling einen Platz regelrecht erstreiten, weil ein Schnellerer seinen gesamten Fuhrpark aus Reisemobil, Transportanhänger und Personenwagen nebeneinander aufgebaut hat. Aber gnade ihm Gott, ein Caravaner würde versuchen, mit seinem Gespann auf einem Reisemobil-Stellplatz zu übernachten! Es mag ja sein, dass uns der alltägliche Ärger und Stress auch in der Freizeit nicht loslassen. Aber müssen wir uns deshalb unser schönes Hobby durch Zoff und Intoleranz vermiesen?

Es wäre auch schön, wenn wir mehr Gemeinsinn zeigen würden. Auf den Stellplätzen mag es ja noch gehen. Da ist man Kumpel unter Kumpeln. Aber unterwegs? Längst sind die Zeiten vorbei, als wir Reisemobilisten uns bei Begegnungen noch durch die Lichthupe oder Handheben gegrüßt haben. Okay, mit der Lichthupe warnen wir uns auch vor Radarfallen, und die Trucker signalisieren uns mit ihren

Lichtorgeln, dass wir vor ihnen einscheren oder abbiegen können. Übrigens: Weil wir gerade dabei sind, ich frage mich immer, wie die Trucker das mit ihren bis zu zwölf Scheinwerfern bei der jährlichen Hauptuntersuchung machen. Bei mir nölte der Dekra-Mann schon mal bei sechs Lampen rum.

Aber meist ist die Verkehrssituation doch so, dass es keine Verwechslungen beim Lichthupen geben kann. Ich werde jedenfalls entgegenkommende Reisemobilisten auch weiterhin mit dem Fernlicht grüßen – auch wenn es Tage gibt, an denen ich die Finger kaum vom Lichthebel kriege. Sollte das mein Gegenüber missverstehen, als Warnung vor einer Radarfalle verstehen und den Fuß vom Gas nehmen, wäre das ja auch nicht weiter tragisch. Dann hätte ich ihm vielleicht sogar eine Bußgeld-Zahlung erspart und damit nach Pfadfinder-Ideologie meine tägliche gute Tat vollbracht.

Reisen statt Rasen

Hundert Meter voraus steht die Ampel auf Rot. Ich nehme den Fuß vom Gas und lasse das Reisemobil rollen. Nicht schwer zu erraten, was nun passiert. Richtig. Aus dem Nichts hinter unserer undurchsichtigen Rückwand schießt schwarz, breit und stark ein Tiefflieger mit dröhnenden Bässen auf die linke Spur, beschleunigt voll, um schließlich mit einer harten Bremsung genau neben mir vor der Ampel zum Stehen zu kommen. Unsachlicher Kommentar: Solange sich die Bübchen das noch leisten können, wird es um uns und unsere Wirtschaft nicht so schlecht bestellt sein, wie uns weisgemacht wird. Ernsthaft: Spätestens seit ich ein Eco-Training absolviert habe, lassen mich solche Rennfahrerspielchen kalt. Und das war zum Leidwesen von Christa nicht immer so. Die könnte da Dinger erzählen.

Das mit dem Eco-Training kam so. »Senken Sie Ihren Kraftstoffverbrauch durch eine bewusste Fahrweise um bis zu zwanzig Prozent, und reduzieren Sie dabei auch gleich den Verschleiß von Antrieb und Bremsen deutlich!«, verhieß die Hochglanz-Broschüre, die bei unserem Mercedes-Händler an der Kaffeebar neben den Espressotassen lag. Zwanzig Prozent, das wären bei einem Reisemobil über zwei Liter. Es interessierte mich, ob diese Ersparnis auch mit Reisemobilen zu erreichen wäre. Denn die sind in aller Regel keine Wunder an Windschlüpfigkeit. Vor allem dann nicht, wenn auf deren Dächern Trägersysteme, Dachkoffer, Solarmodule, Sat- oder Klimaanlagen den Fahrtwind verwirbeln. Neugierig füllte ich das Anmeldeformular für ein Eco-Training mit Lastwagen aus. In der Hoffnung, das dabei Gelernte würde eher auf unsere Reisemobile übertragbar sein als die Erfahrungen mit Personenwagen. Zwei Tage später hatte ich einen Termin.

Wie üblich bei solchen Veranstaltungen stand zunächst Theorie auf dem Stundenplan – Fahrphysik und Fahrtechnik. Auf einen Nenner gebracht, ging es um die Fahrwiderstände und darum, wie man sie möglichst niedrig hält. Als größter Kraftstofffresser wurde der Luftwiderstand gebrandmarkt, in den die Fahrzeug-Stirnfläche, der Luftwiderstandsbeiwert – der so genannte cw-Wert – und die Geschwindigkeit im Quadrat eingehen. Bei Stirnfläche und cw-Wert haben unsere Reisemobile naturgemäß schlechte Karten, beim gefahrenen Tempo weniger. Zusätzlich zum Luftwiderstand muss unser Mobil – genauer: dessen Motor – den Rollwiderstand überwinden und beim Bergaufklettern die Steigleistung erbringen. Wobei die beiden Letzteren sehr stark vom tatsächlichen Gewicht des Reisemobils beeinflusst werden.

Bevor wir auf die Straße losgelassen wurden, mussten wir erst noch die Lehren aus der Physik ziehen. Nummer eins: Alles Unnötige soll zuhause bleiben. Auf Reisemobile gemünzt, bedeutet das ganz speziell, nur so viel Frischwasser mitnehmen, wie unterwegs unbedingt gebraucht wird, Abwasser- und Fäkalientanks so oft wie irgend möglich leeren, Campingmöbel, Geschirr, Gläser, Töpfe und Pfannen aus möglichst leichtem Material wählen und Lebensmittel lieber vor Ort kaufen, als vom heimischen Discounter mitschleppen.

Nummer zwei: Um den Luftwiderstand möglichst klein zu halten, am besten gar nichts aufs Dach packen – lieber übereinander ans Heck. Aber wenn es schon absolut nicht zu umgehen ist, dann wenigstens flach verteilt und fest verzurrt. Auf keinen Fall mit flatternder Plane. Nummer drei: Den Rollwiderstand kann man minimieren, indem man keine grobstolligen Reifen aufzieht, stets auf den richtigen Fülldruck achtet – ihn bei Beladung entsprechend erhöht – und möglichst nicht durch wassergefüllte Spurrillen oder ähnliche Hindernisse pflügt.

Nach der Mittagspause ging es endlich auf den Bock, um das Gelernte in die Praxis umzusetzen. Dazu waren die Cockpits der 44-Tonner-Sattelzüge mit Messgeräten aller Art vollgestopft. Mit denen ermittelten die Instrukteure auf den Beifahrersitzen den Momentan- und den Durchschnittsverbrauch, zählten die Schalt- und Bremsvorgänge, stoppten die Fahrzeiten der einzelnen Streckenabschnitte und addierten sie zur Gesamtfahrzeit. Den ersten Umlauf fuhren wir Kursteilnehmer ohne Beeinflussung durch den Instrukteur. Nach einer kurzen Auswertung der Ergebnisse ging es zum zweiten Mal auf die gleiche Strecke. Jetzt aber unter ständiger Anleitung des Profi-Beifahrers, dessen häufigster Einwurf »Nicht schalten, ziehen lassen!« war.

Doch das Sparen beim Fahren beginnt nicht erst auf der Strecke, sondern bereits mit dem Starten des Motors. Moderne Turbo-Dieselmotoren holen sich dazu exakt so viel Kraftstoff, wie sie brauchen. Also zum Anlassen Gang raus und Füße weg von Kupplung und Gaspedal. Todsünde: Gasstöße beim Anlassen. Die Vorwärmung durch eine Standheizung kann dem Motor das Starten in der kalten Jahreszeit deutlich erleichtern. Ist der Motor angesprungen, sollte man sofort und behutsam losfahren, auf keinen Fall den Motor im Stand warmlaufen lassen und währenddessen die Scheiben abkratzen. Der Motor erwärmt sich beim Fahren viel schneller und gleichmäßiger – und mit ihm auch das Getriebe und der Achsantrieb.

Im kalten Zustand spritzt das Motormanagement sehr viel Kraftstoff in den Motor. Deshalb sollte zunächst nur mit maximal zwei Drittel der Volllast-Drehzahl gefahren werden. Erst wenn der Motor seine Betriebstemperatur von etwa 80 Grad erreicht hat, kann man mehr Gas geben.

Doch auch dann gilt die Erkenntnis, dass hohe Drehzahlen mehr Einspritzungen pro Minute und damit höheren Kraftstoffverbrauch bedeuten. Die ganze Sparkunst besteht also darin, den Motor im optimalen Drehmomentbereich mit möglichst niedriger Drehzahl arbeiten zu lassen. Die Mittel dazu sind vielfältig. Erstens ganz klar: Kein Vollgas-Dauerheizen – Reisen statt Rasen. Der zweite wichtige Grundsatz lautet, in allen Geschwindigkeiten mit dem höchstmöglichen Gang zu fahren. Das kann bei Tempo 50 km/h auf flacher Strecke je nach Motor und Getriebe durchaus der fünfte oder sechste Gang sein. Drittens kann man, zum Beispiel bergab, in einem höheren Gang anfahren und beim Beschleunigen nicht alle Gänge durchschalten, sondern einzelne Gänge überspringen. Zum Beispiel eins-zwei-vier-sechs oder eins-drei-fünf durchschalten.

Auf Strecke hilft vor allem vorausschauendes Fahren, um unnötiges Bremsen und anschließendes Beschleunigen zu reduzieren und dadurch den Kraftstoffverbrauch und den Verschleiß zu minimieren. Das Allheilmittel heißt Fuß vom Gas und den Schwung ausnutzen zum Heranrollen an Hindernisse, Bergkuppen, Kurven, Autobahnausfahrten, Tempolimits, Ortsschilder oder Ampeln. Im Schiebebetrieb saugt der Motor nämlich nur Luft an, verbraucht null Sprit. Das gilt aber nur für den Schiebebetrieb, sprich bei eingelegtem Gang. In dem Moment, in dem man die Kupplung tritt oder in den Leerlauf schaltet, nuckelt sich der Motor wieder etwas Kraftstoff aus dem Tank. Außer man hat, was es seit Neuestem auch für Transporter gibt, eine Eco-Start-Automatik. Die stellt den Motor an Ampeln komplett ab.

Es ist immer wieder ein nettes Spielchen für mich, das Reisemobil so ausrollen zu lassen, dass ich eine Kurve, ohne anbremsen zu müssen, durchzirkeln kann. Oder derart im Schiebebetrieb, eventuell durch Herunterschalten leicht verzögert, an eine Ampel heranzurollen, dass ich nicht anhalten muss, sondern nach deren Umschalten auf Grün in einem höheren Gang weiterfahren kann.

Die hohe Kunst des Spritsparens drückt sich in dem Grundsatz aus: Drehzahl runter, Last rauf. Sprich: den Motor von unten heraus ziehen zu lassen, anstatt ihn – bei gleicher Fahrgeschwindigkeit – mit hohen Drehzahlen zu malträtieren und seinen immer ungezügelteren Durst stillen zu müssen. Mehrmals hat mich der Instruktor dazu auf meiner zweiten Runde ermahnt. Mit Erfolg. 20 Prozent habe ich zwar gegenüber meiner ersten Runde nicht gespart. Da hatte ich mich schon bei Runde eins zu sehr angestrengt. Gegenüber meiner normalen Fahrweise bis zu diesem Tag wären es aber ganz sicher 20 Prozent gewesen.

Zwischen Reben und Remisen

Die Idee ist so einfach wie genial. Trotzdem oder vielleicht genau deswegen wurde sie nicht in Deutschland, sondern in Frankreich realisiert. Und das kam so: Pierre Ginoux war als Redakteur eines Fachmagazins für Weinbauern in Carpentras in der Provence mit seinem Reisemobil ständig in den Weingütern seiner Leser unterwegs. Dort fand er stets großzügige Stellplätze, wie er sie sich für seine Urlaubsreisen auch gewünscht hätte. Auf einer solchen Tour kam ihm der zündende Gedanke. Weinbauern haben viel Platz, sind aber immer auf der Suche nach Kunden. Reisemobilisten suchen ruhige und landschaftlich schön gelegene Stellplätze und sind oft auf der Suche nach einer guten Flasche Wein. Man müsste die beiden Gruppen also nur zusammenbringen. Und allen wäre gedient.

Doch ganz so einfach ging es dann doch nicht. Der Umsetzung standen einige Gesetze im Weg – in diesem Fall die Regelungen für das Beherbergungsgewerbe. Man glaubt es kaum, aber hin und wieder unterwerfen sich sogar Südfranzosen der Bürokratie. Im Gegensatz zu anderen Völkern scheinen sie aber unablässig darüber zu hirnen, wie man die Gesetze legal aushebeln kann. So auch Ginoux, dem schließlich der rettende Gedanke kam: invitation – Einladung. Würden die Weinbauern persönliche Einladungen an die Reisemobilisten aussprechen, wären die Gesetze für das Hotelgewerbe gegenstandslos. Die Reisemobilisten würden als private Gäste kommen, dürften kostenlos übernachten, würden aber sicher als Gegenleistung an einer Weinverkostung teilnehmen und die eine oder andere Flasche für die Weiterfahrt mitnehmen. France Passion war geboren.

Waren es zunächst nur die Weinbauern aus der Provence, die sich dem Netzwerk anschlossen, dehnte Ginoux sein System bald über ganz Frankreich aus und nahm schließlich auch Bauernhöfe auf. Trotz dieser immensen Erweiterung hat sich France Passion im Kern nicht geändert. Der interessierte Reisemobilist kauft sich eine Broschüre, in der alle teilnehmenden Weingüter und Bauernhöfe mit ihrer Adresse sowie einer Anfahrt- und Kurzbeschreibung der Stellplätze aufgelistet sind. Auf den Weingütern, deren Zufahrt meist auf den letzten Kilometern mit France-Passion-Pfeilen ausgeschildert ist, weist er sich mit seiner persönlichen Gästekarte und einem Auto-Aufkleber aus. Das ist schon alles.

Wir waren im Jahre 1994 das erste Mal auf Tour durch die Weingüter von France Passion – im zweiten Jahr seines Bestehens. Zum Einstieg haben wir mit dessen Gründer Pierre Ginoux in Carpentras ein unvergessliches Interview geführt. Anschließend haben wir die unterschiedlichsten Weingüter in der Provence, der Bourgogne und im Elsass besucht und dabei unbeschreibliche Erlebnisse gehabt. Wobei uns vor allem die Nähe zu deren Besitzern fasziniert hat.

Es war manchmal unfassbar, wir wurden meist wie uralte Bekannte begrüßt und aufgenommen. Das verrückteste Erlebnis hatten wir auf einem kleinen Weingut in der Nähe von Besançon. Nachdem wir unser Reisemobil zwischen Bäumen am Rande des Grundstückes geparkt hatten, wollten wir uns zunächst nur vorstellen und anmelden. Doch ehe wir uns versahen, saßen wir mitten in einer Geburtstagsfeier. Der Patron feierte seinen Sechzigsten und hatte zu diesem Anlass die gesamte Großfamilie zu Gast. Nach großem Begrüßungshallo fanden wir uns schließlich zwischen einer Schwester aus Lyon und einem Enkel aus Paris wieder und wurden mit Essen und Wein nur so zugeschüttet. Es wurde eine lange Nacht in dieser ausgelassenen Runde.

Ganz anders erlebten wir es einige Tage später im Gebiet um Orange und den Mont Ventoux. Hier übernachteten wir auf einem riesigen, gekiesten Parkplatz vor einem mächtigen, ehrwürdigen Château, auf dem gut und gern zehn Reisebusse Platz gehabt hätten. Nach den Ausmaßen und dem Schick des modernen, gläsernen Verkaufs-Pavillons zu urteilen brachten die in der Haupt-Reisesaison wohl auch täglich ihre Fracht hierher zur Weinverkostung.

Ein anderes Weingut in dieser Region wird uns in Erinnerung bleiben durch seine enge Einfahrt zwischen zwei Säulen mit steinernen Löwenköpfen und durch sein adeliges Besitzer-Ehepaar. Als wir die beiden bei Abreise mit ihren edlen Windhunden auf der bestimmt zwanzig Meter breiten Freitreppe ablichten wollten, musste ich sie sehr geschickt platzieren, um nicht auch das dreißig Zentimeter lange Unkraut, das zwischen den Steinplatten hervorwuchs, mit auf den Film zu bannen.

Jung, engagiert, sie in Jeans und mit Kopftuch, führte uns an diesem Abend ein weiteres Winzerpaar durch seinen überschaubaren Weinberg und lud uns zur Weinprobe in einen Anbau seines Hauses ein,

166

der kaum größer als eine Doppelgarage war. Das allerdings war die absolute Ausnahme. Die meisten Weingüter erstreckten sich über immense Flächen, hatten lange Zufahrten zwischen Tor und Gebäuden und boten großzügige Stellflächen. Mal standen wir fast zwischen den Rebstöcken, mal neben den Geräteschuppen, mal direkt neben dem Château.

Manchmal bekamen wir sogar Strom oder durften die Waschräume und Toiletten des Weinguts benutzen. Aber immer erlebten wir eine entwaffnende Herzlichkeit und Gastfreundschaft. Wir wurden meist nicht nur durch die Weinberge, das Gut und den Keller, sondern auch durch die Privaträume des Châteaus geführt. Selbst dann, wenn wir das Angebot zur Weinprobe, manchmal in Verbindung mit dem Abendessen, nicht annahmen. Als sehr angenehm empfanden wir auch, dass keinerlei Druck zum Weinkauf auf uns ausgeübt wurde. Zwischen drei und sechs Flaschen wanderten dennoch bei jedem Besuch in die Dusche. Es bleibt unser Geheimnis, wie lange wir daran gesüffelt haben.

Das Beeindruckendste auf dieser Tour war für uns ein Weingut nahe Montpellier. Dessen Weinkeller lag nicht, wie sonst üblich, unter der Erde. Seine riesigen Eichenfässer standen in den Seitenschiffen einer gotischen Kathedrale, die vom Eindruck und der Größe her auch in Avignon oder Straßburg hätte stehen können.

Es war unglaublich, kaum vorstellbar. Wir fuhren über Naturpisten durch Bäume, Buschwerk und Schilf vom Weingut auf eine Halbinsel. Und dann stand es plötzlich vor uns, dieses mächtige Bauwerk, dicht umwuchert wie im Urwald. Der Winzer schloss das vier Meter hohe Portal mit einem mittelalterlichen Schlüssel von der Größe einer Männerhand auf, öffnete die ächzende Tür, und wir betraten diese unendlich hohe Kathedrale. Durch die Altarfenster fiel strahlenförmig fahles Licht ins Innere, wie es die großen Maler zur Auferstehung Jesu gemalt haben. Hier aber fiel das Licht in eine völlig leere Kathedrale. Nichts war zu sehen. Kein Altar. Keine Kanzel. Keine Bänke. Kein Kirchengestühl. Kein Mosaikfußboden. Nichts.

Erst als wir ergriffen über den staubigen, gestampften Lehmboden zu den Seitenschiffen gingen, nahmen wir sie schemenhaft wahr. Schritt für Schritt tauchten die Umrisse der bis zu sechs Meter hohen Weinfässer zwischen den Stützpfeilern des Daches aus dem Halbdunkel vor den zulackierten Fenstern der Seitenschiffe auf.

Und urplötzlich holte uns die Stimme des Winzers aus dieser wundersamen, grotesken und faszinierenden Stimmung. Und wir lauschten noch geistesabwesend den nüchternen und geschäftigen Erklärungen zum Weinbau im Allgemeinen und den Spezialitäten dieses Châteaus im Besonderen.

Reise- oder Wohnmobil?

Wie schwer ist der denn?«, fragt mich der Schweizer Grenzer in seinem kehligen Dialekt. Ich halte ihm den Fahrzeugschein unter die Nase. »3,5 Tonnen.« »Das glaube ich nicht. Folgen Sie mir!« Durch die Dunkelheit hintereinander herfahrend, erreichen wir einen düsteren Schuppen irgendwo in der Pampa, vor dem eine Fahrzeugwaage im Boden steckt. Das ausgedruckte Wiegeprotokoll dokumentiert 3,65 Tonnen. »Da haben Sie aber Glück gehabt, gute Fahrt!«

Das mit dem Glück sah ich auch so. Hatte ich doch, was wir normalerweise in der Redaktion immer als Erstes erledigten, diesen Testwagen aus Zeitmangel nach der Übernahme nicht gewogen. Ich wusste also absolut nicht, mit wie viel Gewicht ich unterwegs war. Aus heutiger Sicht hatte ich in dieser Nacht – es war übrigens in den über vierzig Jahren bis heute das einzige Mal, dass ich gewogen wurde – das Glück, dass die Schweiz wohl noch nicht so unnachgiebig war, wie sie das inzwischen ist. Wie ich höre, wiegt sie neuerdings an bestimmten Stellen durchfahrende Fahrzeuge mit in die Fahrbahn eingelassenen Waagen. Echt perfide, das.

Vor allem die 3,5-Tonnen-Grenze gewinnt immer mehr an Bedeutung für die Auswahl des idealen Reisemobils. Führerscheinklassen, Tempolimits, Über-, Ein- und Durchfahrverbote, Go-Box in Österreich, Schwerverkehrsabgabe in der Schweiz, die Liste der Beschränkungen für Kraftfahrzeuge mit einer zulässigen Gesamtmasse von mehr als 3,5 Tonnen, mithin auch für Reisemobile, wird immer länger. Lediglich die Umweltzonen, die derzeit das Land zerstückeln, sind davon, zumindest im Moment noch, ausgenommen. Bei ihnen gelten gleiche Maßstäbe für Personenwagen und Nutzfahrzeuge. Zumindest im Prinzip. Der Vollständigkeit halber sei hier auch erwähnt, dass Reisemobile ab 7,5 Tonnen Gesamtgewicht in Europa noch wesentlich stärker behindert werden.

Zu unserem Leidwesen wird es für uns immer schwieriger, die 3,5-Tonnen-Grenze einzuhalten. Zum einen werden die Basisfahrzeuge durch wünschenswerte aktive und passive Sicherheitssysteme wie Airbags, stärkere Motoren und aufwändigere Ausstattungen, ausgeklügelte Beheizungs- und Belüftungssysteme mit Stand- und Sitzheizungen, Klimaanlagen, Rückfahrkameras und Navigationssysteme immer schwerer. Zum anderen bieten unsere heutigen Reisemobile einen Komfort, der früher undenkbar war. Thermostatisch geregelte Heizungen und Gebläse, Gasflaschenanlagen mit automatischen Umschaltventilen, Herde und Backofen mit Piezozündung und Kühlschränke, die ihre Energiezufuhr selbst wählen, sind heute so selbstverständlich wie automatische SAT-Anlagen, Solarmodule und Wechselrichter.

Das alles sind überaus sinnvolle und praktische Dinge, und so fällt es zunehmend schwerer, der Versuchung zu widerstehen, nicht all dies im eigenen Traummobil haben zu wollen. Für größere Autarkie selbstverständlich zusätzlich mit satter Bordbatterie-Kapazität und dicken Tanks. Nur leider, jedes einzelne dieser Bauteile bringt mehr Gewicht ins Mobil und lässt damit die Zuladung schritt- oder sprungweise schrumpfen.

Nur warnen kann ich in diesem Zusammenhang vor der nahe liegenden Idee, das Mobil – obwohl es fahrbereit schwerer ist – dennoch als 3,5-Tonner zuzulassen und es wissentlich überladen zu fahren. Statt der sauberen Lösung, es mit höherem zulässigen Gesamtgewicht, dafür aber mit ausreichender Zuladung zuzulassen. Natürlich mit allen Einschränkungen, die sich daraus ergeben. Doch Vorsicht! Unabhängig von der möglichen Überlastung des Fahrwerks und der Reifen entdecken erstens immer mehr Urlaubs- und Transitländer die

Einnahmequelle Überladung. Zweitens: Sollte bei der Begutachtung eines Unfalls eine Überladung festgestellt werden, weigert sich die Versicherung unter Umständen, den Schaden abzuwickeln. Und drittens: Wer ein überladenes Fahrzeug fährt, dessen tatsächliches Gewicht über der Grenze seiner Fahrerlaubnis liegt, kann wegen Fahrens ohne gültige Fahrerlaubnis belangt werden. Und das ist alles andere als ein Kavaliersdelikt. Weswegen es auch nicht mit einer Bußgeldzahlung aus der Welt zu schaffen ist.

Als Folge dieser Situation sehe ich zurzeit eine deutliche Entwicklung hin zu einer, sagen wir mal, zweigeteilten Reisemobil-Gemeinde. Gewissermaßen eine Aufgliederung in Reise- und Wohnmobilisten. Ganz für mich persönlich habe ich diese Einteilung früher immer gemacht. Doch nach meinem Wechsel in die Redaktion der Zeitschrift Reisemobil international war klar, dass fortan der Begriff Wohnmobil aus meinem Vokabular gestrichen war.

Reisemobilisten sind für mich solche, die kompakte 3,5-Tonnen-Mobile bevorzugen und dafür bewusst auf übermäßigen Komfort und Ausstattung verzichten und sich mit kleinen Kühlschränken, Wassertanks und Bordbatterien zufriedengeben. Anders die Wohnmobilisten. Ihnen gehen Komfort und Ausstattung über alles. Sie wünschen sich große Kühlschränke, Backöfen, Mikrowellen, Dachklimaanlagen, üppige Tankkapazitäten und Stauraum satt, am besten in doppelten Böden. Dafür nehmen sie gern die Einschränkungen unterwegs in Kauf. Vielleicht auch, weil sie überwiegend auf Autobahnen und Hauptstraßen unterwegs sind. Und da, wo auch schwere Trucks fahren, kommen sie allemal durch.

Gleichgültig, welcher dieser beiden Gruppen man sich zurechnet, man sollte sein neu oder gebraucht gekauftes oder gemietetes Reisemobil bei Übernahme unbedingt wiegen. Aus bitterer Erfahrung kann ich nur raten, sich nicht auf das Wiegeprotokoll des Herstellers oder Händlers zu verlassen. Ich will niemandem Übles unterstellen, aber es ist nun mal nicht auszuschließen, dass das Mobil gewogen wurde, bevor das letzte Zubehörteil eingebaut wurde.

Aus dem gleichen Grund fahre ich grundsätzlich vor der Abreise in den ersten Urlaub mit dem urlaubsfertig gepackten Reisemobil über eine Fahrzeugwaage. Nur so kann ich ganz sicher sein, dass weder das Mobil noch seine einzelnen Achsen überladen sind. Denn beides wird geahndet. Fahrzeugwaagen findet man beim Baustoff- oder Landwirtschaftshandel, dem TÜV, der Dekra oder der GTÜ. Zum Wiegen fahre ich zuerst nur mit der Vorderachse auf die Waage, danach mit dem gesamten Mobil. Die Hinterachse muss ich nicht separat wiegen lassen. Ihre Belastung errechnet sich aus der Differenz von Gesamtgewicht zu Vorderachslast. Alle drei ermittelten Werte vergleiche ich mit den zulässigen Gewichten aus den Fahrzeugpapieren, die ich auf keinen Fall überschreiten darf.

Zu einem guten Teil können wir Reisemobilisten logischerweise das tatsächliche Gewicht unserer Mobile selbst bestimmen – durch überlegte und vernünftige Beladung. Niemand muss zum Beispiel mit randvollen Tanks in den Urlaub fahren. Auch Getränkekisten, Kartoffeln, Fertiggerichte in Dosen, H-Milch und Hundefutter muss man nicht unbedingt für die kommenden drei Urlaubswochen bunkern. Sogar Hefeweizen soll es im Ausland geben. Wenn es eng wird, muss man sich auch überlegen, ob die Kristallgläser und das Vorzeigeporzellan unbedingt sein müssen oder ob es nicht auch die leichteren Kunststoff-Varianten tun.

Unheimlich viel Spaß hatten wir stets bei den Sicherheits-Trainings, wenn es um das Thema ging, was sich im Laufe der Zeit so alles in unseren Mobilen ansammelt. Und weil es sich über andere immer am besten lachen lässt, erzählten die Teilnehmer geführter Reisen in diesem Punkt die amüsantesten Storys. Von dicken Auffahrbohlen war da die Rede, auf denen man 44 Tonnen hätte bergen können, von hundert Dosen Hundefutter, von H-Milch-Vorräten für vier Wochen oder von wuchtigen Anhängekupplungen unter dem Mobil, obwohl der Besitzer weder einen Anhänger besaß noch je einen gezogen hatte.

Mit überflüssigem Zeugs – und damit auch vermeidbarem Gewicht – meine ich weniger die lieb gewordenen Dinge, die uns das Reisen erleichtern, den Urlaub versüßen und eine wohnliche Atmosphäre schaffen. Es geht mir vielmehr um all das, was wir irgendwann einmal aus dem Haushalt, in dem wir es nicht mehr brauchen oder nicht mehr sehen konnten, in das Reisemobil verfrachtet haben. Besonders beliebt: Unmengen an Töpfen und Pfannen, Tupperschüsseln in allen möglichen Farben, Formen und Größen, Frischhaltedosen, Isolierkannen, Grillbestecke und anderes mehr. Nicht anders sieht es bei den Klamotten aus. Da füllen Berge von Jacken, Blusen, Hosen und T-Shirts, die nicht mehr ganz up to date, aber noch zu schade für die Altkleidersammlung sind, die diversen Schränke und Staufächer. Das Thema Frauen und Schuhe möchte ich an dieser Stelle erst gar nicht ansprechen.

Obwohl, viel besser sieht es mit den Sammlungen von uns Männern auch nicht aus. Nur anders. Weil wir Reisemobilisten durchweg begnadete Bastler sind, schlummern gut versteckt in den Tiefen unserer Doppelböden, Außenstaukästen und Heckgaragen nicht nur Werkzeugkästen, Ersatzteilpakete, Wasserschläuche, Stromkabel und Putzmittel. Dort finden sich auch – nicht selten seit Jahren unbenutzt – Reparaturkabel, Schläuche, Spaten, Sägen, Kanister, Bohlen und Bretter, mit denen wir locker einen Service-Punkt an einem Reisemobil-Stellplatz betreiben könnten. Ich selbst habe in meinem Elektrokasten jahrelang ein Lampenset mit Biluxbirnen spazieren gefahren, obwohl wir schon längst mit Halogenlicht unterwegs waren. Von einem Freund weiß ich, dass er viele Jahre mit einem tollen Satz Schneeketten in Skiurlaub gefahren ist. Zum Glück hat er sie nie gebraucht. Sie waren noch von seinem ersten Reisemobil. Inzwischen fuhr er das dritte, und die Schneeketten hätten schon beim zweiten nicht mehr gepasst.

Um das Gewicht einigermaßen im Zaum zu halten, nehme ich mir in jedem Frühjahr die Zeit, unser Reisemobil nicht nur vom Schmutz und Salz des Winters zu befreien und die speziell für den Winter benötigte Ausrüstung auszuladen. Ich versuche auch, es von überflüssigem Ballast zu befreien. Nicht nur mir tut eine Entschlackungskur im Frühjahr gut. Ich gönne sie auch unserem Reisemobil.

Also räume ich jeden Schrank und jedes Staufach aus, krieche durch die Heckgarage und den doppelten Boden und nehme jedes Teil einzeln in die Hand, um zu prüfen, ob ich es noch ein weiteres Jahr an

Bord haben will. Es ist immer wieder erstaunlich, was da jedes Jahr so zusammenkommt. Da fliegen muffige Strandmatten und vergammelte Gummistiefel genauso raus wie verrostetes Werkzeug, feuchte Grillkohle, eingetrocknete Gewürze und zu lange gelagerte Fertigsuppen. Nur mit Klamotten, vor allem Schuhen, bin ich vorsichtiger. Die lege ich doch lieber meiner Christa zur Entscheidung vor. Auch wenn ich weiß, dass sie im letzten Jahr niemand in die Hand genommen, geschweige denn getragen hat.

Die Beschränkung auf das Wesentliche und Notwendige würde ich mir auch von den Herstellern und ihren Designern wünschen. Zumindest bei den Mobilen, die ich als Reise- und nicht als Wohnmobile bezeichne. Reisemobile sind in erster Linie Nutzfahrzeuge, sind Fahrzeuge für den Einsatzzweck Reisen. Ihre Insassen wollen mit ihnen schmale Nebensträßchen fahren, in zugeparkten, engen Ortschaften nicht hängen bleiben und auch mal über einen unbefestigten Weg zum Strand oder in die Berge kommen. Deshalb sollten sie sowohl außen wie innen in erster Linie praxis- und funktionsgerecht sein. Automotives Design an Front- und Heckpartien, Seitenschwellern, Radläufen, Alkoven und Dachpartien ist da zweitrangig und sollte unter dem Gesichtspunkt der Gewichtsreduzierung eher sparsam eingesetzt werden. Nach wie vor kann ich auch null Verständnis dafür aufbringen, dass Basisfahrzeug- wie Reisemobil-Hersteller die Stoßfänger heutzutage entgegen ihrem eigentlichen Zweck zu reinen Styling-Objekten degradiert haben. Diese aerodynamischen Meisterwerke fangen nicht die kleinsten Stöße ab. Im Gegenteil, beim leichtesten Berühren eines Pfostens oder Strauchs auf dem Camping- oder Stellplatz reißen sie ein oder splittern. Die hinteren Exemplare geben, was noch viel schlimmer ist, die Verformung oft direkt in den Aufbau weiter. Mit der Folge, dass unnötig teure Reparaturen anstehen.

Die überstrapazierte Designermaxime, nach der die Form der Funktion zu folgen hat, erfüllen für mich Reisemobile nur dann wirklich, wenn sie auch mal einen kleinen Rempler wegstecken oder das Entlangstreifen an Ästen ohne deutlich sichtbare Kratzspuren ertragen. Und innen tun sie es nur, wenn frau sich an den Verschlüssen von Schranktüren und Stauklappen die Fingernägel nicht abbricht und die T-Shirts und Pullover nach einer holprigen Fahrt nicht schon beim Öffnen der ach so toll gewölbten, hochglanzlackierten Dachstauschränke herauspurzeln.

Das haut einen um

Keine fünfzig Kilometer vom verstopften, lärmenden und stickigen Athen entfernt haben wir uns mit unserem Mobil direkt am Meer auf einem abgelegenen, felsigen Plateau nahe einer kleinen Badebucht eingerichtet. Außer Reichweite wissen wir die kilometerlange Ufer-straße mit ihren jetzt im Frühling noch geschlossenen Campingplät-zen, Tavernen, Bars und Discos. Weit verstreut teilen sich ein paar Angler dieses Paradies mit uns, durch das zweimal am Tag eine Meute wilder Hunde flaniert. Nur über Mittag wird es etwas lebendiger. Da verbringen einige sonnenhungrige Badegäste ihre Pause in der Bucht neben uns.

Am zweiten Tag kommt gegen Mittag ein Herr im grauen Anzug und mit amtlich wirkender Schirmmütze gesetzten Schrittes auf uns zu. Unausgesprochen und dennoch einhellig ist unsere Befürchtung: Ende unseres paradiesischen Glücks. Jetzt wird uns sicher gleich die Obrigkeit mitteilen, dass auf diesem Stückchen Erde jede Art von Camping verboten ist und wir deshalb – bitte schön – unverzüglich zusammenpacken und weiterfahren sollen.

Doch nichts dergleichen. Unser äußerst höflicher und liebenswürdiger Besucher hat ganz anderes im Sinn. Da ich nicht im Besitz erweiterter griechischer Sprachkenntnisse bin, dauert es zwar einige Zeit, bis ich in unserem Zeichensprache-Dialog begreife, dass er irgendetwas für sein Mittagessen benötigt. Wieder so ein Moment, in dem ich mich ärgere und schäme, weil ich die Einheimischen im Gastland nicht ausreichend verstehe. Mit »Guten Tag«, »bitte«, »danke« und ein paar weiteren Brocken kommt man da halt nicht weit. Andererseits, welcher technikbegeisterte deutsche Junge hat in der Schule schon Altsprachen belegt? Egal: Mit der vierten Gewürzdose, die ich ihm unter die Nase halte, habe ich Erfolg und weiß nun: Er bittet um etwas Salz. Nachdem ich ihm ein weißes Häufchen auf ein Stück Alufolie gestreut habe, das er vor mir aufhält, geht unser Nachbar freudestrahlend und mit einem Schwall an Dankesbekundungen wieder an seinen Platz in der Badebucht zurück.

Doch schon nach einer guten halben Stunde steht er plötzlich wieder neben uns im Schatten unseres aufgespannten Tarps. Ich will gerade aufspringen und den Salzstreuer aus dem Fahrzeug holen, da schwingt er vorsichtig seine rechte Hand nach vorn, die er bis dahin hinter seinem Rücken gehalten hat. Mit einem glücklichen Lächeln im Gesicht streckt er uns einen seiner selbst gefangenen und duftend gegrillten Fische entgegen. Als herzliches Dankeschön für die paar Gramm Salz, die wir ihm gegeben haben.

Dieses Erlebnis bleibt uns noch stärker in unsere Erinnerung eingebrannt als ein Osterfest auf unserem Lieblings-Campingplatz Enjoy-Lichnos bei Parga an der griechischen Westküste. Nichts ahnend hatten wir gegen Mittag direkt von der Fähre kommend den Platz erreicht, auf dem sich im Schatten der Bäume die gesamte Campergemeinde mitsamt ihren Tischen und Stühlen zu einer ausladenden Reihe aufgebaut hatte. Von rechts kam die Platz-Managerin auf uns zu und schlug vor, wir sollten unser Reisemobil erst einmal stehen lassen und an die üppig beladene Tafel kommen. Von der linken Seite kommend überquerten zwei Platz-Mitarbeiter den Hof, auf einer dicken Eisenstange einen gegrillten Hammel schleppend.

»Die Griechen sind für mich das gastfreundlichste Volk Europas«, schwärmte uns ein bayerischer Reisemobilist vor, den wir einige Tage später in einer anderen, verschwiegenen Bucht trafen, »in Griechenland fühle ich mich wie daheim.« Und ein weit gereister Österreicher verstieg sich gar zu der Behauptung: »In Griechenland – abgesehen von den Großstädten und Touristikzentren – lasse ich mein Reisemobil ohne Bedenken unverschlossen stehen.«

Bei aller Euphorie, so weit würden wir nicht gehen. Wir ziehen auch in Griechenland wie überall auf der Welt die Vorhänge beim Verlassen des Reisemobils zu. Und wie überall schließen wir es sorgsam ab. Uns ist zwar noch nicht das Geringste in diesem Land passiert. Aber man kann ja nie wissen.

Täglich eine Fitnessrunde

Dass Vertrauen gut, Kontrolle aber besser ist, wusste schon der Alt-Kommunist Wladimir Iljitsch Lenin. Doch dieser richtige und wichtige Wahlspruch scheint inzwischen aus der Mode gekommen zu sein. Erlaubt sei der gedankliche Schlenker: Wie sonst wäre die aktuelle Bankenkrise möglich geworden?

Aber auch bei Autos und Straßenverkehr ist es nicht weit her mit der Kontrolle. Allenfalls durch Polizei oder andere Aufpasser mit und ohne Uniform. Aber durch die Fahrer oder Halter? Ich kann mich kaum noch erinnern, wann ich den letzten Trucker gesehen habe, der nach dem morgendlichen Wasserlassen ans Vorderrad die Motorhaube geöffnet und den Ölstand kontrolliert hätte. Oder der gar mit einem Montierhebel rund um sein 40-Tonnen-Geschoss gelaufen wäre und den Reifendruck kontrolliert hätte. Vor zwanzig Jahren? Ja, wahrscheinlich.

Inzwischen haben sich unsere Fahrzeuge, auch unsere Reisemobile, freilich toll weiterentwickelt. Viele der früher unumgänglichen technischen Kontrollen haben uns für gutes Geld elektronische Helfer abgenommen. Wo früher nur ein Tacho im Blickfeld lag, informiert heute ein ganzes Mäusekino über den Zustand unseres Untersatzes. Da muss sich niemand mehr mit einem verschmierten Ölmessstab die Finger schwärzen. Sensoren in den Reifen alarmieren uns bei entweichender Luft. Und beim Starten des Motors fahren wie von Geisterhand Trittstufen ein, legen sich SAT-Antennen flach und schaltet der Kühlschrank auf Bordstrom um. In einfacheren Mobilen erinnern uns zumindest infernalisches Hupen und rotes Warnlicht daran, diese Arbeiten doch bitte von Hand zu verrichten.

Mal ganz abgesehen davon, dass solche Systeme auch ausfallen können. Ich mag mir das Drama gar nicht ausmalen: Ich rangiere oder fahre mit dem Mobil los, aber unter ihm taucht gerade ein Knirps nach seinem Ball. Hunde und Katzen, die Schatten und Kühle unter unserem Mobil gesucht haben, flüchten panisch, Kindern ist das nicht gegeben. Es muss nicht gleich dieses Horror-Szenario sein, das einen dazu bewegen sollte, vor jedem Start – gleichgültig, ob am Morgen oder nach einer Fahrtpause – eine Runde um und durch das Fahrzeug zu machen. Zu viel kann sich außen am Fahrzeug oder innen an der Einrichtung geändert haben. Und ob alle Kinder und der Hund nach dem Tankstopp wieder auf ihren gesicherten Plätzen sitzen, kann man bei dieser Gelegenheit auch gleich sehen. Wir haben das aufgeteilt. Ich bin für draußen, Christa für drinnen zuständig. Nur ob wir alle notwendigen Papiere auch wirklich dabeihaben, checken wir gemeinsam. Man weiß ja nie, ob der Ausweis nicht doch noch in einer der Hand- oder Einkaufstaschen schlummert, die gerade nicht an Bord sind.

Die Abfahrtskontrolle ist für mich, nebenbei bemerkt, auch eine Hilfe gegenüber den kriminellen Reifenstechern in Südeuropa. Habe ich vor der Weiterfahrt den Reifendruck kontrolliert, kann mich aufgeregtes Gefuchtel aus einem überholenden Personenwagen erst mal nicht aus der Ruhe bringen. Ich weiß, dass ein Reifen so plötzlich nicht gefährlich viel Luft verlieren kann, und ordne das Gefuchtel – und sei es nur im Moment – der Rubrik »beim Reifenwechsel ausgeraubt« zu. Haben die so genannten Helfer aufgegeben und sind weitergefahren, kann ich immer noch in Ruhe nachschauen.

Für den täglichen Check genügt mir ein kurzer, aber aufmerksamer Rundgang um das Fahrzeug. Dabei kontrolliere ich im unteren Bereich den Zustand der Reifen auf Sicht – Fülldruck, Risse, eingedrungene Schrauben oder Nägel –, stelle sicher, dass der Dieseltank verschlossen ist, die Einfüllöffnungen durch fest sitzende Deckel dicht sind und dass das Einspeisekabel nicht mehr im Ladeanschluss hängt. Auf Augenhöhe prüfe ich, ob alle Fenster geschlossen, die Windschutzscheibe und die Rückblickspiegel sauber, die Markise und die Einstiegsstufe eingefahren und die Fahrräder oder sonstige Gerätschaften auf dem Heckträger fest verzurrt sind. Nachdem ich einen Schritt zurückgetreten bin, schützt mich ein Blick aufs Dach davor, mit offenen Dachhauben, hochragender SAT-Antenne, flatternden Abdeckplanen sowie sich lockernden Booten oder Surfbrettern loszufahren. Unmittelbar vor dem Anlassen noch ein kurzer Blick unter das Fahrzeug. Das war es schon.

Nicht viel aufwändiger ist die Kontrolle innen. Ist erst einmal alles – aber auch wirklich alles – weggeräumt und sicher verstaut, was auf Tischen, Arbeitsplatten, in offenen Regalböden und auf dem Boden lose herumstand, ist das Wichtigste erledigt. Nun müssen eigentlich nur noch alle Fenster, Dachhauben, Klappen, Schubladen und Türen – besonders die des Kühlschranks – auf festen Verschluss und Verriegelung geprüft werden. Aber bitte mit Akribie und ohne Zeitdruck, immer schön der Reihe nach. Wir mussten schon zweimal gesplittertes Holz und Scherben aus einem Testmobil kehren, weil die Auszugsmimik durch die Beladung so weit nach unten gedrückt wurde, dass das Pushlock-Schloss nicht mehr am Halteblech anlag. In der ersten schnellen Kurve ist die Schublade herausgerutscht und auf den Boden geknallt. Dort hat sie sich samt Inhalt komplett zerlegt.

Nur schwimmen kann er nicht

Mit unserem nächsten Mobil wollten wir auf eine mehrjährige Weltreise gehen und es anschließend so lange fahren, bis wir das körperlich nicht mehr schaffen würden. Oder bis uns die deutsche Bürokratie die Lkw-Führerscheine nicht mehr erneuern würde – was ungefähr dasselbe sein dürfte. Vier Jahre vor dem geplanten Eintritt in den so genannten Ruhestand wollten wir unser Mobil fertig haben. Wir wollten es nicht nur ausgiebig testen und eventuelle Änderungen vornehmen lassen, bevor wir uns für einen längeren Zeitraum aus Deutschland verabschieden wollten. Wir hatten auch vor, es schon bis dahin zu genießen.

Zwar haben unzählige Weltenbummler die fünf Kontinente in VW-Bussen, Peugeot-Pick-ups oder Citroën-Enten durchquert und damit bewiesen, dass man den Globus auch ohne Allradantrieb umrunden kann. Wenn auch viele von ihnen froh waren, ihr schrottreifes Vehikel irgendwo im Busch gegen Rückflugtickets eintauschen zu können. Ganz so abenteuerlustig waren und sind wir aber wohl doch nicht. Vielleicht spielen auch unser Alter und Komfortdenken eine Rolle. Jedenfalls hatten wir uns für ein MAN-Chassis vom Typ 10-225 LAEC als Basis für unser Fernreisemobil entschieden. Um auch im schwierigen Gelände voranzukommen, wollten wir nicht auf die große Boden- und Bauchfreiheit, die weiten Böschungswinkel und die hohe Verwindungsmöglichkeit dieses ausgesprochenen Geländefahrzeugs verzichten. Um dessen Möglichkeiten nicht zu sehr einzuschränken, hatten wir die Version mit 3,56 Metern Radstand gewählt – ein Radstand, wie ihn auch der Mercedes Sprinter bietet. Uns war klar, dass wir mit diesem Mobil ein deutlich schwereres und schwerfälligeres Reise- und Wohnfahrzeug als bisher haben würden. Auf der anderen Seite wünschten wir uns aber mehr Komfort und deutlich größeren Lebens- und Stauraum. Letztlich auch die Möglichkeit, uns bei Krankheit oder sonstiger dicker Luft auch mal aus dem Weg gehen zu können.

Als Motorisierung hatten wir uns für einen Sechszylinder-Turbo-Dieselmotor mit 6,871 Litern Hubraum in der Version 161 kW (220 PS) entschieden. Den Antriebstrang bildeten ein Sechsgang-Schalt- und ein Verteilergetriebe sowie vorn und hinten Planetenachsen. Für Vortrieb im schwierigen Gelände hatten wir uns für zuschaltbaren Allradantrieb entschieden. Zudem bot der MAN uns eine separat zu schaltende Gelände-Untersetzung und Differenzialsperren in Vorder- und Hinterachse. Ein verstärktes Fahrwerk und Michelin-Allterrainreifen der Dimension 365/80R20 – selbstredend mit Singlebereifung auf der Hinterachse – sollten die Kraft auf den Boden bringen.

Von seinen Komponenten her war das Modell als Zehntonner ausgelegt. Wir spielten aber fest mit dem Gedanken, ihn nach Möglichkeit auf 7,49-Tonner abzulasten und damit auch ohne Lkw-Führerschein fahren zu dürfen. Für Komfort und angenehmes Klima im Fahrerhaus hatten wir als wichtigste Elemente beheizbare Luftfedersitze, eine Motor-Klimaanlage und eine ausstellbare Dachklappe geordert.

Das Chassis ließen wir von der österreichischen Firma Magna-Steyr, in der MAN seine Allrad-Lkw bauen lässt, direkt zum Umbau-Spezialisten Toni Maurer nach Türkheim im Allgäu anliefern. Dessen Team, das auch viele Service-Lkws für die Rallye Dakar trimmt, führte die Chassis-Änderungen durch, die für unser Mobil notwendig waren. Im Wesentlichen waren das der Zwischenrahmen zur Befestigung der Wohnkabine, die 300- und 200-Liter-Dieseltanks rechts und links hinter dem Fahrerhaus samt Umschaltventil sowie das Ausschneiden der Fahrerhausrückwand und das Einsetzen eines Rahmens für den späteren Durchstieg in die Wohnkabine.

So vorbereitet, brachten wir das Chassis zur Firma Langer & Bock im schwäbischen Göppingen-Voralb, die uns die Wohnkabine baute und deren Ausbau durchführte. Gemeinsam mit den beiden Chefs hatten wir bis dahin schon ein knappes Jahr geplant, gerechnet und gezeichnet, um unsere Wunschvorstellungen, das technisch Machbare, die Gewichtsbilanz, die Kosten und die Vorgaben von MAN unter einen Hut zu bringen.

Als wichtigster Eckpunkt war die Länge unserer Wohnkabine durch den maximal zulässigen hinteren Überhang beschränkt, den MAN vorgab. Der erlaubte uns nur eine Fahrzeug-Gesamtlänge von 6,95 Metern, was eine Kabinen-Innenlänge von 5,10 Metern ergab. Bei der Außenbreite von 2,29 Metern richteten wir uns nach den Kotflügeln. Bei der Stehhöhe im Mittelteil beschränkten wir uns auf 1,95 Meter, was eine Gesamthöhe von 3,45 Metern ergab.

Noch wichtiger als die Abmessungen wurden im Laufe der Planung die höchstzulässigen Achslasten. Sie zwangen uns schließlich sogar, den ursprünglichen Grundriss über Bord zu werfen, weil er zu viel Gewicht auf die Vorderachse gebracht hätte. Und das, obwohl wir sie – wie auch die Hinterachse – in der stärksten lieferbaren Version gewählt hatten.

Im Grundriss nämlich nur die Funktionsbereiche und die Möbel zu berücksichtigen kann zu schweren Fehlern führen. Man muss auch an die schweren Brocken wie die Tanks oder die Batterien denken, die in den Möbeln stecken. Eine Ausnahme stellen hier allenfalls Mobile mit doppelten Böden dar. In ihnen kann man diese Schwergewichte optimal positionieren, ohne zu sehr auf den Grundriss Rücksicht nehmen zu müssen. Weil sich ein doppelter Boden, so wünschenswert er auch gewesen wäre, bei unserem ohnehin schon sehr hohen Mobil ausschloss, blieb für den geplanten 410-Liter-Frischwasservorrat nur die Sitzgruppe. Und um die vier Bordbatterien und die beiden Abwassertanks unterbringen zu können, mussten wir Podeste im Innern vorsehen. Vor allem aber mussten für eine ideale Gewichtsverteilung die Schwergewichte Frischwasser und Bordbatterien möglichst dicht an der Hinterachse sitzen. Die Vorderachse belasteten ja schon der Antriebsblock und die 500 Liter Dieselkraftstoff.

Unter Berücksichtigung dieser Eckwerte entschlossen wir uns für eine Rundsitzgruppe vor dem quer auf einer Fahrradgarage liegenden Heck-Doppelbett – eine Anordnung, wie man sie auch in Pick-ups antrifft. Dort allerdings vor dem Alkovenbett. Es ist sicher nicht jedermanns Sache, ständig das gemachte Bett zu bestaunen. Außerdem bietet dieser Grundriss etwa bei einer Erkrankung nur eingeschränkt die Möglichkeit, sich räumlich getrennt voneinander aufzuhalten. Hätten wir die Schränke hinten vor dem Schlafbereich platziert, wäre es möglich gewesen, das Bett zu verstecken. Dafür hätte das Mobil aber optisch kürzer gewirkt. Und durch die Schrankwände wäre unsere Bewegungsfreiheit von Armen und Ellenbogen beim Schlafen einge-schränkt gewesen. Durch unsere ganz vorn platzierten Schränke ergab sich ein optisch deutlich größerer Innenraum mit freiem Blick über das Bett bis zur Rückwand, der allgemein großes Interesse und viele Nachahmer fand.

Für den restlichen Grundriss hatten wir uns schließlich auf Folgendes geeinigt: Ganz vorn standen auf einem 15 Zentimeter hohen Podest rechts der Kleiderschrank mit ausziehbarem Hängesystem und die Dusche, links der 1,20 Meter lange Waschraum mit der Toilette. Zwischen den beiden Nassräumen ging es durch einen 100 mal 60 Zentimeter großen, mit einer massiven Tür verschlossenen Durchstieg ins Fahrerhaus.

Nach hinten schlossen sich an die Nassräume rechts der Einstieg, links das Küchenmöbel an. Danach breitete sich die Rundsitzgruppe auf einem 30 Zentimeter hohen Podest aus. Deren hintere Sitzbank er-streckte sich über die gesamte Breite und ging in einen Längsschenkel auf der linken Seite über, der bis an die Küche reichte. Die vordere Sitzbank war nur 1,10 Meter breit. Zwischen ihr und der Küche hatten wir einen breiten Durchstieg hinauf zur Sitzgruppe. Da konnte ich mich locker hinter Christa vorbeiquetschen, um nicht für die niederen Hilfsarbeiten in der Küche eingeteilt zu werden, sondern einen auf wichtig und fleißig mit dem Laptop auf dem Esstisch zu machen. Der höhenverstellbare Tisch stand quer zur Fahrtrichtung an der rechten Wand auf einem massiven Yachtfuß. War er abgesenkt, so konnten wir über ihm ein Notbett zusammenpuzzeln.

Als echtes Schmankerl hatten wir uns für eine 148 mal 115 Zentimeter große Dachausstiegsluke über der Sitzgruppe entschieden. Auf der Fahrt und tagsüber fest verschlossen, sperrte sie im Sommer die Hitze, im Winter die Kälte aus. Abends und nachts öffnete sie uns den Blick auf den leuchtenden Sternenhimmel. Und wenn wir wollten, konnten wir durch sie hinauf aufs Dach steigen, von dort aus fotografieren, uns in die Sonne legen oder unter dem offenen Himmel schlafen.

Die Wohnkabine verklebte Langer & Bock aufwändig aus 60 Millimeter dicken GfK-Sandwichplatten mit drei Millimeter dicker, gewebeverstärkter Außendeckschicht. Kanten und Ecken waren mit breiten, an den Stößen gedoppelten Profilleisten abgedeckt. Die Klappen und Türen sowie die Dachausstiegsluke waren aus den gleichen Platten gefertigt, hingen an einbruchsicheren Scharnierbändern und waren mit kräftigen Türklinken und Sicherheitsschlössern im Einschlüssel-Schließsystem ausgestattet. Bündig eingesetzte, selbst gefertigte, doppelt verglaste und einwurfhemmende Fenster sorgten für weitere Sicherheit. Als Besonderheit bestanden wir bei unserer Wohnkabine auf einem dreistufigen, innen liegenden Einstieg. Zur Versteifung der Kabine sollten die Sitztruhen, die Bettauflage und die beiden Nassräume, als tragende Elemente aus drei Zentimeter dicken GfK-Sandwichplatten geschnitten und eingeklebt, beitragen.

In den Möbeln und maßgerecht geschneiderten Podesten war die Geräteausstattung untergebracht. Im vorderen Podest – unter dem Wasch- und Toilettenraum sowie der ihm gegenüber platzierten, separaten Duschkabine – steckten die beiden zusammen 200 Liter fassenden Abwassertanks. Durch eine Bodenklappe konnten wir deren Reinigungsöffnungen sowie die diversen Ventile erreichen. Unter dem Kleiderschrank neben der Dusche war die Alde-Warmwasser-Gasheizung samt Motorwärmetauscher untergebracht. Über eine Ringleitung verteilte sie die Wärme durch je einen Heizkörper im Waschraum und an der Sitzgruppe sowie zahlreiche Konvektoren im Wohnbereich und der Heckgarage und die Schleifen der Fußbodenheizung vor der Küche.

Im hinteren Podest unter der Rundsitzgruppe hatten wir die vier Bordbatterien von je 120 Amperestunden und die Bordelektrik mit Ladegerät, Ladestromverteiler und Wechselrichter untergebracht. Der 410-Liter-Frischwassertank belegte die hintere Sitzbank. In deren kürzerem Längsschenkel waren, von außen durch eine Stauklappe erreichbar, der Gasflaschenkasten mit einer Elfkilo-Alu-Tausch- und einer Elfkilo-Tankflasche sowie die Wasseranlage untergebracht. Sie umfasste die Wasserpumpe, einen Vorfilter in der Einfüllleitung, das Seagull-Filter- und Entkeimungssystem und die Außendusche. Die kurze Sitzbank mit dem Rücken zur Fahrtrichtung beherbergte die aus Wandmaterial selbst gebaute 100-Liter-Kompressor-Kühlbox. Aufgrund der begrenzten Länge erschien uns das als der einzige Platz für eine ausreichend große Kühlbox. Ihretwegen wollten wir jedenfalls nicht auf unsere großzügige Rundsitzgruppe verzichten, die wir uns vor allem wünschten, um Freunde oder Gäste empfangen und bewirten und uns mit ihnen austauschen zu können. Da bückten wir uns lieber die paar Mal am Tag, wenn wir etwas aus der Kühlbox benötigten.

Im Küchenmöbel blieb neben Haushaltsspüle, Edelstahl-Müllsammler, Smev-Dreiflammkocher mit Piezozündung und Gasbackofen noch Raum für sechs auf Vollauszügen laufende Schubladen. Zusätzlich boten uns drei Dachschränke über dem Küchenfenster reichlich Stauraum für Lebensmittelvorräte. Wie die Küche waren auch die Dusche und der Waschraum mit Haushaltsarmaturen und den entsprechenden, gepressten, dicken Leitungen ausgestattet. Der Waschraum war zudem mit drehbarer Thetford-Kassetten-Toilette, mit Corian-Waschbecken, Unterschrank und doppelflügeligem Spiegelschrank möbliert. Belüftet wurde der Duschraum über einen großen Echtglas-Dachlüfter aus dem Yachtbereich, der Waschraum zusätzlich durch ein hoch gesetztes Fenster.

Das 190 mal 140 Zentimeter große Doppelbett mit Kaltschaum-Matratze und Froli-Auflagesystem lag hinten quer auf der von beiden Seiten durch große Klappen zugänglichen Heckgarage, in die wir Alu-Regale aus dem Sortimo-Baukasten eingepasst hatten. Am Fußende des Bettes standen uns über die gesamte Breite Wäscheschränke zur Verfügung.

Nüchtern, praktisch und widerstandsfähig zeigte sich der Möbelbau aus Pappelsperrholz mit robuster Deckschicht und flächig mittels Aluwinkeln an den Wänden vernietet und verklebt. Vor den getönten Fenstern hatten wir nur Fliegen- und Verdunklungsrollos, keine Vorhänge. Farbakzente setzten nur die anthrazitfarbenen Arbeits- und Tischplatten sowie die Polster, die mit einer Kombination von schwarzem Alcantara und kräftig-braunem Nappaleder bezogen waren.

Auch außen konnte unser Fernreisemobil seine Bestimmung nicht verhehlen. Zur Erhöhung der Staukapazität hingen vor und hinter den Hinterrädern vier Edelstahl-Unterflur-Staukästen unter der Wohnkabine. Ebenfalls aus Edelstahl waren die Reserverad-Halterung am

Heck, die umlaufenden Astabweiser und der Dachträger über dem Fahrerhaus gefertigt, auf dem neben Alukisten vor allem vier Arbeitsscheinwerfer protzten. Den hinteren Teil des begehbaren Dachs belegten vier Solarpaneele mit je 75 Watt Leistung.

Fünf Jahre konnten wir unser Traummobil in vollen Zügen genießen. Wir waren mit ihm in der Sahara in Südtunesien, in Marokko, in Spanien, Portugal, Frankreich, Italien und Griechenland. Doch bevor wir zur Weltumrundung abheben konnten, holte uns der altersgemäße Verschleiß aus unseren Träumen auf den Boden der Tatsachen zurück. Auf Anraten der Ärzte verabschiedeten wir uns nach reiflicher Überlegung von unserem Plan einer mehrjährigen Weltreise. Und um nur in Europa herumzukurven, eventuell für einen kürzeren Zeitraum auch weiter wegzufahren, dafür war das Mobil nicht gedacht. Dafür war es auch zu schade, zu schwer, zu unhandlich und letztlich auch zu teuer. So entschlossen wir uns im Januar 2008 schweren Herzens, unser Traummobil zu verkaufen und uns fahrzeugmäßig zu verkleinern.

Allerdings, wenn ich mir das alles heute nochmals durch den Kopf gehen lasse, bin ich mir gar nicht mehr so sicher, ob diese Art Weltreise wirklich unser gemeinsamer und nicht nur mein ganz persönlicher Traum war. Ich fürchte, dass es auch bei uns so sein könnte wie rundum im Bekanntenkreis, wenn Mütter zu Omas werden. Haben viele Männer bis dahin noch nicht gemerkt, dass ihre Frauen völlig anders ticken als sie selbst, so bekommen sie es spätestens in dieser Situation knüppeldick zu spüren. Es ist kaum zu fassen, welche geheime Macht die kleinen Würmchen auf Omas – und Opas – ausüben können.

Aber das ist nun wirklich eine andere Geschichte.

»Hannibal an alle …«

D ie erste Reise mit unserem neuen Mobil in den Wüstensand Süd-
tunesiens wollten wir gemeinsam mit anderen machen. Und das ein-
gedenk aller Unkenrufe in Zeitschriftenartikeln, Internetforen, Rei-
sebüchern oder vom Hörensagen. Wir waren sowieso die Frischlinge,
wenn auch wahrscheinlich die Ältesten in der Gruppe. Wir konnten
also rundum nur lernen. Und das wollten wir auch. Wir wollten die
Grenzen unseres neuen Fahrzeugs ausloten, wollten den Sand lesen
lernen und im wahrsten Sinne des Wortes erfahren, wann wir die
Geländeuntersetzung und die drei Differenzialsperren zuschalten
müssten. Und natürlich bauten wir bei dieser Tour vor allem auf die
gegenseitige Hilfe beim Buddeln in der Wüste. Wer den Rudelführer
spielen würde, war uns dabei völlig wurscht.

Im Hinterkopf hatten wir freilich den legendären Spruch, dass man
mit Freunden nicht nach China oder in die Weiten der Sahara fahren
sollte, wenn man auf ewig befreundet bleiben möchte. Selbst dann
nicht, wenn das auf einem Europatrip mal ganz gut geklappt hat. Aus
eigenem Erleben konnten wir diese These durchaus bestätigen. Schon
mehrfach waren wir im Laufe der vierzig Jahre gemeinsam mit Freunden unterwegs gewesen und hatten dabei nicht immer nur erquickliche
Erfahrungen gesammelt. Vor allem bei der ersten längeren Reise, die
wir vor zwanzig Jahren zusammen mit einem befreundeten Ehepaar
unternommen hatten, mussten wir alle vier kräftig Lehrgeld zahlen.

Die Geschichte begann damit, dass unser Freund eines Tages anrief
und um unseren Rat bat. Angesteckt von Verwandten und Bekannten,
hatte er sich nach einem Reisemobil umgeschaut und ein älteres Auto-
home auf Ford Transit zu einem tollen Preis gefunden. Der Haken an
der Sache: Das Alkovenmobil englischer Bauart mit der Einstiegstür

mittig im Heck hatte einen Benzinmotor. Das Argument, für das Geld, das dieses überaus günstige Mobil gegenüber einem Diesel-Modell sparen würde, könnte man viele tausend Kilometer fahren, überzeugte ihn. Eine Woche später waren die beiden stolze Reisemobileigner und planten die erste Reise. Und damit kamen wieder wir ins Spiel. Angeheizt durch einen gemeinsam besuchten Diavortrag, den ein abenteuerlustiges Paar mittleren Alters gehalten hatte, das mit zwei Motorrädern kreuz und quer durch die Türkei gefahren war, wollten wir gemeinsam in die Türkei bis nach Kappadokien fahren.

Vier Wochen hatten wir dafür eingeplant. Zu viert planten wir die rund 8.000 Kilometer lange Strecke: über den Autoput durch Jugoslawien und Griechenland nach Istanbul, dann nach einem Abstecher ans Schwarze Meer über Ankara nach Kappadokien, durch die Kilikische Pforte nach Adana und schließlich entlang der Mittelmeerküste über Mersin, Anamur, Antalya, Fethiye, Bodrum, Ephesus und Izmir mit einem Schlenker zu den Sinterterrassen von Pamukkale zurück nach Istanbul und dann über Bulgarien wieder heimwärts.

Über das Thema Leitwolf hatten wir bei der Vorbereitung keinen Gedanken verloren. Unterwegs wollten wir alles gemeinsam entscheiden. Unausgesprochen war zudem klar, dass sich unsere Freunde bei Themen rund ums Reisemobil auf uns verlassen würden. Wobei es da gar nicht so viel zu regeln gab. Die Hauptsorge jeder Reisegruppe, dass irgendjemand aus Unkenntnis oder wegen Sprachproblemen Benzin statt Diesel tanken und danach die gesamte Gruppe mit seinem geschrotteten Turbodiesel-Motor auf eine harte Probe stellen würde, war bei uns zum Glück ja gegenstandslos.

Zu unserer gemeinsamen Freude lief alles bestens. Wer als Erster den Übernachtungs- oder Rastplatz verließ, fuhr vorn und übernahm das Kommando. Das Reisetempo, die Besichtigungspausen, die Länge der

Tagesetappen behagten allen. Kein Stress also, wie so oft zu hören, zwischen eventuellen Kilometerfressern und Genießern. Auch bezüglich der Sicherheit der Übernachtungsplätze fanden wir immer einvernehmlich eine Lösung. Mal auf dem Campingplatz, mal vor einem Hotel oder der Polizeistation. Oder auch mal völlig frei. So kamen die Abenteuerlustigen genauso auf ihre Kosten wie die Ängstlichen.

Trotzdem begann sich ganz langsam bei unseren Freunden ein gewisses Unbehagen aufzubauen, das sich hauptsächlich an zwei Punkten festmachte – dem Tanken und dem morgendlichen Start. Dass ihr Benzinmotor mehr Kraftstoff als unser Dieselaggregat schlucken würde, hatte ich ihnen vor dem Kauf angekündigt. Trotzdem, zum einen mussten sie öfter nachtanken als wir, zum anderen auch noch mehr pro Liter löhnen. Ohne dass wir das registrierten, baute sich da doch ein Vorwurf auf. Als noch kritischer kristallisierte sich jedoch heraus, dass unsere Lebensrhythmen absolut nicht zusammenpassten. Unsere Freunde waren überzeugte Frühaufsteher und morgens um sieben schon startklar. Wir dagegen mussten uns fast zwingen, um diese Zeit bereits zu frühstücken, damit wir gemeinsam um halb acht starten konnten. Abends verhielt es sich dann genau umgekehrt. Während wir lieber bis zum Abendessen gegen sechs Uhr abends fahren wollten, hatten unsere Freunde schon um vier Uhr keinen Spaß mehr und wollten zu diesem Zeitpunkt lieber schon ein kühles Weizenbier trinken.

Wegen dieses Problems beendeten wir denn auch nach zwei Wochen die gemeinsame Tour. Um unsere Freundschaft nicht aufs Spiel zu setzen, trennten wir uns gerade noch rechtzeitig in Pamukkale. Unsere Freunde fuhren direkt an die Westküste und blieben dort die restliche Zeit auf einem Campingplatz. Christa und ich nahmen die Route wie geplant unter die Räder.

Übrigens: Wir sind, nach einer Zeit des gegenseitigen Abwartens, heute noch gut befreundet. Die zwei sind auch nach wie vor im eigenen Reisemobil unterwegs. Allerdings ziehen sie es im Gegensatz zu uns vor, zwei bis drei Wochen an einem Platz zu bleiben.

Aus diesem Erlebnis haben wir für uns die Lehre gezogen, dass Toleranz bei Gruppenreisen zwar unverzichtbar, aber noch lange nicht alles ist. Wir sind überzeugt, dass die individuellen Lebensrhythmen eine mindestens genauso große Rolle spielen. Um gemeinsam reisen zu können, müssen sich extreme Frühaufsteher und notorische Langschläfer gegen ihr Naturell so stark einander anpassen, dass über kurz oder lang Reibereien nicht ausbleiben können. Wir achten seitdem jedenfalls sehr genau darauf, welcher natürliche Tagesrhythmus unsere möglichen Reisepartner bestimmt.

Vor allem aber legen wir vor der Reise gemeinsam einen strikten Tagesablauf fest. Und an den halten wir uns exakt – mit Ausnahme individueller Fotostopps. So schließen wir aus, dass uns ein Rallyefahrer, wie schon einmal erlebt, ohne Pause durch die Gegend hetzt und wir uns kaum trauen, mal kurz anzuhalten. Ein solcher Plan kann zum Beispiel so aussehen: Abfahrt um acht Uhr – wann wer aufsteht und frühstückt, kann dabei jeder für sich entscheiden. Nach 1,5 bis zwei Stunden wird eine kurze Pause eingelegt. Die Mittagspause von rund 1,5 Stunden steht ab etwa 12 Uhr auf dem Programm. Nach weiteren zwei Stunden Fahrzeit folgt eine kurze Kaffeepause. Und je nach Jahreszeit und Wetterlage, auf jeden Fall aber vor Sonnenuntergang, endet die Etappe zwischen 16 und 18 Uhr, und wir beginnen mit dem Einrichten des Übernachtungsplatzes.

Hält man einen solchen Plan ein, kann man unserer Erfahrung nach ganz grob von folgenden Tagesetappen ausgehen: auf guten Asphaltstraßen 300 bis 400 Kilometer und auf Pisten und Naturstraßen 200 bis 300 Kilometer. Fast unmöglich ist es, Etappen durch den Sand vorher zu planen. Je nach Untergrund und gefahrener Spur kann man mehr als 100 Kilometer schaffen. Oder man kann froh sein, wenn man sich am Ende des Tages lediglich 20 Kilometer durch den Weichsand gefräst, geschaufelt und geschleppt hat.

Eine gute Hilfe, um unterwegs bei Bedarf ohne Stress und Diskussionen von einem solchen Plan abzuweichen, sind Funkgeräte aller Art. Dazu gibt es freilich in den Reiseländern völlig unterschiedliche, nationale Regelungen. Unter Umständen wird sogar eine Funklizenz fällig. Noch wichtiger erscheint uns aber, dass man vor der Reise darüber redet, wann und wie man die Geräte einsetzen will. Nichts kann nerviger sein als Dauerkommentare aus einem Teilnehmerauto zu allem und jedem, was sowieso jeder auf der Strecke sieht und erlebt. Und dass alles durcheinanderquatscht, schließt man durch Funkdisziplin – »Hannibal an alle …« oder »Schaf Nummer drei an Leitwolf …« – auch aus.

Mit den Erfahrungen und Lehren aus diesen gemeinsamen Reisen im Gepäck gingen wir unseren Tunesientrip in der Gruppe an. Wir, das waren in diesem Fall drei Ehepaare und drei Einzelfahrer in sechs allradgetriebenen Fernreisemobilen – zwei auf MAN, je eines auf Iveco-Daily, Mercedes G, Landrover Defender und Toyota Landcruiser. Untereinander kannten wir uns bis zum Treffen im Hafen von Genua nicht. Die einzige Verbindung bestand darin, dass alle sechs Fahrzeuge von Langer & Bock im schwäbischen Göppingen auf- und ausgebaut worden waren. Die beiden Chefs, Michael Langer und Achim Bock, hatten die Reisegruppe auch zusammengesucht und fungierten nun als Reiseleiter.

Bei kaltem Winterwetter und Dauerregen trafen wir uns Mitte November 2003 im Hafen von Genua. Zum ersten Mal durfte die große Rundsitzgruppe in unserem Mobil zeigen, was sie verkraften kann. Und während ein riesiger Berg nasser Trekkingschuhe und Wetterjacken in der Duschkabine abtropfte, wärmten und beschnupperten wir neun uns bei heißem Kaffee und selbst gebackenem Kuchen in unserer beheizten Wohnkabine bis zum Ladebeginn der Fähre nach Tunis.

Von diesem Kennenlernen bis zum Ende der gemeinsamen Fahrt nach zwei Wochen – wir selbst blieben noch zwei weitere Wochen in Tunesien, die anderen sieben machten sich auf den Heimweg – war diese Reise für alle ein überwältigendes Erlebnis. Selbst für diejenigen, die sich schon öfter durch den Sand gewühlt hatten. Denn es war in erster Linie das Gruppenerlebnis, das alle so intensiv empfunden haben. Die gegenseitige Hilfe, wenn mal wieder ein Mobil bis zu den Achsen im Sand steckte und ausgebuddelt oder herausgezogen werden musste, das allabendliche Lagerfeuer, das Brotbacken nach Tuareg-Art im heißen Sand und die nächtlichen Gespräche und Diskussionen über Gott und die Welt, den Sinn des Lebens und des Reisens, fremde Kulturen und Religionen, Börsenkurse und Kraftstoffpreise: das alles wird uns unvergesslich bleiben.

Da haben wir auch locker verkraftet, dass wir am Ende der Tour statt unserer nagelneuen Sandschaufel ein ziemlich ramponiertes Modell übrig behielten. Wir hätten es einfach zu piefig gefunden, nach der letzten gemeinsamen Bergungsaktion nach unserer schönen neuen Schaufel zu fahnden. Trotzdem, ein klein bisschen hätte uns schon interessiert, welcher unserer Reisebegleiter sie sich unter den Nagel gerissen hatte. Auf der anderen Seite, seither weist uns die Patina an unserer jetzigen, zerschundenen Sandschaufel als alte Wüstenfüchse aus. Ein bisschen Angeben tut ja manchmal auch ganz gut.

Wir sind fest davon überzeugt, dass sich diese Reise kein zweites Mal so stressfrei und harmonisch durchführen ließe. Nicht einmal mit derselben Truppe. Zu viele einzelne Punkte spielen bei einer Gruppenreise eine Rolle, die auf dieser Tour in idealer Weise zusammengepasst hatten. Ein zweites Mal wäre das kaum möglich. Dennoch, diese gemeinsame Reise bestärkt uns in der These, dass Reisen mit Freunden mehr Spaß machen kann als allein. Es muss ja nicht gleich die Sahara, die Mongolei oder China sein. Auch ein Frühlingsmorgen inmitten blühender Natur, das Erkunden fremder Städte, Landschaften und Kulturen oder ein Sonnenuntergang am Meer kann viel schöner sein, wenn man ihn mit jemandem teilen kann.

Das gilt in gleichem Maße für Urlaubs-Bekanntschaften, die man unterwegs zu den verschiedensten Anlässen machen kann. Oft gehen sie über den reinen Erfahrungsaustausch zu Routen und Sehenswürdigkeiten hinaus und führen nicht selten zu dauerhaften, tiefen Freundschaften. Fährt man nur einen bestimmten Streckenabschnitt zusammen oder verbringt nur einen begrenzten Zeitraum miteinander, ist die Chance wesentlich größer, dass man auf getrennten Wegen weiterzieht, bevor es zu ersten Reibereien kommt. So hat man eine reelle Chance, auf ewig befreundet zu bleiben – obwohl man hin und wieder gemeinsam reist.

Sehr schön hat dieses Gruppenerlebnis vor Jahren der Teilnehmer einer Reise im Rotel-Tours-Bus beschrieben. Angesichts der Enge der über- und nebeneinander liegenden, nur durch Zeltwände voneinander getrennten Schlafkabinen hätte ich vermutet, er würde schreiben: »Wir haben geschnarcht, geknirscht, gehüstelt, gezischelt, geschnauft, geröchelt, gezuckt, gestrampelt und gekämpft.« Aber das hat er beileibe nicht. Er hat das Gruppenerlebnis sehr liebevoll, tolerant und treffend in die Worte gefasst: »Wir haben gejubelt, gestöhnt, geschimpft, gelacht, gemeutert, gestritten, gezittert, gelästert, gelobt und – geschwiegen.«

Wenn Tische auf der Straße steh'n

Wer ohne Feinplanung nach der Devise reist: »Der Weg ist das Ziel«, muss sich nicht wundern, wenn es irgendwann mal nicht mehr weitergeht. Aber auch Reisemobilisten, die alles im Vorhinein ganz genau durchplanen, kann es erwischen. Auch sie können plötzlich vor einem Hindernis stehen, oder die Straße ist vor ihnen so eng zugeparkt, dass sie selbst mit Spiegeleinklappen nicht durchkommen.

Mit kompakten Fahrzeugen ist das nicht allzu schlimm. Ein bisschen rangieren, vielleicht ein Stückchen rückwärtsfahren, umdrehen und auf der gleichen Strecke zurückfahren, auf der man gekommen ist. Das alles macht mit einem kurzen und wendigen Mobil nicht viel Mühe. Unbestritten steigern sich die Probleme mit der Länge des Mobils – mit gefühlter Potenzierung im Quadrat. Und mit ihnen der Blutdruck des Fahrers. Besonders, wenn er nicht allein auf der Straße unterwegs ist und sich hinter ihm schon eine mehr oder weniger ansehnliche Schlange gebildet hat.

Schon einige Male standen wir in den vierzig Jahren in Reisemobilen vor solchen Situationen. Wir sind zwar jedes Mal ohne Blessuren und Handgreiflichkeiten herausgekommen. Aber witzig war es beileibe nicht immer. Am amüsantesten fanden wir es noch auf Mallorca. Wir wollten die Insel anders als alle Bekannten kennen lernen und umrundeten sie in einem RMB-Integrierten, den uns das Wolfegger Unternehmen für einen Praxistest zur Verfügung gestellt hatte.

In Lluc Major waren wir auf dem Weg zu einer Bekannten, die mitten in der Stadt eine Boutique betrieb. So verschmähten wir die neu angelegte Umgehungsstraße und fuhren auf der alten Hauptstraße ins Zentrum. Doch sehr weit kamen wir nicht. Schon seit dem Ortseingang war die rechte Straßenseite zugeparkt. Doch irgendwann stand auch links ein Personenwagen auf dem Fußweg und ragte so weit in die Fahrbahn, dass wir mit unserem 2,30 Meter breiten Mobil beim besten Willen nicht vorbeikamen. Wie immer in solchen Situationen hatten sich bereits einige Pkws an unsere Stoßstange geheftet. Mit gestenreichen Bemühungen gelang es uns, die ersten Fahrzeuge so weit zurückfahren zu lassen, dass wir uns rückwärts in eine Parklücke auf der linken Seite mit eingeklappten Seitenspiegeln millimetergenau unter einen in die Straße ragenden Balkon quetschen konnten. Sehr fürsorglich half uns ein älterer Herr beim Rangieren, der wohl gerade vom Wochenmarkt gekommen war.

Jetzt blockierten wir wenigstens niemanden mehr. Die Pkws konnten sich an uns vorbeidrücken. Auch sie winkte unser hilfsbereiter und freundlicher Einwohner einen nach dem anderen vorbei, bevor er seine Plastiktüten wieder aufnahm und weitergehen wollte. Doch auch er kam nicht weit. Denn nachdem ich mich bei ihm für die Hilfe bedankt und ihn gefragt hatte, ob er vielleicht und ganz zufällig wisse, wem das Auto gehört, das uns am Weiterfahren hindert, stellte er seine Tüten wieder ab, griff in die Hosentasche, setzte sich in ebendiesen Pkw und fuhr ihn seelenruhig um die Hausecke auf einen leeren Parkplatz im Hof. Bis heute schwanke ich zwischen Bewunderung für so viel Coolness, Staunen über so viel Gelassenheit oder doch Verärgerung über so viel Gedankenlosigkeit.

Dass wir uns seit diesem Erlebnis strikt an die Devise hielten, kein Reisemobil mehr mit mehr als 2,30 Metern Breite für Reisen in Richtung Süden einzusetzen, half uns auch nicht wirklich weiter. Allein in Griechenland hatten wir mehrfach Probleme weiterzukommen. Wobei uns zweimal aktuelle Straßenkarten vor einer Odyssee bewahrt hätten.

Das erste Mal wollten wir in einem integrierten Hymer-Testwagen einen Finger des Peloponnes von Ost nach West überqueren. Auf unseren Karten fanden wir dazu zwei etwa parallel laufende Sträßchen, die nach der Farbkennzeichnung in der Karte der gleichen Kategorie angehörten. Wir entschlossen uns für die südlichere von beiden. Vielleicht hatten wir ja Glück und konnten von ihr aus einen Blick auf die Südspitze dieses Fingers erhaschen. Notfalls halt erst nach einem kurzen Fußmarsch zu einem ausgeschilderten Aussichtspunkt. Doch je weiter wir die Straße bergan fuhren, umso unwahrscheinlicher wurden freier Blick und Fußmarsch. Zuerst fiel uns nur auf, dass die Straßenränder nicht gemäht waren. Doch bald wucherten die Büsche und Sträucher auf beiden Seiten des Weges immer dreister über den Asphalt. Und von oben kratzten die Äste immer öfter über unsere Aludachhaut.

Dass wir in beiden Richtungen das einzige Fahrzeug auf dieser Straße waren, machte uns jetzt noch nicht stutzig. Auf den Nebenstraßen hier unten auf dem Peloponnes war der Verkehr auch sonst eher dünn. Doch als wir nach einer scharfen Biegung einen einsamen Eselsreiter vor uns hatten, den wir nicht überholen konnten, wurde uns langsam mulmig. Während wir hinter ihm den Berg hinaufkrochen, spielte ich in Gedanken alle denkbaren Horrorszenarien durch. Ich sah mich schon auf einem Waldweg versacken oder die gut fünfzehn Kilometer im Rückwärtsgang durch die Bäume und Büsche zurückzirkeln.

Mitten in diese Gedanken hinein tauchten die ersten Häuserumrisse im dichten Laubwald vor uns auf. Wir hatten zumindest eine Ortschaft erreicht. Die Chance, irgendwo im Gebirge hilflos stecken zu bleiben, war damit schon mal ausgeschlossen. Keine Frage, eine tiefe Erleichterung machte sich in uns breit. Doch nun mussten andere schwitzen. Denn nachdem wir endlich an den ersten Häusern angekommen waren, sahen wir uns anderen Barrikaden gegenüber. Die Straße war übersät mit Stühlen, Tischen und Bänken, auf denen die älteren Dorfbewohner die wärmende Frühlingssonne genossen.

Zu unserem Erstaunen räumten die Opas und Omas ohne Murren wortlos Stück für Stück ihr Mobiliar auf die Seite, um uns passieren zu lassen. Als wir so etwa beim vierten Haus angelangt waren, sah ich am Ende der Straße einen riesigen Kühl-Sattelzug unsere Richtung queren. Des Rätsels Lösung fanden wir denn auch an dieser Kreuzung. Die nördliche der beiden Straßen war entgegen unseren Karten inzwischen vierspurig ausgebaut worden. Logisch, dass sich daraufhin Vegetation und Dorfbevölkerung die nun kaum noch befahrene, südlichere Dorfstraße zurückerobert hatten.

Ab sofort, so unser Entschluss, wollten wir nur noch mit aktuellen Karten in möglichst kleinem Maßstab auf Tour gehen.

Sind wir bei dieser Aktion noch mal um das Zurückfahren herumgekommen, so hat uns dieses Schicksal mehrmals mit unserem MAN-Fernreisemobil ereilt. Davon mindestens einmal allein wegen seiner Unbeweglichkeit. Denn das Mobil war zwar nur sieben Meter lang und 2,30 Meter breit. Aber es war 3,45 Meter hoch, und wegen seines Allradantriebs hatte es einen Wendekreis von über 18 Metern.

Beim ersten Mal hatten wir auf der Halbinsel Lefkas massive Probleme. Wir wollten an deren Westküste einen Berg überqueren, über den eine gelb auf der Straßenkarte eingezeichnete Straße führte. Nach anfänglichem Zögern nahmen wir sie zackig in Angriff. Sie war angenehm breit, bestens asphaltiert, und es kamen uns einige Lastwagen entgegen. Was wir da noch nicht wussten: Die meisten Lastwagen kamen nicht von der Straße, die wir über den Berg nehmen wollten, sondern von einer anderen Straße, die auf unseren Karten noch als Eselsweg eingezeichnet war. Inzwischen war sie aber großzügig ausgebaut worden.

Aber immerhin, auf dem Weg zum letzten Dorf vor den Serpentinen hinauf auf den Pass kam uns noch ein Omnibus entgegen. Als wir jedoch der Straße hinter dem Kirchplatz dieses Dorfs nach rechts folgen wollten, war es schlagartig aus mit Asphalt und großzügiger Straßenbreite. Sicherheitshalber stieg ich aus und ging etwa 200 Meter zu Fuß, um die weitere Streckenführung zu erkunden. Der Weg war eng, der Belag war schlecht, und die Dächer oder Dachrinnen ragten in die Fahrbahn. Aber er schien mir für unser Mobil gerade noch machbar. Wäre ich nur hundert Meter weitergegangen! Denn da war hinter einer weiteren Kurve absolut Sense. Also das Ganze wieder zurück, mal den linken, mal den rechten Außenspiegel eingeklappt. Und das Schlimmste, jetzt fingen die schwarz gewandeten Muttchen in ihren Gärten an zu keifen, was das Zeug hält. Hatten sie uns auf dem Hinweg nur ungläubig zugeschaut, jetzt brach ihr ganzer Unmut über uns herein. Ich habe weder vorher noch nachher in meinem Leben eine solche Schimpfkanonade ertragen müssen. Als wäre ich nicht schon gestraft genug gewesen. Zerknirscht und beschämt habe ich mir an diesem Tag geschworen, dass ich das nächste Mal in einer solchen Situation den Weg wenigstens 500 Meter weit zu Fuß erkunde.

Eher gelassen haben uns die Dorfbewohner bei unserer zweiten Rückwärts-Tour zugeschaut. In diesem Fall hätte uns aber auch die beste Karte nichts genützt. Wir waren einige Tage an der Westküste zwischen Igoumenitsa und Parga frei an einem herrlichen Uferstück gestanden. Auf der Weiterfahrt wollten wir unseren Mineralwasser-Vorrat auffüllen. Also bogen wir frohen Mutes in Richtung des nächsten Bergdorfes ab. Es ging zügig bergauf. Über uns sahen wir die Kirche. Am Dorfplatz würde es sicher irgendeinen Lebensmittelladen geben. Es müsste ja nicht unbedingt ein Lidl sein, die schon damals ganz Griechenland überzogen. Wir wollten gerade auf den Dorfplatz einbiegen, da versperrten uns vier in der Kurve geparkte Personenwagen den Weg. Wir stiegen aus, um die Lage zu sondieren. Beim Bäcker um die Ecke bekamen wir die Antwort, dass wir sowieso nicht weiterkämen. Nach fünfzig Metern würde der Kirchplatz beginnen, und der würde gerade neu gepflastert. Bei uns in Deutschland würde so etwas schon Kilometer vorher durch einen unvergleichlichen Schilderwald angezeigt. Hier in Griechenland stellte man es halt fest, wenn man direkt vor der Baustelle stand. Manchmal ist mir unsere Bürokratie doch lieber.

An Wenden war hier oben auf dieser Dorfstraße nicht zu denken. Also das Ganze rückwärts. Christa in meinem Rücken voraus. Zu seinem Unglück hatte inzwischen ein Restaurantbetreiber nicht nur Stühle und Tische, sondern auch eine Batterie Sonnenschirme bis auf die Straße postiert. So leid es mir auch tat, auch er musste zurückrudern. Irgendwann nach etwa zwei Kilometern schien mir die Straße samt einem seitlichen Feldweg breit genug, um unseren Koloss in sechs Zügen zu wenden.

Unseren dritten Rückwärts-Slalom mussten wir fahren, weil uns ein tief hängender Balkon in einer engen Dorfgasse die Weiterfahrt versperrte. Wir fuhren an einem Sonntag-Nachmittag durch ein völlig zugeparktes Dorf. Vor uns schlängelte sich mühsam ein Kipper-Lastwagen durch das Labyrinth. Wie immer in solchen Situationen musste sich Christa anhören, dass wir dort, wo Schulbusse oder Lastwagen durchkommen, auch genug Platz hätten. Doch diesmal hatte ich nicht daran gedacht, dass der Laster wesentlich niedriger war als unsere Wohnkiste. Nachdem wir den Kirchplatz und den Friedhof im Slalom umfahren hatten, klemmten wir jedenfalls urplötzlich zwischen zwei Häusern fest. Das rechte Vorderrad stand vor drei Stufen auf der Straße, die in das Haus rechts von uns führten. Und links oben hatte ich mich unter lautem Kratzen mit dem Astabweiser unter einem Balkon festgefahren.

Unser Glück war, dass an diesem Sonntag-Nachmittag so gut wie niemand im Auto unterwegs war. So konnten wir relativ ruhig die gesamte Strecke, abermals im Slalom, zurückfahren. Hilfsbereit unterstützt von zwei jugendlichen Griechen, die mich – einer vorn, der andere hinten – ganz ausgezeichnet durch das schmale Labyrinth lotsten.

Obwohl die beiden letzten Beispiele zeigen, dass man selbst mit aktuellen Straßenkarten nicht gegen alle Unwägbarkeiten gefeit ist, bleibe ich dabei: Erstens kaufe ich mir, meist vor Ort, Straßenkarten mit kleinem Maßstab und auf neuestem Stand. Und ich erkunde, wenn es brenzlig zu werden droht, lieber fünfhundert Meter zu Fuß. Nicht nur die beiden nächsten Kurven.

Nur zum Arztbesuch nach Deutschland

Wir trafen die 76-jährige Gerda und ihren ein Jahr jüngeren Artur am Strand in Griechenland. Ihr Wohnwagen stand den ganzen Tag schon etwa 50 Meter von unserem Reisemobil entfernt. Gegen Abend kamen sie mit ihrem Geländewagen von einer Erkundungstour zurück. Am Strand trafen wir uns und hatten schnell ein Gesprächsthema. »Wir sind auch deswegen das ganze Jahr unterwegs, weil wir dabei ständig aufs Neue interessante Menschen kennen lernen«, beteuerten sie uns. Oha! Das hieß für uns: mächtig anstrengen, damit wir nicht durchfallen.

Seit fast zwanzig Jahren waren die beiden nun schon ganzjährig mit Caravan-Gespannen unterwegs. Seit acht Jahren ausschließlich in Griechenland. »Zwei Wochen pro Jahr daheim in Deutschland, um die notwendigen Arztbesuche abzuspulen, reichen uns völlig aus, dann treibt es uns wieder fort«, bekannte Artur freimütig, »und um Zeit zu sparen, stimmen wir die Termine noch aus dem Urlaubsland per Handy ab.«

Mit dieser Art zu reisen ist das westfälische Ehepaar durchaus kein Einzelfall. Nicht nur in Amerika, auch in Europa gönnen sich immer mehr Reisemobilisten und Caravaner nach einem erfolgreichen und entbehrungsreichen Arbeitsleben ihren persönlichen Lebensstil zwischen dem streng reglementierten Leben am Erstwohnsitz und nomadenhaftem Umherziegeunern im Dauerurlaubsland. Wobei Letzteres nicht selten allein durch die Alltäglichkeiten wie das Aufspüren des nächsten Wasserhahns, das Festlegen der Reiseroute und den ganz normalen Tagesablauf bestimmt wird.

Wir hatten von den beiden den Geheimtipp eines wunderschönen Strandstreifens auf dem Peloponnes bekommen, wo wir sie vierzehn

Tage später inmitten ihrer Rentnermobil-Kolonie wiedertrafen. Fünf Dauerrelaxer-Ehepaare hatten sich dort auf einem kleinen Plateau neben einem ausgetrockneten Flussbett am Meer eingerichtet. Einige wollten mehrere Monate hierbleiben. Der Rest wollte nach einigen Wochen nordwärts in kühlere Gefilde ziehen, um der Hitze und dem Touristenansturm aus dem Weg zu gehen.

Uns faszinierte besonders, wie sehr sich der Tagesablauf der Aussteiger von dem der Dreiwochen-Urlauber unterschied. Fast ausschließlich suchten sie – zumindest hier in Griechenland - Stellplätze außerhalb von Campingplätzen auf, deren Lage sie unter größter Geheimhaltung untereinander austauschten. Aus diesem Grund waren das Auffüllen der Lebensmittelvorräte und die Ver- und Entsorgung wesentliche Eckpfeiler ihrer täglichen Arbeit. Vor allem bei denen, deren Fahrzeuge nicht mit übermäßiger Autarkie aufwarteten. Um Gasnachschub aus der nächsten Stadt zu holen, tat man sich zusammen. Wohl denen, die ein Caravangespann in ihrer Nähe haben! Ohne Diskussionen ist dann klar, dass die Gasflaschen mit dem Zugwagen geholt werden.

Übrigens die Gasversorgung. Während sich in Deutschland die Fachmagazine mit den Schwierigkeiten der Gasversorgung im vereinten Europa auseinandersetzen, waren den Dauerurlaubern das sie behindernde Regelwerk und nationale Wirtschaftsinteressen relativ schnuppe. Sie hatten ihr eigenes Rezept, die Gasflaschen nachzufüllen. Wie zu den Urzeiten des Caravanings liehen sie sich volle nationale Gasflaschen, hängten sie – mit einem nassen Tuch zur Kühlung umwickelt – in einen Baum. Über Adapter und einen Schlauch verbanden sie die Flaschen unter Umgehung des Reglers mit ihren eigenen, leeren Flaschen und ließen das flüssige Gas in sie hinunterlaufen. Um die gefährliche Überfüllung zu vermeiden, setzten sie die eigene Flasche auf eine Personenwaage oder hängten sie an eine Federwaage und kontrollierten so den Füllungsgrad. Der Vollständigkeit halber sei erwähnt, dass diese Methode nicht nur gefährlich, sondern auch streng verboten ist. Außerdem ist sie heute auch nicht mehr zeitgemäß. Gerade in Griechenland bekommt man fast an jeder Tankstelle Autogas, mit dem man leicht, sauber und gesetzeskonform die anstelle einer Tauschflasche in das Reisemobil gestellte Tankflasche füllen kann.

Kaum Probleme scheint den Dauerurlaubern die Elektrik zu machen. Ausgerüstet mit ansehnlichen Batteriekapazitäten und entsprechender Anzahl von Solarpaneelen auf den Dächern, scheinen sie problemlos monatelang ohne Stromanschluss, Generator oder Brennstoffzelle auszukommen. Selbst diejenigen, die zusätzliche Kompressor-Tiefkühlboxen im Einsatz hatten.

Dass sich die Männer auch schon mal der Pflege und Wartung ihrer Mobile im Urlaub widmen, sieht man auch an Rhein oder Mosel. Dass aber ein Weitgereister, der den Winter in Marokko verbracht hatte, jetzt hier am Strand im griechischen Frühling sein Auto halb zerlegte, das dürfte doch eher die Ausnahme sein. Während der drei Tage, die wir auf der anderen Seite des Flussbettes verbrachten, rückte einer der beneidenswert braun gebrannten Dauerurlauber, mit komplettem Werkzeug und umfangreichem Dosensortiment ausgestattet und nur mit einer Badehose bekleidet, dem Gilb an seinem Mobil zuleibe. Fenster für Fenster schraubte er ab, bürstete und polierte den Rost an deren Ausschnittkanten ab, überpinselte sie mit Primer und besserte dann mit Farbe nach.

Mit einer gewissen Bewunderung verfolgten wir Normalurlauber das Treiben derer, die – allesamt fit, aktiv und neugierig – aus voller Überzeugung ihr Reisemobil jetzt zum Lebensabend für einen großen Zeitraum des Jahres zum Hauptwohnsitz gemacht hatten. Und das Interessanteste daran: Fast alle fuhren keine so genannten Traummobile, sondern robuste, kompakte und einfache Mobile, die – kostenbewusst und praxisgerecht ausgestattet – auch mal einen Kratzer vertrugen, ohne dass deren Besitzer gleich ausflippen mussten.

Sind wir jetzt im Film?

Es war einfach gespenstisch. Wie im Film. Vielleicht aber war unsere Wahrnehmungskraft auch durch die Vorurteile und Erwartungen benebelt, die wohl jeder auf seiner ersten Reise nach Sizilien im Gepäck hat.

Wir waren recht spät zum Fährhafen von Reggio di Calabria gekommen. Als wir nach der kurzen Schiffspassage im Hafen von Messina auf Sizilien eintrafen, war es schon dunkel. Die Fahrt durch das Hafengelände unterschied sich in nichts von der durch andere Häfen: um ungezählte Ecken herum, zwischen reparaturbedürftigen Fischerbooten, wahllos herumstehenden Trailern und aufgeschichteten Containern hindurch immer den anderen hinterher. An der ersten Ampel teilte sich der Strom, und nachdem wir links die Uferstraße nach Süden genommen hatten, waren wir plötzlich allein. Aber nicht lange. Unheimlich langsam schob sich eine dunkelrote Stretch-Limousine links an uns vorbei. Und die wollte überhaupt nicht enden. Eine nach der anderen schwebten schwarz getönte Seitenscheiben, unterbrochen von senkrecht stehenden Lichtbändern, an uns vorbei. Wir spürten förmlich, wie die Klöße in unseren Kehlen wuchsen und sich die Haare vom Nacken her aufzustellen begannen. Endlich, nach gefühlten Stunden, senkte sich die Karosserie hinter dem von zugezogenen Vorhängen verdeckten Heckfenster ab und machte einem riesigen Kofferraum Platz, auf dessen Deckel eine chromblitzende V-Antenne ihre beiden Flügel in den Mondhimmel reckte. So langsam, wie es an uns vorbeigeglitten war, so überheblich verlor sich das US-Schlachtschiff mit Kalifornia-Zulassung in der Dunkelheit.

Ehrlich gesagt, in dieser Nacht war uns nach freiem Stehen irgendwo in der Dunkelheit nicht zumute. Zwei Ortschaften weiter bogen wir links in Richtung Meer ab, fuhren aber nicht bis zur Uferpromenade hinunter, sondern suchten uns ein Übernachtungs-Plätzchen auf einer kleinen Straße mitten im beleuchteten Wohngebiet.

Wir waren am nächsten Morgen noch keine halbe Stunde gefahren, als sich der Film fortsetzte. Auf der Fahrt durch eine kleinere Stadt wartete auf der rechten Straßenseite ein schneeweißes US-Kabriolett mit überquellendem Hochzeitsschmuck auf Motorhaube und Kofferraum auf das Brautpaar. Beim Näherkommen vervollständigte sich das Bild zur Filmkulisse. Die gesamte Treppe vom Auto hinauf zu einer Kathedrale bedeckte ein roter Teppich. Rechts und links von ihm schmückte jede der mindestens fünfzig Stufen ein prächtiges Blumengesteck. Vor der Kirche und rund um den Kirchplatz standen Palmen und blühende Büsche in riesigen Blumenkübeln. Das Ganze umweht von einer Vielzahl von Girlanden und Fahnen. Und wie zur Bestätigung verteilten sich auffällig-unauffällig kräftige Sizilianer in dunklen Nadelstreifen-Anzügen, blitzenden Schuhen, breitkrempigen Hüten und merkwürdig wulstigen Schultern rund um den Platz. Normalerweise lassen wir uns eine Hochzeits-Zeremonie und die dabei zu schießenden Bilder im Ausland nicht entgehen. In diesem Fall war es aber wohl verständlich, dass wir gern auf jede Art von Foto verzichtet haben und froh waren, als wir endlich den – sagen wir mal – Drehort unbehelligt hinter uns gelassen hatten.

Es dauerte rund zwei Wochen, bis sich für uns die Filmproduktion fortsetzte. Wir hatten inzwischen Sizilien im Uhrzeigersinn umrundet. Ich hatte mir in der Notaufnahme – pronto soccorso – im Hospital von Taormina eine kostenlose Spritze gegen einen schmerzhaften Hexenschuss abgeholt – verflixte Fototasche! Wir waren ausgiebig im Meer baden und hatten noch mehr gesehen. Irgendwann hatte uns dabei ein Campingplatzbetreiber, der vorher zwanzig Jahre lang in Deutschland gelebt hatte, erklärt, dass Sizilien für Touristen absolut sicher sei.

Um die lukrative Einnahmequelle Tourismus zu erhalten, sorge die Mafia dafür, dass die Touristen nicht von Kleinkriminellen behelligt würden. Ab diesem Moment übernachteten wir mit noch weniger Bedenken auch mal frei an Stränden, im Gebirge oder in Städten. So waren wir schließlich bis nach Palermo gekommen und fuhren noch spät abends an einem Samstag hinauf zur Benediktiner-Klosteranlage Monreale. Keine hundert Meter entfernt von dessen mächtigem Dom fanden wir einen absolut ruhigen Übernachtungsplatz zwischen den Häusern – auf dem Quadrat des Wochenmarktes.

Am nächsten Tag war Weißer Sonntag. Das stellten wir allerdings erst fest, als wir am Morgen das Kloster und den Dom besuchten – zur Zeit der ersten Messe. Es war ein in jeder Hinsicht ergreifendes Erlebnis. Für bleibende Eindrücke hätte schon allein das mächtige Bauwerk genügt. Jetzt aber kam noch das Erlebnis der Messe hinzu. Mit dem wuchtigen Klang der Orgel, dem vielstimmigen Gesang eines Kinderchores, und beides übertönt von einer glockenklaren Knaben-Sopranstimme. Es war überwältigend.

Eher düster waren unsere Eindrücke eine reichliche Stunde später in der gotischen Kathedrale unten in der Stadt Palermo. Zu unserem Erstaunen waren die Straßen an diesem Tag wie leergefegt. Zügig und ohne das geringste Verkehrsproblem erreichten wir das Zentrum. Dort fanden wir sogar einen Parkplatz für unser Siebenmeter-Reisemobil. Direkt an der Straße. Keine hundert Meter von der Kathedrale entfernt.

Zu Fuß erreichten wir das beeindruckende Gotteshaus durch ein Spalier aus Vorkriegs-Rolls-Royce und anderen automobilen Preziosen samt deren uniformierten Chauffeuren gerade noch rechtzeitig zur Hauptmesse. Doch drinnen kamen wir nicht weit. Nur mühsam konnten wir aus etwa der zehnten Stehplatzreihe einen Blick über die undurchdringliche Einheit von ausgebeulten Nadelstreifen-Schultern und stiernackigen Köpfen auf die Gruppe der Erstkommunion-Kinder vorn am Altar sowie deren Eltern und Verwandte in den reichlich leeren Sitzreihen werfen. Ich denke, es ist unnötig zu erwähnen, dass ich vor lauter Gamaschenschuhen an den Füßen und Borsalino-Hüten in den Händen unserer Vordermänner nicht im Traum daran denken mochte, die Kamera auch nur aus der umgehängten Fototasche herauszufummeln.

Das Gänsehaut-Szenario dieses denkwürdigen Tages krönte ein Erlebnis, das wir während des anschließenden Spaziergangs durch die leergefegte Stadt hatten. Wir flanierten durch eine ehrwürdige Straßenzeile mit vier- bis fünfstöckigen Häusern, deren wunderschöne Sandsteinfassaden allerdings schon bessere Zeiten gesehen hatten. Die meisten Häuser machten einen unbewohnten, teilweise ziemlich heruntergekommenen Eindruck. Beim Passieren eines dieser Gemäuer geschah es. Gespenstisch-majestätisch öffnete sich die locker über drei Meter hohe, zweiflügelige Hoftür mitten in dem Gebäude. Für einen Moment hatten wir einen traumhaften Blick auf ein Paradies aus Kies, Palmen und Blüten vor einer blendend weißen Luxusvilla im Innenhof. Durch das offene Tor glitt geräuschlos ein perlmuttfarbener Rolls-Royce-Oldtimer mit chromblitzendem, schmalem und unendlich hohem Kühlergrill auf die bucklige Kopfsteinpflaster-Straße. Ungläubig saugten wir die fast mystische, filmreife Szene in uns auf. Aber nirgends konnten wir eine Kamera entdecken.

Zehn Jahre später waren wir noch einmal auf Sizilien. Diesmal nicht mit unserem eigenen Reisemobil, sondern mit einem Alkovenmobil aus der Testflotte der Firma Eura-Mobil. Das war aber sicherlich nicht der Grund dafür, dass wir auf dieser zweiten Tour ganz andere Erlebnisse als auf der ersten hatten.

Die Insel war noch genauso schön und interessant wie auf unserer früheren Reise. Wir umrundeten sie wieder im Uhrzeigersinn, besichtigten zum Teil wieder die gleichen Stätten und übernachteten oft auf den gleichen Plätzen. Wir besuchten die Touristenhochburg Taormina und die herrliche Barockstadt Noto. Wir waren in Enna, Piazza Armerina und Agrigento. Wir haben in Marsala unsere Weinvorräte aufgefüllt und in Trapani bei der Meersalzgewinnung zugeschaut. Wir sind in Segesta von der bestens erhaltenen Tempelanlage hinauf zum griechischen Theater gepilgert. Und wir sind schließlich wieder nach Palermo gekommen.

Doch hier fanden wir alles gegenüber unserer ersten Reise total verändert vor. Die Gegend um das Kloster Monreale war für den und vom Massen-Tourismus total versaut. Die wundervolle Bronzeguss-Eingangstür zur Kathedrale war von Ramsch-Souvenirbuden und Pferdekutschen verstellt. Und bis zur Kathedrale in der Stadt sind wir an einem Samstag-Vormittag überhaupt nicht durchgekommen. Nach zwei Stunden Stop-and-Go sind wir dem Verkehrschaos in unserem Testwagen entnervt entflohen, nachdem direkt neben uns ein Pkw einen Rollerfahrer auf dem Fußweg umgemäht hatte. Als Zeugen hätte uns niemand gebraucht. Mindestens fünfzig Menschen hatten den Unfall hautnah miterlebt.

Dafür hatten wir auf unserer zweiten Reise andere erzählenswerte Erlebnisse. In Selinunte zum Beispiel. Wir waren spätnachmittags auf dem Weg zu den legendären Tempeln, als wir einige Kilometer vorher ein malerisches Restaurant passierten. Zwischen Palmen und blühenden Büschen, umweht von bunten Fahnen, lugten die beiden Ecktürme des Sandsteinbaus hervor. Seitlich führte eine gekieste Einfahrt in den Innenhof. Das alles sah sehr edel, aber auch recht teuer aus. Trotzdem, nach mehreren Tagen mit eigener Küche war es mal wieder an der Zeit, die Etappe mit einem lukullischen Mahl in einem schönen Ambiente zu beschließen. Die Reisekasse gab das auch her. Wir freuten uns richtig darauf, auf der Rückfahrt hier unser Abendessen genießen zu können.

Wenige Minuten nach Öffnungsschluss ließen uns die Kassierer auf unser Drängen noch in Europas größtes Ruinenfeld, die frühere Stadt Selinunt. Hungrig und in innerlicher Eile spulten wir mehr oder weniger nur das Pflichtprogramm ab, schossen aber bei rotglühend untergehender Sonne ein paar traumhafte Bilder von den wenigen, nur noch als Fragmente erhaltenen Tempeln zwischen all den nach dem Alphabet geordneten Bergen zerborstener Säulenschäfte und sonstiger Trümmer.

Als wir die Anlage verließen, war es schon dämmrig, und an der Kasse verabschiedete uns nur noch das Wachpersonal. Voller Spannung auf das bevorstehende Abendessen fuhren wir zu unserem Restaurant zurück. Und wir wurden nicht enttäuscht. Jetzt im Dunkeln sah es noch imposanter aus. Nicht nur das Gebäude, auch die Fahnen, Palmen und Büsche waren von unten angestrahlt. Knirschend fuhren wir auf der Kieseinfahrt in den riesigen, rundum ebenfalls von Bodenlampen ausgeleuchteten Innenhof, wo uns zwei uniformierte Parkplatzwärter empfingen und unserem Reisemobil die hinterste Reihe zuwiesen.

Erwartungsvoll schritten wir über den Kies zum feierlich mit Fackeln erleuchteten Eingang des Restaurants. Dessen Glastür war von oben bis unten mit den Aufklebern aller üblichen plus einiger uns nicht bekannter Kreditkarten-Unternehmen beklebt. Flankiert wurde dieses Ensemble auf beiden Seiten von den vornehmen Emaille-Empfehlungsschildern der großen europäischen Automobilverbände und den Tafeln des örtlichen Rotary- und Lyons-Clubs. Das alles machte nicht nur einigen Eindruck auf uns. Es erhöhte auch unsere Spannung – und die Sorge um unsere Reisekasse.

Im Restaurant angelangt, waren wir Mitteleuropäer wie so oft die ersten Gäste zum Abendessen. Obwohl es nun schon fast 20 Uhr war. Klar, dass uns der ausgedehnte Speisesaal deshalb noch größer erschien, als er ohnehin war. Aber vielleicht erschien uns das auch nur so, weil er ganz eigenartig bestuhlt war. Rechts und links entlang der Seitenwände ragten lange Tische mit sechs Stühlen auf beiden Seiten in den Raum. Zusammen mit den Armlehnstühlen an den Kopfenden boten sie also bis zu vierzehn Sitzplätze. Den Mittelteil des Saales füllten kleinere Tische für zwei bis sechs Personen. Die Stirnwand war auf beiden Seiten des Eingangs durch vier große Torbögen geöffnet, durch die wir den Köchen bei ihrer Arbeit zusehen konnten. Quer vor den offenen Küchen war das Servicepersonal noch damit beschäftigt, das Vorspeisenbuffet auf insgesamt sechs Tischen aufzubauen. Auf jedem der langen Tische mit anderen Delikatessen. Es war sensationell.

Uns bot der Ober einen Zweiertisch in der Mitte des Raums neben einem massigen Stützpfeiler an. Von ihm aus hatten wir freien Blick auf die Küchen, das Buffet und den gesamten Saal. Zunächst aber genossen wir den Blick in die diversen Speise- und Weinkarten. Zu unserer Verblüffung stellten wir dabei fest, dass sich die Preise in diesem Restaurant durchaus auf dem gewohnten, für uns äußerst günstigen Niveau bewegten. Wir hätten essen können, bis der Arzt kommt, und dennoch wären wir mit weniger Geld ausgekommen, als angenommen. Und unser Ober gab sich auch noch richtig viel Mühe mit uns. Denn wir wollten einerseits alles Mögliche probieren. Andererseits wollten wir uns aber nicht bis zur Bewusstlosigkeit vollstopfen. Also bestellten wir, wie wir das im Süden sehr oft und gern machen, zu jedem Gericht zwei Teller. So konnten wir die Portion unter uns aufteilen und dadurch die doppelte Anzahl Probierhappen aus den Gängen machen. In diesem Fall aber übertraf sich unser Ober selbst. Als wir uns nach den Vorspeisen und der Pasta nicht so recht für ein Fisch-Gericht entscheiden konnten, kam er doch glatt mit einem Dessertteller aus der Küche zurück, auf dem er uns ein Stück gegrillten Fisch zum Probieren brachte.

Inzwischen hatte sich das Restaurant Tisch um Tisch gefüllt. Und jetzt wussten wir auch, warum hier dermaßen lange Tische standen. Von denen war übrigens gegen zehn Uhr abends kein einziger mehr frei. Alle Tische waren nach dem gleichen Muster belegt. Mit dem Rücken zur Außenwand nahm der Patrone Platz. Rechts und links von ihm reihten sich die Söhne und Töchter samt deren Partnern auf. Danach folgte die bunte Schar der Enkel. Irgendwo mittendrin hatte sich die absolute Nummer eins der Familie, die Mama, niedergelassen.

Als wir uns so gegen elf Uhr nachts zur Weiterfahrt auf einen Übernachtungsplatz aufmachten, war das Lokal proppenvoll. Die Kinder tobten herum. Die Männer diskutierten heftig, die Frauen amüsierten sich lautstark. Es war die pure überschäumende Lebensfreude. Und das an einem stinknormalen Wochentag.

Wie Lebensfreude und Lebenskunst sonst noch aussehen können, erlebten wir an unserem letzten Tag auf Sizilien. Wir fuhren auf der Autobahn von Cefalu zur Fähre nach Messina. Schon von Weitem sahen wir auf einem Parkplatz ein Piaggio-Dreirad stehen, neben dem Kisten mit Zitronen und Orangen aufgebaut waren. Da wir zu diesem Zeitpunkt den Saft all der unterwegs in der Wildnis geernteten und ausgepressten Südfrüchte schon verbraucht hatten, kam uns dieses Angebot gerade recht. Wir also rechts ran, Motor aus und nichts wie hin zu dem Minilaster, dessen Ladefläche mit einer dicken Plane abgedeckt war. Aus seinem Nickerchen im Schatten eines großen Baums neben der Straße mühte sich ein kräftiger Sizilianer hoch, wurde immer größer und stand schließlich, mindestens 1,90 Meter lang, mit breitem, freundlichem Lachen vor uns.

Zwei Kisten Zitronen und eine Kiste Orangen waren ruck, zuck in Eimer, Wannen und sonstige Behältnisse aus unserem Reisemobil gekippt und verstaut. Aber damit war unser Sizilianer noch nicht zufrieden. Als Nächstes ließ er uns selbst gemachten Ziegenkäse probieren, den er unter der Plane seines Dreirads hervorzauberte. Überzeugt. Zwei Käse nahmen wir auch noch mit. Sobald er die Plane noch ein Stück weiter geöffnet hatte, kam nun Salami zum Vorschein. Ausgerechnet Salami, der ich doch nie widerstehen konnte. Christa und ich einigten uns auf nur eine Wurst, dafür aber ein recht großes Exemplar.

Doch nun lief unser fliegender Händler zur Höchstform auf. Während er aus der Tiefe seines rollenden Marktstandes ganz vorn unter der Plane eine bauchige Fünfliter-Glasflasche mit Weißwein und eine Handvoll Plastik-Probiergläschen hervorkramte, legte er uns seine Miet-Ferienwohnung am Gargano wärmstens ans Herz. Wenn wir schon nicht wollten oder könnten, so hätten wir doch bestimmt die Möglichkeit, sie Freunden oder Bekannten anzubieten. Die würden sich dort bestimmt wohl fühlen. Und für uns wäre eine schöne Provision drin.

Der fast roséfarbene, schwere Weißwein traf meinen Geschmack genau. Da musste ich einfach drei Liter mitnehmen. Zwar hatten auch wir schon oft Wein aus dem Ausland mitgebracht, der uns daheim nicht mehr schmecken wollte. Schon gar nicht so, wie wir meinten, dass er unter der südlichen Sonne geschmeckt hatte. Dennoch. Und außerdem war ich überzeugt, dass ich ihn sowieso auf der Rückfahrt schon fast aufbrauchen würde. Um noch ein bisschen genießen zu können, ließ ich mir mit der Zusage aber Zeit, schlürfte erst noch ein zweites Gläschen.

In der Zwischenzeit waren wir so gute Freunde geworden, dass wir bei unseren Kindern angelangt waren. Da hätten wir aber wohl besser geschwiegen. Denn jetzt begann der Heiratsmarkt. »Was, ihr habt einen unverheirateten Sohn im besten Mannesalter? Der sollte mich mal dringend besuchen. Ich habe drei Töchter, von denen die Hübscheste, meine Jüngste, noch nicht verheiratet ist. Das wär' doch was, oder?«

Noch bevor wir uns rauswinden konnten, hatten wir Rotwein in unseren Plastik-Gläschen. Und auch der war köstlich. Im wahrsten Sinne des Wortes von der Sonne verwöhnt. Oder hatte ich schon einen an der Waffel bei der Hitze? Egal. Gut, okay. Aber dann, bei aller neu gewonnenen Freundschaft, musste endgültig Schluss sein.

Das Lenkrad überließ ich Christa. Ich gönnte mir den Beifahrersitz, dessen Lehne ich so weit wie möglich zurück kippte. Als ich wieder zu mir kam, waren wir schon auf der Fähre nach Kalabrien.

Die Erlebnisse auf unseren beiden Reisen auf Sizilien waren dermaßen unterschiedlich, besonders in Palermo, dass wir fast den Eindruck hatten, auf zwei verschiedenen Inseln gewesen zu sein. Aber vielleicht lag das auch daran, dass während unserer zweiten Reise gerade kein Film über Paten und ihre Familien gedreht wurde. Oder war das gar kein Film gewesen?

Friedenspfeife mit der Elektrik

Die elektrischen Anlagen in modernen Freizeitfahrzeugen sind die reinsten Wunderwerke. Ich denke, ich sollte mit der Elektrik bald mal eine Friedenspfeife smoken, so begeistert bin ich inzwischen von ihr.

Dabei sind die Lebensbedingungen für diese wichtige Anlage heutzutage kaum besser als früher. Nach wie vor fristet ihr wichtigstes Teil, die Bordbatterie, ein Schattendasein im wahrsten Sinne des Wortes. Meist steckt sie irgendwo in einer finsteren Staukiste oder im doppelten Boden. Pflege bekommt sie auch nicht, ihre Gelfüllung ist für ein ganzes Leben ausgelegt. Lediglich eine Anzeige im Kontrollbord, das aber meist ihren Ladezustand nicht wirklich misst, weist auf ihre Existenz hin. Das heißt aber nicht, dass man die Bordbatterie einfach vergessen könnte. Ganz im Gegenteil. Würde man das tun, wäre der Tag nicht weit, an dem so gut wie gar nichts mehr geht.

Um dauerhaft Freude an seiner Bordelektrik zu haben, sollte man bereits beim Ausbau oder dem Kauf einige Grundsätze beachten. Was die Lage bei der Immobilie bedeutet, ist ausreichende Batteriekapazität beim Reisemobil. Leider werden für die Serie aus Kostengründen oft recht mickrige Batterien gewählt. Zudem sinken deren Kapazitäten kontinuierlich – im Winter deutlich schneller als im Sommer. Und drittens lassen sich Batterien nur zu etwa 70 Prozent entladen. Da sind sie unter Umständen recht bald leer gelutscht. Denn sie müssen nicht nur die großen Verbraucher versorgen, deren Strombedarf man recht einfach nach der Formel: Stromaufnahme (A) mal Benutzungszeit (h) = entnommene Kapazität (Ah) berechnen kann. An ihnen nuckeln auch eine Reihe kleinerer Verbraucher. Die benötigen über Stand-by-Funktionen zwar nur kleine, dafür aber ständig fließende Ströme und entladen so die Batterien unmerklich, aber kontinuierlich.

Wer jetzt damit liebäugelt, sich eine stärkere oder eine zweite Bordbatterie einbauen zu lassen, um den erhöhten Strombedarf zu decken, wird bald feststellen, dass dies allein nicht ausreicht. Damit man stets genügend Power zur Verfügung hat, muss die gesamte elektrische Anlage so ausgelegt sein, dass sie die Batterien vollständig laden kann. Das heißt, alle Bauteile der drei Lademöglichkeiten – Lichtmaschine bei laufendem Motor, Strom aus Solaranlage, Brennstoffzelle oder Stromgenerator und Strom aus dem Netz über die Einspeise-Steckdose – müssen optimal aufeinander abgestimmt sein.

Der stärkste und stetigste Ladestrom kommt aus der Steckdose. Je nach Anlage – Campingplätze sichern ihre Säulen aus unterschiedlichen Gründen manchmal recht mickrig ab – fließt ein satter Ladestrom über die Einspeise-Steckdose in das Ladegerät des Fahrzeugs. Dessen Nenn-Ladestrom soll zwischen 10 und 15 Prozent der Batteriekapazitätsangabe liegen – bei einer 75-Ah-Batterie also zwischen 7,5 und 11,25 Ampere. In diesem Fall hilft, anders als beim Arzt oder Apotheker, viel tatsächlich viel. Der höhere Ladestrom lädt die Batterien schneller und vollständiger als der schwächere. Denkt man das zu Ende, wird auch klar, dass beim Einbau einer stärkeren oder einer zweiten Bordbatterie unbedingt überprüft werden muss, ob das Ladegerät dafür noch ausreicht. Setzen wir im obigen Beispiel eine zweite 75-Ah-Batterie neben die erste, wären 150 Ah aufzufüllen. Das eingebaute Ladegerät sollte also einen Nennstrom von 15, besser von 22,5 Ampere passieren lassen.

Auch bei der Ladung der Starter- und Bordbatterien durch die Lichtmaschine des Fahrzeugs gibt es einiges zu überlegen und abzuwägen. Nicht nur, dass nach Möglichkeit die stärkste Lichtmaschine und die dickste Starterbatterie geordert werden sollte, die der Chassislieferant anbietet. Soll die Lichtmaschine neben der Starter- auch die Bordbatterie knackevoll laden, muss ein Bauteil her, das leider nur von wenigen Herstellern eingebaut wird, der Ladestromverteiler.

Zur Erklärung, warum das nötig ist, muss man ein bisschen in die Elektrotechnik eintauchen. Weil Batterien sehr empfindlich auf Überladung reagieren, unter anderem wegen der dadurch bedingten Überhitzung, werden ihnen grundsätzlich Regler vorgeschaltet. Die hängen für die Starterbatterien direkt an den Lichtmaschinen, bei den Bordbatterien in den Ladegeräten und der Solaranlage. Der Regler an der Lichtmaschine, der von der Starterbatterie angesteuert wird, reduziert den Ladestrom bei zunehmendem Füllungsgrad der Starterbatterie, bis schließlich gar kein Strom mehr fließt. An den geringeren Ladezustand der Bordbatterie verschwendet er dabei keinen einzigen Gedanken.

Das kann sich als fatal erweisen. Denn meist ist die Bordbatterie in diesem Moment noch nicht genügend geladen. Das stellen jedenfalls viele Reisemobilisten nach stundenlanger Fahrt fest. Nennenswerte Abhilfe kann hier nur der vorgenannte Ladestromverteiler schaffen, der bei Expeditionsmobilen schon seit langem, bei normalen Reisemobilen aber erst zögerlich Verwendung findet. Dieser Ladestromverteiler sorgt durch seine interne Vorrangschaltung dafür, dass die Lichtmaschine auch dann noch den vollen Ladestrom liefert, wenn die Starterbatterie bereits knüppelvoll geladen ist, die Bordbatterie aber noch nicht. Für viele Mobile ist der Ladestromverteiler die einzige Möglichkeit, die Bordbatterie während der Fahrt einigermaßen voll zu bekommen.

Auch beim Einspeisen von Strom aus Solaranlagen, Brennstoffzellen oder Stromgeneratoren gibt es einiges zu beachten. Einfach nur einstöpseln ist da nicht. Um nur einen Punkt zu nennen: Passt der Stromlieferant in seiner Leistungsklasse nicht zu den Bordbatterien, kann es sein, dass sich nichts wirklich Interessantes tut. Am einfachsten ist das am Generator zu beobachten. Ist der zu schwach, um den inneren Widerstand der Bordbatterie zu überwinden, geht er einfach aus. Deswegen ist es unverzichtbar, den Stromlieferanten – das gilt für alle drei Arten – erst nach intensiver Rücksprache mit einem wirklichen Spezialisten zu ordern. Noch besser, ihn auch gleich von ihm montieren und checken zu lassen. Denn auch die Verkabelung – mit eigenen Reglern und anderen Bauteilen – ist eine Sache für den Spezialisten.

Da in vielen Fällen selbst Ladestromverteiler, Solaranlagen oder Brennstoffzellen nicht zur hundertprozentigen Ladung ausreichen, empfehlen die Batterie-Hersteller, das Mobil etwa alle vier Wochen ans Stromnetz zu hängen, um die Batterien mal wieder randvoll zu laden.

Bisher haben wir nur von 12-Volt-Gleichstrom gesprochen. Um aber auch im Reisemobil-Urlaub nicht auf die gewohnten Haushaltsgeräte wie Kaffeemaschine, Fixquirl, Mikrowelle, elektrische Zahnbürste, Lockenstab, Haarföhn, Elektrorasierer, Radio, TV-Gerät oder gar Staubsauger und Akkuschrauber nicht verzichten zu müssen, brauchen wir 230-Volt-Wechselstrom. Keine Probleme bereitet uns das auf Campingplätzen oder daheim. Auch auf manchen Stellplätzen finden wir eine noch nicht belegte Steckdose. Halten wir uns jedoch abseits der Zivilisation mit ihren Stromleitungen und Verteilerkästen auf, kommen wir um einen Wechselrichter nicht herum. Diese Wunderwaffe wandelt mit einer speziellen elektronischen Schaltung den 12-Volt-Gleichstrom aus der Bordbatterie in den zum Betrieb der Haushaltsgeräte erforderlichen 230-Volt-Wechselstrom um. So kommt dann sogar in der Pampa der Strom aus der Steckdose. Dauerhaft allerdings nur, wenn bei Auswahl, Montage und Betrieb dieses Umformers einiges beachtet wurde.

Wie fast immer in unseren Freizeitfahrzeugen ist es nicht damit getan, einen x-beliebigen Wechselrichter im Zubehörhandel zu kaufen und ihn irgendwo in das Leitungsnetz zu hängen. Die Neuerwerbung muss nicht nur der Leistungsklasse entsprechen, der die Haushaltsgeräte angehören. Sie muss auch in das elektrische Gesamtsystem von Bordbatterie, Solaranlage und Ladegerät passen. Ein Beispiel soll das verdeutlichen: Für eine Kaffeemaschine mit einer Leistung von 1.200 Watt ist ein Wechselrichter erforderlich, der verständlicherweise mindestens diese Dauerleistung aufweist. Auf dessen Ausgangsseite bedeutet dies, dass von der 230-Volt-Seite des Wechselrichters ein unproblematischer Strom von (1.200 Watt : 230 Volt =) 5,2 Ampere zur Kaffeemaschine fließt.

Ganz anders sieht es dagegen auf der Eingangsseite aus. Unter Vernachlässigung des Wirkungsgrades zieht der Wechselrichter für die Kaffeemaschine hier nämlich einen Strom von sage und schreibe (1.200 Watt : 12 Volt =) 100 Ampere. Damit verlangt er nicht nur nach fingerdicken Kabeln. Er holt sich auch einen kräftigen Schluck aus der Bordbatterie. In nur sechs Minuten hat er sie um 10 Ah erleichtert. Und weil sich, wie ich schon ausgeführt habe, Batterien nur etwa bis auf zwei Drittel ihrer Kapazität leer saugen lassen, hätte zum

Beispiel die zitierte Kaffeemaschine eine 80-Ah-Bordbatterie innerhalb einer halben Stunde ins Koma gelutscht. Vorausgesetzt, ihr wird in dieser Zeit nicht von einer Solaranlage, einem Generator oder einer Brennstoffzelle Ladung zugeführt.

Will man derartige Stromfresser über den Tag verteilt länger betreiben, kommt man erstens um den Einbau größerer Batterien nicht herum. Nicht umsonst sind in Expeditionsmobile Batteriebänke mit Kapazitäten zwischen 400 und 1.000 Ah eingebaut. Mit denen lassen sich sogar Induktionsherde betreiben. Zweitens gilt es vor dem Kauf eines Wechselrichters ganz genau zu überlegen, welche Haushaltsgeräte mit auf Tour gehen sollen und welche Leistungsstufe der Wechselrichter dazu abdecken muss.

Ein weiteres wichtiges Kriterium ist die Güte des vom Wechselrichter erzeugten Stroms. Moderne, elektronisch gesteuerte Haushaltsgeräte verlangen ausnahmslos nach Wechselstrom, der exakt dem Verlauf der Sinuskurve folgt. Stufenweise in Rechteckform geglätteter Strom, wie ihn einfache Wechselrichter liefern, reicht für sie nicht aus.

Letztlich schließt sich an dieser Stelle der Kreis vom Wechselrichter über die Bordbatterie bis zum Ladegerät. Denn ein dicker Wechselrichter kann durchaus eine größere oder eine weitere Bordbatterie und ein ausreichend starkes Ladegerät nach sich ziehen. Sonst wird es nichts mit der Tiefkühlpizza aus der Mikrowelle oder dem Lockendrehen vor dem Abendessen in der gemütlichen Taverne am Ufer.

Ich sag ja, ich rauche bald mal eine Friedenspfeife mit der Elektrik. Und die zünde ich dann sogar mit dem elektrischen Zigarettenanzünder aus unserem Mobil an. Oder doch besser mit einem Gasfeuerzeug?

Hinter Schloss und Riegel

Obwohl wir unser Verhalten nach den lange zurückliegenden negativen Erlebnissen in Sabaudia und Ora grundlegend geändert hatten, haben uns Diebe in den vierzig Jahren doch noch zweimal erwischt. Allerdings mit unterschiedlichem Erfolg.

Wir waren 1996 mit einem Testwagen in Frankreich unterwegs, machten eine Reportage über France Passion und dessen Gründer und Organisator Pierre Ginoux in Carpentras in der Provence und besuchten mehrere Weingüter, von der Provence über die Bourgogne bis ins Elsass. Auf dem Weg entlang der Mittelmeerküste in Richtung Perpignan wollten wir in Sète zu Mittag essen. Zwei Tage vorher waren wir auf der Durchfahrt schon einmal in dieser Stadt gewesen. Wir hatten in einem Wohnviertel geparkt und waren durch die Stadt flaniert. Auf dem Markt hatten wir eingekauft und dabei einige schicke Restaurants am Fluss entdeckt. In einem von ihnen wollten wir nun genüsslich tafeln.

Diesmal parkten wir nicht außerhalb im Wohngebiet, sondern mitten in der Stadt. Auf dem zentralen Parkplatz, auf dem zwei Tage vorher die Marktstände aufgebaut gewesen waren. Gut gelaunt, erwartungsvoll und unserer Sache sicher gingen wir zum Mittagessen. Was sollte uns auch passieren? Zwar wussten wir um den schlechten Ruf von Sète. Aber erstens war es mitten am Tag. Zweitens war der Platz von allen Seiten einsehbar. Und drittens herrschte ein ständiges Kommen und Gehen.

Dennoch wich uns das Blut aus dem Kopf, als wir zwei Stunden später zu unserem Alkovenmobil zurückkamen. Am Heck war von unseren knallbunten Mountain-Bikes auf dem Fahrradträger nichts mehr zu sehen. Genauer: fast nichts. Oben hingen noch zwei armselige Aluminiumröhrchen am Aufbau. Unten waren nur noch die Halteschiene und die auf beiden Seiten abgeschnittene untere Querstange des Fahrradträgers zu sehen. Als wir ziemlich geschockt und sprachlos den Schaden betrachteten, kamen zwei Mädchen und erklärten uns, sie hätten vor ein paar Minuten zwei »jeunes gitanes« – ich hoffe, es ist politisch korrekt, wenn ich das mit zwei junge Sinti oder Roma übersetze – gesehen. Die hätten zwischen sich zwei bunte, aneinander gekettete Fahrräder über den Platz in eine Seitengasse geschleppt.

Die beiden müssen oben und unten die beiden Alurohre des Trägers mit einer Akkusäge durchgeschnitten und dann alles zusammen abtransportiert haben. Solche Gewaltanwendung konnten meine beiden kunstvoll durch alle Laufräder, Rahmen und den Fahrradträger geführten dicken Stahlseile und die massiven Schlösser freilich nicht verhindern. An ihnen haben sich die Diebe ihre Zähne allenfalls erst beim Trennen zerbissen.

Ich denke, es ist überflüssig zu erzählen, dass ich, mit der Kamera bewaffnet in besagter Seitengasse unterwegs, nichts, aber auch gar nichts irgendwie Verdächtiges finden konnte. Zurück auf dem Parkplatz, fand ich nur recht merkwürdig, dass sich oben in einem Haus mit gutem Einblick auf den Parkplatz eine Person schlagartig zurückzog, als ich sie etwas länger musterte.

Ich war gerade dabei, die hängenden Restrohre abzunehmen, als eine Polizeistreife am Parkplatz vorbeifuhr. Mit einem schrillen Pfiff konnte ich sie zum Anhalten bewegen. So früh am Nachmittag waren die Polizisten aber entweder zu satt oder schon gestresst genug, um aus ihrem Fahrzeug auszusteigen und sich den Schaden anzusehen. Sie erklärten mir den Weg zum Polizeirevier, wo wir den Diebstahl melden sollten.

Sie könnten mir jetzt auch nicht helfen. Genauso lustlos empfingen uns die Kollegen auf dem Revier. Die einzige Chance, unsere Fahrräder wiederzubekommen, bestünde darin, an den nächsten Tagen die Flohmärkte der Gegend abzuklappern. Dort könnten wir unsere Räder dann sicher günstig kaufen. Die Polizei hätte weiß Gott Wichtigeres zu tun, als Fahrräder von Touristen zu suchen. Außerdem wären wir ja wohl versichert.

Letzteres stimmte schon mal nicht. Weil wir auf unsere Hausratversicherung sauer waren – sie hatte uns kurz vorher mitgeteilt, dass Fahrräder ab sofort nicht mehr abgedeckt, sondern extra zu versichern seien –, hatten wir den Vertrag nicht aufgestockt. Es war uns also klar, wir müssten die ach so hilfsbereiten Polizisten nicht weiter belästigen. Wir würden eh auf dem Verlust sitzen bleiben.

Besonders diese dritte Begegnung mit Dieben ließ uns zu glühenden Verfechtern von Heckgaragen und von mehr technischer Sicherheit bei Reisemobilen werden. Wir hatten uns schon nach dem Vorfall in Sabaudia vorgenommen, unser Verhalten mehr auf Nummer sicher auszulegen. Nun wollten wir die Gefahr, beklaut zu werden, stärker als bisher durch die Ausstattung unserer Fahrzeuge minimieren. Bei Testmobilen hatten wir da allerdings wenig Einfluss.

Überhaupt boten uns die Camper und Reisemobile, mit denen wir in den über vierzig Jahren unterwegs waren, nicht immer ein rundum beruhigendes Gefühl. Vor allem den Testwagen trauten wir oft keine große Widerstandskraft gegenüber brachialer Einbruchsgewalt zu. Mit solchen Mobilen unterwegs zu sein, war oft mehr Stress als Spaß. Etwa, als wir auf einer Sizilientour fünf stinkteure Klappfahrräder zum Testen an Bord hatten. Auf dieser Fahrt haben wir uns kaum vom Mobil weg getraut.

Absolute Sicherheit wird es nie geben. Noch nicht einmal Panzer sind, wie wir im Fernsehen immer wieder sehen, absolut sicher. Dennoch wünschten wir uns, dass die technische Sicherheits-Ausrüstung von Reisemobilen besser würde. Womit wir Alarmanlagen am wenigsten vermissen. Deren Gehupe nimmt doch, vor allem in südlichen Gefilden, kaum noch jemand zur Kenntnis. Für viel wichtiger halten wir – neben widerstandsfähigeren Fenstern – Sicherheitsschlösser in Wohnraum- und Fahrerhaustüren sowie in Stauklappen. Zu leicht kommen Diebe heute fast unbemerkt, etwa durch die Außenklappen an den Sitztruhen, in die Innenräume und die Heckgaragen.

Unserer Meinung nach sollten robuste Schlösser schon in der Serienausstattung selbst einfacher Reisemobile zu haben sein. Wenn eine Einsteiger- oder Mieterfamilie wegen der billigen Schlösser erst einmal einen Einbruch erlebt hat, wird es sehr schwierig sein, sie von den Vorzügen des Reisemobil-Tourismus zu überzeugen. Als einsamer Rufer in der Wüste plädiere ich deshalb wenigstens für nachträglich und zusätzlich angebrachte Sicherheitsschlösser oder Verriegelungen in den Wohnraum- und Fahrerhaustüren sowie den wichtigsten Stauklappen. Sollen sie ihren Zweck zuverlässig erfüllen, müssen sie aber von außen sichtbar sein. Das ist besonders wichtig in den Fahrerhaustüren, durch die erwiesenermaßen mehr als sechzig Prozent aller Einbrüche erfolgen. Eine zwischen die Fahrerhaustüren gespannte Kette, die durch die zugezogenen Rollos verdeckt wird, kann nicht abschrecken.

Wenn man weiß, dass die Masse aller Einbrüche durch die Fahrerhäuser erfolgt, wäre es doch nur konsequent und logisch, nach Möglichkeit Reisemobile zu bauen, deren Fahrerhäuser sich mittels Wänden und verschließbarer Türen von den Wohnbereichen trennen ließen. Jeder Einbrecher wird Fahrzeuge meiden, bei denen er von außen im Fahrerhaus nichts Wertvolles entdecken kann und er feststellt, dass ihm der Weg zum Wohnbereich versperrt ist. Die Nachteile solcher Grundrisse liegen auf der Hand. Außer Bauaufwand, Kosten und Gewicht schlägt vor allem negativ zu Buche, dass zwischen vorn und hinten kaum Kommunikation möglich ist – undenkbar bei Reisen mit Kindern. Hinzu kommt, dass die derzeit so beliebte, Länge sparende Einbeziehung der drehbaren Frontsitze in die Sitzgruppe entfallen muss. Deswegen sieht man solche Trennwände nur bei teuren Alkovenmobilen und Expeditionsmobilen. Für Letztere sind sie unverzichtbar, weil es sich dringend empfiehlt, bei Verschiffungen den Wohnraum, die Heckgarage und die sonstigen Außenstauräume für die Schiffsbesatzung unerreichbar zu verschließen. Das Fahrerhaus muss man der Schiffsbesatzung zugänglich machen, weil sie das Fahrzeug unter Umständen im Frachtraum rangieren muss.

Dass man trotz aller Vorsichtsmaßnahmen nie gänzlich sicher vor Dieben ist, mussten wir vor wenigen Jahren in Norditalien feststellen. Zwar hatten sie in diesem Fall keinen Erfolg. Aber sie hatten uns einen ansehnlichen Schaden hinterlassen, uns drei Tage zum Improvisieren gezwungen und nachdenklich werden lassen. Denn unser damaliges Fahrzeug – das Expeditionsmobil auf MAN-Basis – war mit allem ausgestattet, was ich bisher angesprochen habe. Es hatte doppelt verglaste Fensterscheiben, teuerste Sicherheitsschlösser in allen Türen und Klappen. Und Fahrerhaus und Wohnraum trennte eine massive, abschließbare Tür.

Es passierte auf der Fahrt zur Fähre, die uns von Ancona nach Igoumenitsa in Griechenland bringen sollte. Wir parkten unser Fahrzeug für einen kurzen Badestopp nahe Ferrara auf dem Parkplatz vor einem Tennisplatz und einem Schwimmbad. Außer uns standen jede Menge Personenwagen, in einer Ecke auch fünf oder sechs Reisemobile, auf dem Platz. Alles war bestens, als wir nach vielleicht drei Stunden zum Fahrzeug zurückkamen, unsere Liegen und Badesachen einluden und danach noch einen kurzen Strandspaziergang machten. Doch nach dem war unsere Welt nicht mehr in Ordnung. An den Kratzern im Lack rund um das Schloss der Wohnraumtür war offensichtlich, dass irgendjemand versucht hatte, in das Mobil zu gelangen. Leider ein blutiger Amateur. Denn, wie mir später ein Schlüsseldienst versicherte, ein Profi würde dieses Schloss nur äußerst ungern öffnen müssen, weil es – aufbohrsicher und mit Schließbahnen und federgelagerten Kügelchen versehen – so gut wie nicht zu knacken sei. Nun, aufbekommen hatte es unser Besucher auch nicht. Aber er hatte es dermaßen ruiniert, dass ich den Schlüssel nicht mehr einschieben konnte. Fortan musste ich also durch das Fahrerhaus ein- und aussteigen, durch die Trenntür in den Wohnaufbau krabbeln und die Wohnraumtür von innen ent- und verriegeln. Wenigstens konnte Christa durch die hintere Aufbautür aus- und einsteigen, nachdem ich den Bolzen des Schlosses nach Ausbau der gesamten inneren Türverkleidung in Griechenland endlich abgeflext hatte.

Nach dieser Erfahrung haben wir erstens alle Schlösser ausgetauscht. Wir sind eine Sicherheitsstufe auf normal gezackte Schlüssel zurückgegangen. Denn was helfen die tollsten, hochgradig gehärteten und aufbohrsichersten Schlösser, wenn sie jeder Amateurdieb bei seinem Einbruchsversuch so ruiniert, dass auch wir nicht mehr in unser Fahrzeug kommen? Zweitens habe ich nun ein paar Schlüsselfeilen an Bord, um ein ramponiertes Schloss wieder einigermaßen in Form bringen zu können.

Zum Thema Diebstahlschutz möchte ich der Vollständigkeit halber noch zwei weitere, etwas exotisch anmutende Schlussfolgerungen ansprechen. Die erste betrifft das optische Erscheinungsbild und die Wirkung unserer Reisemobile auf die Bevölkerung im Urlaubsland. Die zweite handelt von möglicher Hilfe durch Einheimische.

Grundsätzlich ist jedem Dieb klar, dass in Reisemobilen immer etwas zu holen ist. Manchen reichen schon ein paar Hosen, Pullover oder

Jacken. Andere suchen eher Autoradios, Laptops, Navigationsgeräte oder – von SAT-Schüsseln auf den Dächern angelockt – Fernseher und Receiver oder sonstige elektronische Geräte, die sich auf dem Schwarz- oder Flohmarkt schnell zu Bargeld machen lassen. Papiere, Geld, Handys und Kameras wird wohl jede Reisemobil-Besatzung beim Stadtbummel mit sich herumschleppen. Die übrigen Geräte aber nicht.

Die einfachste Lösung für dieses Problem wäre, was die Militärs in aller Welt als Tarnen und Täuschen bezeichnen. Die Reichen in den Ballungszentren der Erde mit hohem Gewalt- und Kriminalpotenzial machen es uns vor. Wenn sie nicht in gepanzerten Limousinen und mit Bodyguards unterwegs sind, fahren sie in heruntergekommenen, verrosteten und wertlosen Fahrzeugen herum. Aber wer will schon sein tolles Reisemobil bewusst verunstalten, um es unattraktiver zu machen? Bloß um damit eventuell zu verhindern, dass das Reisemobil aufgebrochen und ausgeräumt wird. Unstrittig ist, dass die Gefahr eines Einbruchs mit dem äußeren Schick und dem vermeintlichen Preis ansteigt. Wir haben zum Beispiel erlebt, dass unser selbst ausgebauter, in die Jahre gekommener Kastenwagen mit einem Berg Surfbretter auf dem Dach und sichtlich abgenutzten Fahrrädern diverser Größen auf dem Heckträger im Hafen von Lissabon während eines nachmittägigen Raubzugs unbehelligt blieb, dem alle anderen dort geparkten Reisemobile zum Opfer gefallen waren.

Bei allen Nachteilen, die dieses System hat, für uns folgt aus dieser Erfahrung, dass wir außen dran und drauf so wenig wie möglich zeigen. Keine SAT-Schüssel auf dem Dach, keine Fahrräder am Heck. Wie schon vorher angesprochen: Wir sind absolute Freaks von geräumigen Heckgaragen, in denen auch das Schlauchboot, der Außenborder und was uns sonst noch den Urlaub versüßt, ihr Plätzchen finden. Und wer ins Fahrerhaus lugt, sieht dort weder ein Navigationsgerät noch ein supertolles Autoradio. Das Navi haben wir im Fahrzeug versteckt oder in den Safe gepackt. Als Autoradio im Fahrerhaus dient uns ein uninteressantes, billiges Allerweltsmodell. Und letztlich verwehren zugezogene Vorhänge den Einblick durch die mit den Jahren leider immer größer gewordenen Reisemobil-Fenster in den Wohnbereich.

Ganz anders sieht es in richtig armen Gegenden aus. Dort kostet es zwar eine gewisse Überwindung, dem Drängen bettelnder Halbwüchsiger nachzugeben. Wenn man sich aber vergegenwärtigt, dass man mit einem – aus unserer Sicht bescheidenen – Geldbetrag als Anerkennung für die Bewachung des Fahrzeugs vielleicht einer ganzen Familie zu einem Tag Essen verhilft, sieht das schon anders aus. Auf jeden Fall ist das tausendmal besser, als bettelnde Kinder mit Süßigkeiten oder Kugelschreibern abzuwehren.

Wir haben jedenfalls durchweg gute Erfahrungen damit gemacht, die sich auf den Parkplätzen Anbietenden gegen Entlohnung in die Pflicht zu nehmen. Dabei haben wir es stets so gehalten, dass wir dem Aufpasser ein zusätzliches Dankeschön nach unserer Rückkehr zum unversehrten Mobil versprochen haben. So haben wir zum Beispiel einem selbst ernannten Parkplatzwächter in Marokko abends den gewünschten Obolus und am nächsten Morgen, nach einer ruhigen Nacht, ein Püppchen und ein Paar Schuhe für sein Baby gegeben. Aus unserem Vorrat leicht gebrauchter Kleidung und sonstiger praktischer Dinge, die wir auf Reisen in solche Gegenden immer dabeihaben.

Back to the roots

Was wir vor vierzig Jahren nie und nimmer geglaubt hätten: Wir sind zurückgekommen zu den Wurzeln. Wir sind gewissermaßen nach einem großen Schlenker durch alle Arten von Reisemobilen nun wieder beim Kastenwagen gelandet. Wenn auch einem etwas anderen als vor vierzig Jahren. Nicht nur der Grundriss und der Innenausbau, auch das Basisfahrzeug ist heute ein anderes: ein Sprinter-Kastenwagen statt eines VW-Bullis.

Bei unserer ganz persönlichen Art zu reisen, davon sind wir überzeugt, ist der ausgebaute Kastenwagen nicht zu toppen. Und so, wie es derzeit auf dem Reisemobil-Markt aussieht, denken vermutlich nicht nur wir so. Denn wenn die Nachfrage nach kompakten Reisemobilen im

Allgemeinen und ausgebauten Kastenwagen im Besonderen nicht so groß wäre, hätten bestimmt nicht alle renommierten Hersteller solche Modelle in ihren Programmen. Selbst Europa-Marktführer Hymer, der in einem neuerlichen Anlauf ausgebaute Kastenwagen anbietet, ist erstaunt über den durchschlagenden Erfolg dieser Spezies.

Interessant bis amüsant ist dabei, dass sich die Masse der Anbieter aber gar nicht selbst mit dem Ausbau beschäftigt. Sie lassen bauen. Nur jeweils eine Produktionsstätte bedient oft eine gesamte Gruppe. So montiert derzeit Hymer-France die Kastenwagen für Hymer, Bürstner und Laika. Dethleffs baut sie für Pössl, Globe-Car, T.E.C. und LMC. Und das Werk im italienischen Atessa bedient die gesamte europäische Trigano-Gruppe von Arca über CI, Challenger, Chausson, Eura-Mobil bis Roller Team mit mehr oder weniger identischen Modellen.

Etwas befremdlich, um es vorsichtig auszudrücken, wirkt der Erfolg der Kastenwagen schon. Jahrelang galten die von eher kleinen Betrieben individuell ausgebauten Kastenwagen als Fahrzeuge für ausgewiesene Individualisten – viele spotteten vom typischen Lehrer-Mobil. Einigen galten Kastenwagen-Fahrer gar als Eigenbrötler oder unverbesserliche Nostalgiker, die immer noch von ihrer Studentenzeit im selbst gezimmerten VW-Bus-Ausbau und den Touren nach Marokko zum Shitkaufen träumen würden. Otto-Normal-Reisemobilist jedenfalls konnte sich kaum für die engen, wenig komfortablen, dabei auch meist noch recht teuren Kastenwagen begeistern.

Und genau das scheint sich heute geändert zu haben. Und das, obwohl die Kastenwagen noch immer eng und unkomfortabel sind. Wirklich billiger sind sie auch nicht geworden. In diesem Punkt hat allerdings der österreichische Konstrukteur Peter Pössl mit seinen früher in Slowenien gebauten Mobilen eine neue Ära eingeläutet. Es muss also andere, weitaus wichtigere Gründe geben, die den derzeitigen Erfolg der ausgebauten Kastenwagen begründen. Dass ihr Image mittlerweile wieder besser ist, sie vielleicht sogar regelrecht trendy sind, reicht dazu kaum aus.

Für uns persönlich ist es die Kombination von drei Punkten, die uns zum Kastenwagen zurückgebracht hat. Da sind erstens die einschneidenden Verkehrs-Beschränkungen, denen Reisemobile mit mehr als 3,5 Tonnen zulässigem Gesamtgewicht unterliegen. Zweitens ist es die stabile technische Basis, die höhere Alltagstauglichkeit durch das geringere Gewicht und die dadurch bedingten besseren Möglichkeiten zum Ausbuddeln, Abschleppen und Bergen. Drittens ist es das Freizeiterlebnis im Wechsel von drinnen und draußen, das unserer Meinung nach in dieser Weise nur der Kastenwagen bietet.

Im Laufe der Zeit haben die sich zunehmend verschärfenden Verkehrs-Bedingungen uns immer mehr belastet. Dabei ging es uns weniger um die aktuelle Einteilung der Führerscheinklassen mit dem Zwang, in unserem Alter alle fünf Jahre die Lkw-Lizenz neu beantragen zu müssen. Was mit den Jahren bestimmt nicht leichter wird. Uns belasten vor allem die ständig ausgeweiteten Lkw-Überholverbots-Strecken und die Durch- oder Einfahrtverbote für immer mehr Städte und Straßen in ganz Europa. Dazu kommen die unverschämt hohe Go-Box-Maut in Österreich, die Schwerverkehrsabgabe in der Schweiz und neuerdings auch die Umweltzonen-Epidemie.

Das alles hat uns den Spaß und die Freude an unserem bisherigen Zehntonner-Expeditionsmobil ziemlich versalzen. Wenn man mit einem solchen Fernreisemobil noch nicht einmal Straßen wie den Reschenpass fahren, in Österreich quasi nur noch Autobahnen benutzen darf, stimmt einen das schon nachdenklich. Zugegeben, all diesen Schwierigkeiten und Einschränkungen kann man auch mit allen anderen 3,5-Tonner-Reisemobilen aus dem Weg gehen. Dazu muss es nicht unbedingt ein Kastenwagen sein. Deswegen haben sie unseren Entschluss zum Wechsel zwar mit beeinflusst. Aber sie waren nicht allein entscheidend.

Größeres Gewicht für unsere Entscheidung hatten die beiden anderen oben aufgezählten Gründe. Zum Beispiel die technische Basis, die für mich als Nutzfahrzeugmann eine wesentliche Rolle spielt. Im Gegensatz zu allen anderen Reisemobilen, deren Wohnaufbauten auf eher verwindungsweichen Rahmen- oder Flachbodenchassis montiert sind, bieten Kastenwagen geschlossene Karosserien aus einem Guss. Deswegen sind sie trotz minimiertem Materialeinsatz und damit recht günstigem Gewicht äußerst stabil und verwindungsfrei. Ein weiterer Vorteil: Feuchtigkeit kann allenfalls durch fehlerhaft eingeklebte Fenster, Dachlüfter oder schlecht passende Hochdächer eindringen, nicht jedoch zusätzlich durch die Fugen von Wand- und Dachverbindungen.

Die meisten Kastenwagen sind im Bereich bis 3,5 Tonnen zulässigem Gesamtgewicht angesiedelt. Sie sind nicht länger als sechs und nur zwei Meter breit – das Sevel-Trio um den Fiat Ducato macht hier mit seiner Breite von 2,05 Metern eine unverständliche Ausnahme. Diese kompakten Abmessungen machen die Kastenwagen nicht nur äußerst wendig und flott, sondern auch absolut alltagstauglich. Sie ermöglichen die Fahrt ins Büro, zum Kindergarten, zur Schule, zum Tennis- oder Golfplatz und zum Discounter. Kastenwagen lassen sich nicht durch enge, zugeparkte südeuropäische Innenstädte aufhalten. Auch nicht durch schlechte Wegstrecken. Die Gefahr des Aufsetzens mit dem Heck besteht bei ihnen so gut wie nicht. Zudem verträgt ihre stabile Außenhülle auch mal einen Kratzer, den man sich beim Entlangstreifen an harten Büschen oder Ästen einhandeln kann. Und schließlich sind Kastenwagen durch ihre Ähnlichkeit mit gewerblichen Transportern unauffälliger als alle anderen Reisemobil-Gattungen und lassen sich deswegen unterwegs viel besser verstecken. So weit die Technik.

Einen einzigartigen Vorteil bieten ausgebaute Kastenwagen unserer Meinung nach am Etappen- oder Urlaubsziel. Durch ihre großen Schiebe- und hinteren Flügeltüren gewähren sie wie keine andere Reisemobilart die Möglichkeit, in besonders naturnaher Weise zwischen drinnen und draußen zu leben. Gleichgültig, ob man sich bei trübem Wetter mehr im Fahrzeug oder bei Sonnenschein überwiegend vor ihm aufhält. Stets ist die offene Verbindung von Wohnraum und grenzenloser Weite in der Natur spürbar. Das ist für uns ein Gefühl, für das wir – ganz persönlich – gern auf den Komfort getrennter Duschen, überdimensionaler Kühlschränke und beleuchteter Glasvitrinen mit sich spiegelnden Rotwein- und Whiskygläsern verzichten.

Was den eingeschränkten Komfort betrifft, sind wir sogar noch einen Schritt rabiater zu Werke gegangen. Wo immer es uns als sinnvoll erschien, haben wir die Geräte nicht fest eingebaut, sondern herausnehmbar konzipiert. Das ist sicher nicht jedermanns Sache. Es hat aber unserer ganz persönlichen Meinung nach Vorteile in Richtung Flexibilität – ein bisschen auch beim Gewicht. Im Wesentlichen handelt es sich dabei um vier Geräte: Kompressor-Kühlbox statt Absorber-Kühlschrank, tragbare Toilette anstelle fest installierter Kassetten-Variante, Tarp statt der üblichen Markise und Kofferradio statt eines fest eingebauten, zweiten Autoradios für den Wohnbereich. Den radikalsten Schritt, auch noch den Gaskocher durch einen herausnehmbaren Spirituskocher zu ersetzen, haben wir uns aber dann doch verkniffen. Je nach Reise haben wir aber nicht nur unseren Trekki-Gasgrill, sondern auch einen Origo-Spirituskocher dabei, um möglichst oft draußen zu kochen. Weil der unseren Gasvorrat nicht angreift, kommen wir mit einer Elfkiloflasche aus. Denn als Heizung haben wir die neue Dieselheizung Combi D von Truma an Bord.

Auf den ersten Blick mag die Idee mit den herausnehmbaren Geräten in der heutigen Zeit mit ihrem Komfortdenken unverständlich sein. Der eine oder andere mag auch die Nase rümpfen ob solcher Retro-Gedanken. Aber jede einzelne dieser Maßnahmen lässt sich, wie wir meinen, durchaus schlüssig und vernünftig begründen. Letztlich hat uns unsere letzte Reise durch Südafrika im gemieteten Reisemobil in unserem Entschluss zu dieser eher spartanischen Einrichtung bestätigt. Wo immer wir auch übernachteten, rund um uns herum standen die interessantesten Pickup-Mobile, die alle eines verband: Die einzelnen Geräte ließen sich auf Schienen ausziehen und komplett herausnehmen.

Für uns ist das eigentlich nichts Neues. Wir waren schon früher mit Kastenwagen unterwegs, die wir mit herausnehmbaren Möbeln oder Geräten bestückt hatten. Aber die Afrikareise bestärkte uns darin, das nun auch bei unserem aktuellen Mobil zu tun. So können wir nicht nur das Radio, sondern auch die Kühlbox und die Toilette unseres Mobils in einer Schutzhütte, einem Zelt, einer Ferienbehausung oder unter freiem Himmel benutzen. Außerhalb der Urlaubszeit können wir sie bei Kurztrips mit dem Pkw oder als Basisstation für Radtouren benutzen. Schließlich können wir die Kühlbox auch zum Großeinkauf tiefgefrosteter Lebensmittel nutzen.

Dass wir uns für eine tragbare Toilette, das Dometic-Modell 970, statt einer fest eingebauten Kassetten-Toilette entschieden haben, hat neben diesen Möglichkeiten auch praktische und hygienische Gründe. Zum einen möchten wir in unserem Mobil so wenig Wanddurchbrüche wie möglich nach draußen haben. Zum zweiten halten wir die meist schwer zugänglichen Ecken und Zwischenräume neben den Toiletten sowie das Unterteil, in das die Kassette eingeschoben und verriegelt wird, für wenig hygienisch. Drittens können wir die herausgenommene Toilette viel besser reinigen. Und viertens werden unserer Meinung nach sowohl die Deckel als auch die Sitzbrillen und die Schüsseln aller Toiletten nach einer gewissen Zeit unansehnlich und bitten um Austausch. Da verwenden wir lieber eine herausnehmbare Toilette. Bei der können wir den Boden unter und neben ihr besser sauber halten. Und wird sie unansehnlich, können wir sie zu einem erschwinglichen Preis komplett austauschen.

Als Vielzweckwaffe besonderer Art setzen wir auf Tarps. So schön und bequem fest angebaute Markisen auch sein mögen, sie haben unseres Erachtens ein paar gravierende Nachteile. Zum einen bringen sie je nach Länge und Komfortklasse zwischen 35 und 50 Kilogramm auf die Waage. Das zwingt bei 3,5-Tonnern durchaus zum Nachdenken. Zum anderen ragen Markisen meist recht disponiert über die Fahrzeugkontur hinaus, weshalb schon manches Exemplar an Verkehrszeichen, Bäumen oder Häusern in engen Ortsdurchfahrten hängen geblieben ist. Als Hauptnachteil von Markisen empfinden wir jedoch, dass sie – fest und unverrückbar montiert – nur auf einer Fahrzeugseite Schatten spenden. Um im Tagesverlauf genügend Schatten zum Ausruhen, Essen oder Klönen vor dem Reisemobil zu haben, müsste man entweder das

Reisemobil ständig herumrangieren, oder man müsste Seitenteile in die Markise einziehen. Aber der Weisheit letzter Schluss ist auch das nicht. Ein Hersteller aus Italien kam deswegen auf die Idee, an seinen Edelmobilen je eine Markise rechts und links zu montieren.

Spätestens seit eine Sturmbö am Gargano mit unserer Markise samt Heringen – die schreibt man heute wirklich so, entsetzlich –, Stütz- und Spannstreben Windsurfen gespielt hat, schwören wir auf Tarps. Unsere lädierte Markise hat trotz aufwändiger Richtarbeiten nie mehr ordentlich in ihr Gehäuse gepasst. Man könnte Tarps in gutem Deutsch auch Sonnendächer nennen. Aber dann bestünde die Gefahr der Verwechslung mit jenen Exemplaren, die man in die Kederleisten von Freizeitfahrzeugen einfädelt. Im Gegensatz zu diesen Sonnenplanen lassen sich Tarps völlig selbstständig aufspannen.

Tarps sind absolut nichts Neues. Schon vor über vierzig Jahren spendeten sie uns, meist als selbst genähte Bastellösungen, Schatten vor unseren ausgebauten Kastenwagen. Ein Stück Zeltstoff von höchstens drei mal vier Metern günstig erstanden, in die vier Ecken Ösen eingepresst, dazu einige Zeltstangen und ein paar Schnüre, das war uns damals Komfort genug. Heutzutage finden sich fertige Tarps samt kompletten Abspann-Kits in jedem Zubehörkatalog der Branche, von Frankana/Freiko über Fritz Berger und Movera bis Reimo. Meist bestehen sie aus Polyester-Gewebe, zum Teil mit geringem Baumwollanteil, PU-Beschichtung und UV-Schutz.

Unser Tarp verspannen wir auf der einen Seite am Fahrzeug – an einem Außenspiegel, einem Türgriff, der Dachreling oder am Fahrradträger. Die andere Seite befestigen wir an Bäumen, Ästen oder irgendwelchen Pfosten. Steht dergleichen nicht zur Verfügung, stellen wir es auf Alu-Aufstellstangen und fixieren diese mit Abspannleinen und Heringen am Boden. So können wir, wenn wir wollen, allein durch das Umspannen des Tarps morgens Stühle und Tisch im Schatten auf der einen Seite, mittags hinter dem Mobil und abends auf der anderen Seite des Mobils aufstellen. Zudem schafft das Tarp uns die Möglichkeit, es als Strandmuschel beim Baden oder als Schattenspender für das Picknick abseits des Mobils aufzustellen. Aus diesem Grund haben wir stets vier Aufstellstangen und ausreichend Abspannleinen und Heringe an Bord. Manchmal laden wir das alles sogar in den Pkw. Für so viel Flexibilität nehmen wir gern in Kauf, dass wir beim Aufstellen etwas mehr arbeiten müssen, als lediglich eine Kurbel zu drehen oder gar nur einen elektrischen Schalter zu drücken.

Bei aller spartanischen Ausstattung, in einem Punkt haben wir bei unserem Sprinter-Kastenwagen nicht gespart. Um überall dahin zu kommen, wo wir hinmöchten, haben wir ihn vom Spezialisten Michael Iglhaut im bayrischen, genauer fränkischen Marktbreit nahe Würzburg auf Allrad-Antrieb nachrüsten lassen. Von den drei Differenzialsperren – im Verteiler-Getriebe sowie in Vorder- und Hinterachse –, einem geänderten Fahrwerk mit mehr Bodenfreiheit und größeren, grobstolligen Reifen erhoffen wir uns das Durchkommen auch dort, wo konventionelle Kastenwagen ihre Grenzen finden.

Allradantrieb ist für Reisen in Europa sicherlich nur recht selten erforderlich. Damit man aus einer nassen Wiese herauskommt, tun es meist auch elektronische Systeme, Differenzialsperren, Auffahrmatten oder hilfsbereite Mitmenschen. In Afrika, Südamerika, Australien oder Asien sieht das allerdings ganz anders aus. Und weil wir nach Möglichkeit noch so viele Kontinente wie irgend möglich bereisen wollen, halten wir für uns Allradantrieb nicht nur für wünschenswert, sondern für unverzichtbar.

Den Reisezielen angepasst zeigt sich auch der Grundriss unseres Neuen. Wichtig waren uns eine große Sitzgruppe, ein mindestens 140

Zentimeter breites Doppelbett, ein bequemer Waschraum und ausreichend Stauraum. Vor allem aber wollten wir eine massive Trennwand zwischen Fahrerhaus und Wohnraum haben. Letztere nicht nur, weil wir der Crew bei Ro-Ro-Verschiffungen die Schlüssel aushändigen müssen, damit sie das Fahrzeug in und aus dem Schiff rangieren kann. Und da möchten wir nicht, dass die Jungs in unseren Sachen kramen und aus Versehen einiges an sich nehmen. Wir erwarten uns von dem abschließbaren Wohnteil auch sonst auf Reisen höhere Sicherheit. Laut Statistik erfolgen die meisten Einbrüche in Reisemobile durch die Beifahrertür. Verschließen wir unseren abgetrennten Wohnteil, werden sie bei uns nicht viel finden. Das Fahrerhaus ist ziemlich leer.

Auf ein Schlaf-Hochdach wollten wir bei unserem innen nur 3,26 Meter langen Mobil verzichten. Das Fahrzeug ist auch so schon hoch genug. Um den Wagen innen nicht zu sehr zuzubauen, kam für uns also nur eine hintere Dinette in Frage. Die sitzt bei uns auf einem 25 Zentimeter hohen Podest – bei einer Innenhöhe von 1,95 Metern für uns Kurzgeratene gut machbar. Im Podest steckt vorn der von Amalric nach Maß gefertigte 120-Liter-Frischwassertank samt Filter- und Entkeimungsanlage von Seagull. Der Raum hinter den Radhäusern steht uns als Stauraum für die Campingmöbel zur Verfügung. Mit der Dinette haben wir tagsüber eine 1,50 Meter breite Gegensitzgruppe, die nachts zum ebenso breiten Doppelbett wird. Wir kommen um das tägliche Umbauen nicht herum. Das macht uns aber auch nichts aus. In der Regel handhaben wir das so, dass ich, während Christa das Frühstück macht, die Betten draußen zum Auslüften aufhänge – über eine Leine oder auch mal über die Campingstühle. Ruck, zuck ist dann die Sitzgruppe hergerichtet. Nach dem Frühstück rollen wir die Betten zusammen und verfrachten sie in den Stauraum über dem Cockpit.

Über eine so spartanische und unkomfortable Liegestatt mag mancher die Nase rümpfen. Aber erstens hat sich dieser Dinetten-Grundriss in kompakten Mobilen über Jahrzehnte weltweit hunderttausendfach bewährt. Zweitens wird eh jeder nur nach seiner eigenen Fasson selig. Mit anderen Worten: Jeder muss seinen eigenen Kompromiss finden und eingehen. Reisemobile sind nun mal grundsätzlich zum Fahren zu groß und zum Wohnen zu klein.

Vor der Dinette stehen bei uns links der Kleiderschrank und der Waschraum, rechts die Küche. An der Wand hinter dem Beifahrersitz steht ein zwanzig Zentimeter tiefes Schränkchen für Wasser- und Weinflaschen, Geschirr, Gläser und Lebensmittelvorräte.

Um unseren Neuen als 3,5-Tonner zulassen zu können, mussten wir uns auch bei der Autarkie beschränken. Hatten wir bisher 500 Liter Diesel an Bord, sind es jetzt nur noch 135 Liter. Den Wasservorrat haben wir von 400 auf 120 Liter beschränkt. Als Batteriekapazität müssen uns 180 statt der bisherigen 480 Ah reichen. Und die Solaranlage haben wir von 300 auf 200 Watt reduziert. Für unser Wohlergehen haben wir aber die identische Wasser-Doppelfilteranlage von Seagull eingeplant, die uns auch in unserem bisherigen Mobil vor Montezumas Rache bewahrt hat.

Beim Ausbau unseres Fernreisemobils haben wir auf den sächsischen Tüftler und Perfektionisten Dieter Bresler vertraut. Er hat es nicht nur geschafft, unsere Vorstellungen und Ideen hundertprozentig in die Praxis umzusetzen. Es ist ihm bei hoher Stabilität auch ein Leichtbau gelungen, der es uns ermöglicht, unser Mobil ohne Bedenken oder Gewissensbisse als 3,5-Tonner zu fahren. Und das, obwohl allein der Allradantrieb mit rund 200 Kilogramm zu Buche schlägt.

Nun muss nur noch die Gesundheit mitspielen, damit wir hoffentlich noch lange Zeit möglichst oft und ausgiebig reisen können.
Auf www.cfb-in-motion.com werden wir darüber berichten.

Anhang

Reise-Checkliste

Papiere

Reisepass, Ausweis
Führerschein, internationaler Führerschein
Visa
Carnets de Passage
Fähr- oder Flugtickets
Impfausweise
Passbilder (für Visa unterwegs)
Fahrzeugschein, internationaler Zulassungsschein
Euro-Schutzbrief
Grüne Versicherungskarte
Auslands-Versicherungsnachweis (Kfz-, Kranken-Versicherung)
Bargeld (Euro, Fremdwährung), Kreditkarten, Reise-Schecks, Dollar-
Reserve
Mitglieds-Ausweis Automobilclub
Fahrzeug-Ersatzschlüssel
Brustbeutel, Holster o. ä. (für Geld und Papiere)
Kopien aller wichtigen Dokumente (für Safe oder Versteck)
Handakte auf aktuellem Stand (Adressen)

Büro/Orientierung

Laptop, Palm, Drucker, Handys, Diktiergerät
GPS-Handgerät, Weltempfänger, Funkgeräte
Reserve-Batterien oder -Akkus für alle Geräte
Ladekabel für alle Geräte, Verlängerungskabel 12 V
Adressdatei

Visitenkarten
Tagebuch
Reservebrille, Sonnenbrille
Landkarten
Reiseführer, GPS-Handbuch, Sterne-Handbuch, Literatur, CDs
Papier, Schreibzeug, Marker
Büro-Ausstattung (Locher, Hefter, Tesafilm …)
Taschenrechner, Geodreieck …
Wecker, Wetterstation
Kameras samt Zubehör, Fotorucksack,
Fotoleiter
Stative

Medizin

Individuelle Medikamente, Verhütungsmittel
Auto-Verbandszeug (Pflaster, Sprühpflaster …)
Fiebermittel (Paracetamol),
Übelkeit, Erbrechen (Metoclopramid)
Autan
Zeckenmittel
Aspirin C
Augentropfen
Carbimazol
Chinabalsam
Ciprobay
Fansidar/Lariam
Finalgon
Flint
Grippostad C
Halsweh-/Hustentabletten

Ichtolan
Immodium
Japanisches Heilöl
Jodtinktur Mercuchrom
Durchfall (Kohletabletten, Loperamid, Tannin)
Korodin
Magenpaste
Moskitosalbe Fenistil
Multivitamin-Kapseln
Otriven-Nasentropfen
Paspertin
Soventol
Sportgel
Sterilium
Tarivid
Teebaumöl
Tramal
Vomex A
Einwegspritzen
Eisbeutel

Hygiene

Sonnencreme
After-Sun-Creme
Shampoo
Körperlotion
Deoroller
Duschdas
Rasierschaum
Rasierapparat

Aftershave
Nageletui (Pinzette, Scheren, Feilen …)
Zahncreme
Zahnbürsten
Papiertaschentücher
Labello (für extreme Sonne)
Handcreme
Seifen
Massageöl
Kamm, Haarbürste, Lockenwickel, Föhn
Haarspray, Haarkur, Tönung, Festiger
Lippenstifte, Kajal
Q-Tips
Waschlappen
Handtücher

Haushalt

Nähzeug
Imprägnierspray
Fusselbürste oder -rolle
Waschmittel, Wäscheleine, Wäscheklammern
Wunderlappen
Wärmflasche
Moskitospiralen
Schuhputzzeug

Küche

Geschirr (Ess-, Suppen- und Dessertteller, Müslischalen, Tassen)
Trinkgläser, Schnapsgläser
Teegläser, Teekanne

Essbesteck
Trinkhalme
Thermo-Trinkbecher
Luftdicht schließende Dosen
Küchenmesser, Kochlöffel, Kellen, Salatbesteck
Messerschleifer (Diamant)
Kochtöpfe, Wasserkocher, Pfannen, Deckel
Backform
Backofenhandschuh, Backpinsel
Küchenrolle, Folie, Alufolie, Backpapier
Kaffeefilter, Filtertüten
Knoblauchpresse
Reibe
Toasteraufsatz
Sieb, Nudelseiher
Salatschüsseln
Tabletts
Schraubflaschen für Wein
Dosen- und Büchsenöffner
Korkenzieher
Trinkstöpsel für Tetrapak
Stöpsel für Weinflaschen
Zahnstocher
Untersetzer
Topflappen
Spülmittel, Spülbürste, Geschirrtücher
Grill, Holzkohle, Kohleanzünder
Grillgitter für Lagerfeuer
Spirituskocher, Spiritus
Gasgrill samt Regler

Kleidung

Regenbekleidung
Hosen, Jacken, Hemden, Blusen, Pullover
Sweatshirts, T-Shirts, Polohemden
Unterwäsche, Nachtwäsche
Socken
Schuhe, Sandalen

Camping-Zubehör

Stühle, Tisch, Liegen
Sonnendach, Zeltstangen, Heringe, Abspannleinen
Sonnenschirm
Windschutz

Ver- und Entsorgung

Reserve-Kassette mit Tragebeutel
Wasserschlauch mit Adaptern und Düsen
Abwasserschlauch
Wasserkanister mit Auslaufschnorchel
Waschwannen
Tauchpumpe 12 V (für Notfälle)
Wasseransaugpumpe (Gardena, 230 Volt) samt Schlauch
Micropur
Fäkalientank-Mittel
Abwassertank-Freshener
Euro-Elektrostecker
Reserve-Gasdruckregler, Gas-Adapter für Butangas

Petroleum-Leuchte, Windlicht

Lebensmittel

Apfelmus
Backpulver
Balsamico-Essig
Becel
Bonbons
Brot, Knäcke (frisch und abgepackt)
Brotmischung
Cornflakes
Getränke (Bier, Apfelsaft, Wein)
Currypaste
Dillpaste
Essig
Essiggurken
Fleisch (vakuumverpackt)
Fleischbrühe
Käse (gerieben, frisch)
Gemüse (Dosen und frisch)
Gewürze (Pfeffer, Paprika, Curry ...)
Haferflocken
Honig
Joghurt
Kaffee
Haselnüsse (zum Backen)
Kakao
Kartoffeln
Kartoffelpüree
Gebäck (Butterkeks, Chips, Cracker, Salzstangen, Zwieback)

Streichwürste
Knoblauch
Knoblauch eingelegt
Kräuterling-Würfel
Kuchen-Backmischungen
Mais
Mandarinen in Dose
Mandeln
Marmelade
Meerrettich
Mehl
Dosenmilch
Milchpulver
Müsli
Nudeln (Bandnudeln, Spaghetti …)
Obst
Oliven
Olivenöl
Pilze
Quark
Rauchfleisch
Reis
Salami am Stück
Salat
Salz
Senf (scharf, süß)
Sojagranulat
Sojasoße
Thunfisch
Tomatenmark
Tortellini
Trockenhefe

Trockenpilze
Trockensuppen
Wurst (vakuumverschweißt, Büchsen)
Zimt
Zitronensaft-Konzentrat
Zucker
Zuckerrübensaft
Zwiebeln
Tees (grün, Pfefferminz, Kamille, Früchte …)

Fahrzeug

Arbeitslampe
Reparatur-Handbuch
Ersatzteilpaket (2 Dieselfilter, Vorfilter mit Siebeinsatz, Tankdeckel)
Keilriemen
Destilliertes Wasser
Werkzeugsatz in Werkzeugtasche
Elektro-Multimeter, Elektrowerkzeug
Ersatzteile (Kleinteile)
Sandschaufel
Spaten
Klappspaten
Beil, Säge, Bolzenschneider
Bergegurt, Baumgurt, Schekel
Spanngurte
Sandbleche, Anfahrmatten, Auffahrkeile
Blaumann, Arbeits-Handschuhe, Warnwesten
Putzmittel, Waschbürste mit Verlängerung
Scheibenwaschzusatz
Dieseladditiv für Winter

Ersatzbirnen (für alle Lampenarten)
Sicherungen (alle Arten)
Isolierband, Tapes, Sekundenkleber, Pattex
Schüttelpumpe (Diesel)
Reservekanister Diesel
Motorenöl
Feuerlöscher, Feuerlöschdecke
Ersatzschlauch, Reifenflickzeug
Radmutterschlüssel, Montiereisen
Wagenheber, Holzklötze
12-V-Kompressor mit Füllschlauch für Reifen
Warntafeln Italien, Spanien

Winterausrüstung

Schneeketten
wasserdichte Montage-Unterlage
Thermo-Arbeitshandschuhe
Beutel mit Streusplitt

Outdoor

Badehose, Badeanzug/Bikini, Badelatschen
Iso-Matten (Sport)
Tagesrucksack, Baderucksack
Schlafsäcke
Joggingkleidung
Trekking-Sandalen
Mütze, Stirnband, Schal, Tücher, Handschuhe
Sonnenhut
Gummistiefel

Thermo-Unterwäsche
Liege-Handtücher
Fernglas
Handkompass
Festes Messer, Taschenmesser, Leatherman
Taschenlampe, Stirnlampe
Sturmhölzer, Not-Leuchtraketen
Kerzen
Hantelsets
Volleyball
Family-Tennis
Solardusche

Radfahren

Fahrradschlösser
Fahrradbekleidung
Radler-Rucksack
Reserveschläuche
Flickzeug
Reservekette
Standpumpe
Trinkflaschen
Werkzeugsatz
Klemmlampen
Glucose-Elektrolyt-Drink
Müsli-Riegel
Traubenzucker (Lutsch-Tabletten)

Bootfahren

Boot in Packsack, Aubo
Heckbrett, Paddel, Zusatztank
Taue, Zubehör und Flickzeug (in wasserdichter Tonne)
Handpumpe, 12-V-Pumpe

Gastgeschenke

Kleidung, Schuhe
Mützen
Taschenmesser
Feuerzeuge
Taschenrechner
Parfums
Körperpflegemittel
Cremes
Spielzeuge
Kugelschreiber
Süßigkeiten

Vor der Abfahrt

Tageszeitung abbestellen oder Nachsendung klären
Sämtlichen Abfall wegbringen
Fernseher, Waschmaschine und Geschirrspüler ausschalten
Fenster schließen
Blumen gießen
Kühlschrank leeren und ausschalten
Wasser abstellen

Auto in Tiefgarage abdecken

Wohnungskontrolle, Briefkastenleerung und Blumengießen organisieren

Kopien aller wichtigen Dokumente, Vollmachten und Testament hinterlegen